「大平学校」
と
戦後日中教育文化交流

—日本語教師のライフストーリーを手がかりに—

早稲田大学教育学博士

孫 暁英 著

Sun Xiaoying

日本僑報社

推薦の言葉

　日中教育文化交流における成功モデル「大平学校」研究の第一人者。綿密な調査と詳細なインタビューに基づく歴史的な再現。浮き彫りにされた日中双方の教師陣と研修生たちの感動的な物語。そこに見出された「大平学校」の意義と影響は今後の日中交流のために深い示唆を。

2018年 春
中国日本語教育研究会名誉会長
元北京日本学研究センター長

徐 一平

推薦の言葉

　大平学校は多数の日中教育文化交流のアクターを育て、現在に至るまで約35年以上にわたり日中教育文化交流事業を支えてきた教育機関である。日中国交回復以後の日中教育文化交流事業を語る上で、不可欠の存在と言えよう。

　孫暁英さんは第一次資料を発掘・収集した上でその全貌を明らかにし、大平学校での人的な教育交流や異文化間の教育実践が日中関係にもたらした意味について、教育学的な観点から解明し、博士論文として研究をまとめた。大平学校に関しては、従来、体系的な研究がなされておらず、本書の出版の意義は極めて大きなものがある。

　さらに本研究は、人間の一生にとっての言語教育の意味、つまり言語学習がその時代の影響を受けながら、学習者の人生とどうつながるのか、言語を学ぶことが学習者の人生をいかに変えたのかも合わせて検証している。大平学校は日中両国の国家的な教育政策に基づき、誕生した教育機関であるが、国家政策と個人の生き方のダイナミズムを詳細に分析した実証的な研究としても、本書は興味深い。

　本研究では、インタビューの手法を採用し、北京に赴任した日本人講師、大平学校で学んだ中国人研修生と関係者合計49人との信頼関係の構築の上に、ライフストーリーの聞き取り調査を行った。日本の全国各地、また日本と中国との間を何度も行き来して集めた豊富なデータから、大平学校の関係者が日中教育文化交流事業のアクターとし

て活躍してきたことを本書では考察している。孫さんは、類い希なインタビュアーであり、インタビュイーの方々は、彼女と接する中で、この人であれば自分の人生を託してもいいという気持ちになったのではないだろうか。だからこそ、こうした貴重なライフストーリーを集めることが可能になったと確信している。

　思い返せば、彼女との出会いは、8年前に遡る。突然にメールを受け取り、その完璧な日本語に驚かされ、また日本でボランティアとして、来日した中国人児童の学習支援に当たっているという。彼女に会ってみると誠実で大変に魅力的な人柄であり、博士課程の指導教員になることを引き受けた。

　博士論文の執筆は日本人にとっても極めて困難なことであるが、それを持ち前のバイタリティで克服したのは脱帽に値する。この間、早稲田大学と北京師範大学との交流事業など、様々な点で協力してくれたことにも、心から感謝している。また、今後、日中教育文化交流の研究面だけでなく、交流事業の上でも活躍してくれることを期待している。

　日中平和友好条約締結40周年を迎えたものの、現在、日中関係は様々な軋轢を抱えている。その故にこそ日中間の教育交流の歴史を顧みることで、新しい日中関係を如何に構築すべきか再検討の必要性がある。その意味で本書の出版を喜ぶとともに、一人でも多くの研究者、院生、学生に是非とも一読をお勧めしたい。

2018年 春

早稲田大学教育学部教授

新保 敦子

目　次

凡　例

1. 年号は西暦を原則とし、必要に応じて日本暦を補った。
2. 個人情報保護のため、調査で得られたデータには個人名を記載しない。調査協力者についても、その勤務先、学校名などは省略した。敬称は省略した。
3. 「研修生」という呼び方は当時大平学校で日本語研修を受けた中国人日本語教師たちのことを指し、当時の慣用の呼び方に従うことにした。現在就労のため、日本の工場等で働いている研修生とは異なる。

序　章

第1節　課題の設定

　1978年日中平和友好条約が締結されてからはや40年間が経った。その間の日中教育文化事業における日本語教育はさまざまなレベル・形式で進められ、両国の政治経済文化交流のあらゆる面において大きく寄与した。中でも「在中華人民共和国日本語研修センター」（通称「大平学校」、1980 ～ 1985年）は特別な存在であった。本書は、中国の「改革開放」路線のもと大平学校が具体的にどういった経緯で誕生し、どのような教育活動、またどのような影響があったかを考察するものである。

　近代における日中教育文化交流は、清朝末期に遡る。鴉片（アヘン、阿片）戦争（1840 ～ 1842年）後、中国はヨーロッパ列強による侵略と太平天国の農民運動（1851 ～ 1864年）という内外の問題に直面していた。当時、この局面を変えようとして、中国国内でも曽国藩や李鴻章、張之洞らの開明派官僚が「洋務運動」を推進し、危機に瀕していた清朝政府を立て直そうとした。教育の分野では、教育の近代化の試みを行い、新式学校が相次いで設立された。清朝政府は日清戦争の敗戦を機に、日本をモデルにした近代化を図り、人材を育成するために日本への留学生派遣から着手して教育の近代化を推進しようとした。早期の日本留学はいわゆる「少数良質の時代」であり、近代における日中教育文化交流の最初の出来事として、中国の教育近代化および政治活動の啓蒙に及ぼす影響は甚大であった[3]。

　しかし、清朝政府は留学生の革命運動を危惧したため、「国内に学校を作り、国外から教師を招いて必要な人材を養成するという方法[4]」を採用し、「留学生派遣」から「日本人教習を招く」政策へと転換した。19世紀末から、日本人教習が招きに応じて中国現地の教育に携わるようになり、最盛期の1905 ～ 1906年頃には600人を超える規模となった[5]。地域的に見ると、沿海部はもちろんのこ

と、四川から雲南、貴州など、奥地にまで及んでいた。また在籍した機関を見ても、上は大学から下は幼稚園まで広範囲にわたって浸透していた。清朝末期の中国の教育近代化は日本人教習の手によって推進、実現されていたと言っても過言ではない。

このため、中国国内では日本語教育の需要が生じた。中国における本格的な日本語教育は、1897年の京師同文館における東文館の増設に始まる。翌年に、「『東文学堂』といわれる様々な日本語学校が時代の需要に応じて続々と出現し、中国本土における日本語教育の最初のブーム」が現れ、天津や上海などの日本人租界の諸学校での日本語教育も行われた。

その後、中国自体が教育的成長を遂げ、ことに日本で学んだ留学生が順次帰国し、日本人教習に代わって各地の学堂の教壇に立つようなった。辛亥革命（1911年）後、中国の教育の自給自足体制が逐次形成されていったため、日本人教習は舞台から消えていく。その背後には、アメリカの対中国接近努力、すなわちキリスト教宣教会の在華教育活動および義和団事件賠償金による留学生事業の展開活動も重要な一因になる。中国では1912年中華民国が樹立した。第1次世界大戦後における世界的なデモクラシー風潮のもと、中国では「科学と民主主義」をスローガンとする五四新文化運動が展開され、ジョン・デューイ（J. Dewey）など、アメリカ一流の思想家、教育家のあいつぐ来華によって、アメリカの教育文化が急速に中国社会に浸透していった。1922年に中国はアメリカの学校制度を参考に「新学制（壬戌学制）」を実施し、学制は日本モデルからアメリカモデルへと変わることとなる。

1931年満洲事変（九一八事変）、1937年盧溝橋事件（七七事変）を発端として、日中戦争が始まる。戦争に伴う日本の軍事侵攻を背景に、「満洲国」あるいは華北と華南などの日本軍占領下地区では、日本語を強制的に普及してきた歴史的経緯がある。日中戦争が終結（1945年）し、中華人民共和国の建国（1949年）に伴い、国交が断絶したため、政府間の教育文化交流事業も中断した。中国での大規模な日本語教育の展開は、日中両国国交正常化（1972年）および文化大革命の終結を待たなければならなかった。

1976年文化大革命が終結し、中国政府は改革開放路線（1978年）を定め、「四つの近代化」（原文「四個現代化」すなわち、工業・農業・国防・科学技術の近代化を達成すること）が推進された。1978年には日中平和友好条約も締結され、日本は経済を始め、あらゆる領域で中国に積極的に協力するようになった。

その一環として展開した日中共同事業のうち、教育文化交流の分野における大平学校は代表的なものといえよう。なぜなら、1979年12月に大平正芳首相（当時）の訪中をきっかけとして誕生したこの政府開発援助（ODA：Official Development Assistance）のプロジェクトは、1980〜1985年までの5年間で中国の大学現職日本語教師600名の再教育を行うために、一線で活躍する学者のべ91名を相次いで派遣したからである。いうまでもなく大平学校の開設以前に、これほど大規模で集中的な日本語教員研修事業の前例はない。

　また、中国の対外交流が希薄だった状況下にあって、大平学校では日本と中国という異なる文化的背景を持つ多くの人々が、朝な夕な共に学び、影響しあっていた。そこでは、中国人研修生だけではなく、日本人講師にとっても、北京での暮らしは異文化体験の貴重な機会となった。このように大平学校の教育活動は、中国における日本語教育の範疇を超えて、日中教育文化交流、そして日中関係の改善にも、大きく貢献していくものとなっていたのである。しかしながら、大平学校の教育活動や教育内容、関係者の人生や日中教育文化交流に与えた影響などに関しては、これまで系統的で詳細な整理と叙述はなされて来なかった。

　本書では、主にまず研修の実態を裏付ける物的資料と人的証言を発掘し、研修事業の全容を明らかにすることを目指す。次に、日本人講師と中国人研修生の人生の歩みを追跡し、大平学校に行く前の経歴やその後の活躍の様相、人的ネットワーク形成を捉え、総体的に描き出す。それによって微視的考察から巨視的にここ30数年の日中教育文化交流の全体像を浮かび上がらせようとする。具体的には以下の課題を設定したい。

　第1に、清朝末期から1980年代にかけて、中国における言語教育政策の変遷を踏まえた上で、大平学校設立の経緯を考察する。大平学校は孤立した存在ではなく、その成立は歴史的な要素と現実的な需要が合致して初めて成立したのである。大平学校と日中教育文化交流との関係を念頭に置きながら、政策を分析することを心掛ける。

　第2に、大平学校の開設期間中、すなわち、1980年8月から1985年7月までの5年間、赴任した日本人講師の教育実践および中国人研修生たちの学ぶ様子などの全貌を可能な限り再現する。彼らの大平学校での交流は、改革開放初期における日中関係の1つの縮図でもあったのである。

　第3に、大平学校というプロジェクト終了後、そこでの経験が日本人講師および中国人研修生の人生に与えた影響、そして日中教育文化交流全般において持っ

た意味を考察する。関係者たちが30年後、当時とその後の歩みなどを振り返った語りから彼らの中国観や日本観の変容を踏まえて、大平学校の意義と影響を浮き彫りにする。

　最後に、視点を変え、個々人の「言語人生¹²」を対象に据え、時代背景を横軸とし、個人の人生を縦軸としながら、その織りなす諸相を描き出すことを試みたい。

第2節　大平学校に関する先行研究

　大平学校に関しては回顧録や雑誌の紹介記事などが数多く蓄積されている。これらの資料を年代順で追ってみると、「広報期」、「沈静期」、「評価期」という3つの段階に分けることが出来る。

　第1段階（広報期）は1980年代である。1980年代は、中国での日本語教育が本格展開されたばかりの時期であり、日本としては大平学校を通して、まずその実態を把握するため大規模な調査をしたり、日中共同事業としての大平学校の事業をアピールしたり、という時期であった。この時期の資料は、現地に赴任した日本人講師が書いた紹介・感想が主体である。代表的なものには、佐治圭三（1980、1985、1987¹³）の関連記事がある。また佐治や、赴任した日本人講師の報告が1981年の『言語生活』の「中国だより」1〜6号¹⁴に連載され、当時の中国の教育事情や中国人研修生の様子などが紹介されている。また、『紀念文集：日語教師培訓班的五年¹⁵』、論文集¹⁶などもある。さらに、大平学校で教鞭を執った竹中憲一（1988）¹⁷は、大平学校および中国全体の日本語教育事情を簡潔にまとめている。

　すなわち、こうした資料は、日本人講師の実体験および当時の印象・感想をそのまま記述した貴重な資料であり、大平学校を研究する上では不可欠である。一方、自分が関わっている事業の広報・宣伝の都合上、周囲への配慮の働くことに留意する必要もある。

　その後、第2段階の1990年代は沈静期といえよう。管見の限り、この10年間には大平学校に関する論及はほとんどなされていない。大平学校の研修生たちは、まだ留学先の日本や各自の教育現場で地道に努力していて、当時を回顧する時期ではなかったと考えられる。

　第3段階（評価期）の2000年代は、大平学校の20周年を記念して、在日ジ

ャーナリストの莫邦富（モウ・バンフ）[18]（元上海外国語学院講師・大平学校の第
1期生）が大平学校のブームを再び引き起こした。また、北京日本学研究センタ
ー（後述）の20周年および前身としての大平学校の25周年と30周年、大平正
芳生誕100周年、日中国交正常化40周年などの記念行事に際して、関連の記
事・論文や著書が現れている。

　このように、大平学校に関する史料の特徴としては、日本側主導の広報期から
沈静期を経て、さらに大平学校のあらゆる関係者による評価期へと変化している
ことがわかる。

　本研究にとって示唆となる評価には、以下がある。

　まず、椎名和男（元国際交流基金日本研究部長・大平学校の創始者の1人）
（2007）は、言語教育政策の角度から、「5年間延べ600名の研修という、世界
の言語政策史上例を見ない、在中国日本研修センター（日語教師培訓班）事業が
成功したのである。この事業に当たっての日本語教育学会の諸先生方90有余人
の熱烈なご協力は空前絶後ともいうべきものであった」[19]と高く評価している。ま
た、沈国威（元北京語言学院講師・大平学校中国側スタッフ・大平学校の第3期
生）（2010）は、日本語教育の角度から大平学校の歴史的功績を以下のようにま
とめた。「第1に、中国における日本語・日本文学の研究レベルを高めた。第2
に、優秀な中堅日本語教師を育成した」[20]。そして雑誌の特集号である『大平班的
前世与今生』[21]（2012）は、当時の研修生に注目し、日中国交正常化40周年記念
のために大平学校の関係者に取材し、大平学校があるからこそ彼らの今日がある
ことを明らかにしている。日本人関係者の小熊旭・川島真（2012）は大平学校
という事業のその後について、「1979年に大平首相の提唱によりスタートした
大平学校プロジェクトは、日本語教師の研修から知的交流事業へとスタイルを変
え、北京日本学研究センターとして発展、進化してきた。そしてこれが、新施設
の建設から国際交流基金の支援の大幅縮小へと変化している。その過程は、
1980年代以後の日中関係の縮図でもあった」[22]と指摘している。

　なお、大平学校は1985年以降「北京日本学研究センター」に形を変えながら
も今日まで継承されている。このセンターに所属している曹大峰（大平学校の第
1期生）・徐一平（大平学校の第2期生）らの研究、篠崎摂子・曹大峰（2006）[23]、
徐一平（2010）[24]、徐一平・曹大峰（2013）[25]などは、大平学校の北京日本学研究
センターの前身としての歴史的意義を明らかにし、評価したものである。

そうした中、大平学校関係者以外の大山正博（2009）[26]と高昆（2015）[27]の研究が現れた。大山の研究は、日中国際文化交流という視点から、関係者にインタビューし、大平学校の実状およびその意義を検討したものである。そのなかで、大山（2009）は、大平学校の最大の成功は「人と人とのつながり」による土台が構築できたことであると指摘した。大山の研究とは異なり、日本語教師の養成の角度から高（2015）は、大平学校と北京日本学研究センターに焦点を当て、1980年代の中国における日本語教師養成の実態を考察し、これらの研究機関が日本語教育の発展にどのような役割を果たしたのかを明らかにした。

このように見ていくと、大平学校に関連する研究は、単に日本語教育分野を視野に入れるだけではなく、言語／外国語教育政策、国際関係と教育文化交流、教師教育、留学生教育など、多領域へ広がってきたことがわかる。その背後には、国語・日本語教育からの日本語教育学の自立、また、言語教育の領域における言語研究から人間形成の研究へといったパラダイムシフトがあるといえよう。

本研究は、以上の先行研究にも多くを負いながら、第1節に記した独自の研究課題に取り組んだ成果をまとめたものである。

第3節　研究方法と分析の視点

1.第1次資料

大平学校の先行研究の多くは、外交資料、教育実践資料などの第1次資料の収集、全体の構造の理解および個別の実証の深化が不足している。そのため、本研究においては、大平学校の時代、すなわち1970年代末から1980年の日中関係の資料、外交・文化政策に関する第1次資料を発掘しながら、大平学校の全貌を明らかにすることを試みた。

さらに本研究では外務省、国際交流基金の内部資料、大平学校に赴任した日本人講師側の所蔵資料、当時使用していた教科書やプリント、研修を受けた中国人教師が保存していた資料なども発掘しながら分析する。具体的には、国際交流基金関連資料「報告書要旨」（第1〜5期）、外務省情報文化局文化第二課『中華人民共和国日本語講師研修会実施要領』（第1〜5期）、大平学校の配布資料（第1、2、4期）、日本人講師の議事録および報告書（第1、2期）、北京日本学研究センターの資料や、大平学校関係者の所蔵写真などといった史資料から検証する。

2.インタビュー調査

（1）調査の概要

　本研究は、大平学校で教鞭を執った日本人講師およびそこで学んだ中国人研修生の具体的な経験とそれに対する意味づけを明らかにすることを主要な目的としているため、インタビューの手法を採用し、ライフストーリーの聞き取り調査を行った。

　大平学校の日本人講師と研修を受けた中国人教師については、半構造化インタビューを実施した。日本人講師については、どういった経緯で赴任し、中国の教育現場で何を得たのか、この体験が自分の人生にどんな影響を与えたのかを調査した。また中国人研修生たちに対しては、大平学校で学んだことをどのように消化し、自分のものとして吸収・内面化して行ったか、および大平学校がその後の人生に与えた影響をインタビューした。

　調査協力者は、スノーボール・サンプリング法によって選ばれた大平学校（1980 ～ 1985年）の関係者49名である。2012 ～ 2014年に、筆者は日中両国を往復しながら、1人1 ～ 3回、1 ～ 8時間程度のインタビューを行った。特に、1980年代に大平学校に勤務した当時20代から70代までの講師たちは、30年余り経った今日、健在ながらも高齢となった方もいれば、すでに他界した方もいる。本書では筆者がインタビューを行うことができた11名の日本人講師（長期7名・短期4名）のライフストーリーを中心に考察していく。また、かつて北京に滞在した日本人講師の配偶者2名へのインタビューも分析し、生活面および大平学校の周辺の様子を立体的に描き出そうとした。

　本研究においては、30年後の現在から当時のことを振り返ることで、彼／彼女らを取り巻く社会環境の変化と個々人の意識変容についてマクロとミクロの2つの視点から分析していく。「人は、1人では質的研究ができない」[28]ということばのとおり、本研究は筆者だけの作業ではなく、以上の調査協力者との共同作業、関係性の構築によって初めて可能となった。

　また、「客観的な事実」として描き出されたものが、誰にとっての「事実」か、つまり当事者の視点から問い直すことや、分析枠組みの妥当性の再考も必要である。本書においては、個人の語りを、可能な限り歴史的な事実と突き合わせながら論じることに留意した。また研究者の分析視点にはイデオロギー的な偏向が含まれないよう、「傾聴・受容と同時に相対化のスタンスを取る」[29]ということも心掛けた。

調査協力者の概要は**表0-1**の通りである。

表0-1　調査協力者一覧表

	記号	性別	年代	インタビュー時間	調査地	大平学校当時の立場	調査時の現職
日本人講師および関係者	T1	男	60代	2012年1月19日	東京	事務担当・講師	教授
	T2	女	60代	2012年6月6日	東京	通訳担当・講師	教授
	T3	男	60代	2013年7月12日	東京	短期講師	教授
	T4	男	60代	2013年9月11日	大阪	通訳担当・講師	助教授
	T5	男	70代	2013年12月8日	名古屋	副団長	教授（故）
	T6	男	50代	2014年1月15日	奈良	短期講師	教授
	T7	女	60代	2014年1月16日	大阪	長期講師	教授（定）
	T8	男	50代	2014年3月17日	奈良	通訳担当・講師	教授
	T9	女	80代	2014年6月15日	奈良	短期講師	講師（定）
	T10	男	80代	2014年7月3日	東京	短期講師	教授（定）
	T11	女	60代	2014年9月28日	筑波	長期講師	教授
	G1	男	80代	2012年9月13日	東京	国際交流基金	教授（定）
	G2	男	60代	2013年9月4日	東京	国際交流サービス協会・研修担当	
	G3	男	70代	2014年2月10日	東京	外務省事務官	研究員
	G4	男	80代	2014年3月22日	東京	議員	
	K1	女	60代	2013年12月8日	名古屋	副団長夫人	非常勤講師
	K2	女	80代	2014年1月15日	大阪	団長夫人	
	K3	男	70代	2013年12月5日	東京	北京大学赴任	教授（故）
	K4	男	80代	2014年6月15日	奈良	大連外大赴任	教授

注：Tは日本人講師を、Gは外務省日本政府関係者を、Kは日本人講師の家族および関係者を指す。Aは中国人研修生第1期生、Bは第2期生、Cは第3期生、Dは第4期生、Eは第5期生を指し、数字はインタビューの時間順を示す。（定）は調査時点での定年退職者を、（故）はその後他界が判明したことを示す。年代は調査時点のものである。

	記号	性別	年代	インタビュー時間	調査地	大平学校当時の立場	調査時の現職
	A1	男	60代	2012年10月11日	北京	第1期生	教授
	A2	男	60代	2013年1月9日	東京	第1期生	非常勤講師
	A3	男	50代	2013年4月27日	山梨	第1期生	非常勤講師
	A4	女	60代	2013年6月26日	上海	第1期生	教授（定）
	A5	女	60代	2013年6月29日	上海	第1期生	教授（定）
	A6	男	50代	2014年4月7日	大阪	第1期生	教授
	B1	男	50代	2012年10月11日	北京	第2期生	教授
	B2	男	60代	2013年4月3日	東京	第2期生	起業家
	B3	男	60代	2013年6月26日	上海	第2期生	教授（定）
	B4	女	50代	2014年4月6日	大阪	第2期生	非常勤講師
	B5	女	80代	2014年7月3日	神奈川	第2期生	副教授(定)
	C1	女	60代	2012年9月26日	天津	第3期生	教授
中	C2	男	60代	2013年6月26日	上海	第3期生	教授（定）
国	C3	男	60代	2013年6月27日	上海	第3期生	教授
人	C4	男	60代	2013年6月27日	上海	第3期生	教授（定）
研	C5	男	50代	2013年9月13日	大阪	第3期生	教授
修	D1	女	60代	2012年9月26日	天津	第4期生	教授（定）
生	D2	男	60代	2013年4月27日	山梨	第4期生	教授
	D3	男	50代	2013年6月25日	上海	第4期生	教授
	D4	女	60代	2013年6月26日	上海	第4期生	教授（定）
	D5	女	50代	2013年6月26日	上海	第4期生	教授
	D6	女	60代	2013年6月27日	上海	第4期生	教授
	E1	女	60代	2012年9月26日	天津	第5期生	教授（定）
	E2	女	60代	2013年8月12日	東京	第5期生	教授（定）
	E3	女	50代	2013年8月20日	神奈川	第5期生	教授
	E4	男	50代	2013年8月20日	神奈川	第5期生	教授
	E5	女	50代	2013年8月20日	神奈川	第5期生	講師
	E6	男	50代	2013年9月12日	広島	第5期生	教授
	E7	女	50代	2014年4月5日	東京	第5期生	非常勤講師
	E8	女	50代	2014年4月6日	京都	第5期生	非常勤講師

（2）調査内容

　中国人研修生向けの共通質問として、①大平学校以前の日本語・日本語教育との出会いや自らの学習経験および教育経験について、②大平学校在籍中、日本人講師による教師教育を受けた経験（その内容、自分の変化）について、③大平学校での1年が自分のその後の人生・キャリアにどんな影響を与えたかについて、を聞いた。

　また、日本人講師向けの共通質問としては、①大平学校に赴任したきっかけ、②大平学校在任中に見た中国人研修生の学ぶ姿と日本人講師の教授活動の具体相、③研修生と同じく、大平学校での1年が自分自身の人生・キャリアに与えた影響について、語ってもらった。

　このような調査内容によって、研修が各自の人生に及ぼした影響と社会的影響を把握することができると考えた。インタビューの内容は、調査協力者の同意を得てICレコーダーに録音し、文字起こしを行った。インタビューで中国語を使った場合、その内容は筆者が日本語に翻訳した。

3. 分析の視点

　本研究では、大平学校と戦後日中教育文化交流との関係を把握するために次のような分析視点が有用であると考え、採用した。

（1）歴史的視点

　日中戦争当時、占領下の地域では支配の手段として日本語を強制的に普及してきた。そのため、戦後、日本は日本語の海外普及に極めて慎重な態度を取り、相手国・地域のニーズに応える形で実施してきた。そして文化大革命終結後、中国の改革開放政策の中で、近代化に協力する過程で日中の恒久平和を基本原則とする日本語教育が大平学校において展開されるようになるのである。

　現在、日中国交回復45周年が去り、日中友好条約締結40周年を迎え、日中関係は様々な軋轢を抱えているが、その故にこそ、日中間の教育文化交流の歴史を振り返ることから新しい交流の在り方を検討する必要があると考えた。

（2）言語／外国語教育政策の視点

　外国語教育は、時代の影響を色濃く受けるものである。外国語教育の実態を歴史的に見ていくと、ある時にある場所で理想的だとされた教授法が、次の時代に

は古いものとされ、また別の新しい教授法が採用されていくことがある。急激な変化に学生も教師も、彼らの価値観も即座の適応ができず、立ち往生する状況がしばしば見られる。

　これに対して大平学校は、日中両国政府が国の政策として立案され支援されたからこそ、潤沢な予算のもとで教授陣および研修生の質が保証され、成果を上げることができた。それゆえ、言語／外国語教育政策の角度からの分析も必要である。

(3) 異文化交流の視点

　現代社会においては、国境を越えて移動する人々の数も増大し、母国以外の場所に住み、仕事をする人も増えている。自国内でも様々な文化的・言語的背景を持つ人々と意思の疎通を図るためには、母語以外の新たな言語の習得の必要な場合が増えている。移動が容易となると同時に、移動に伴って生じる文化上の問題も複雑化しつつある。しかし、当時の大平学校においては、5年間日中両国の約700人が集まり、異文化体験・葛藤を通じてコミュニケーションをしていた。

　真の友好は、双方向の対等な交流によってのみ達成できるとするなら、今後の日中教育文化交流を進めていく上で、大平学校ではいかに異質な集団が相互の葛藤を乗り越えて交流し、協力関係を形成してきたかを再検討することは、意義深いと考えた。

(4) 生涯学習の視点

　言語学習は生涯にわたり、学習者の生活・学習・労働環境が変化していくことを視野に入れる必要がある。持続的に生涯にわたって言語を学習する努力は奨励すべきである。

　中国人日本語教師の再教育機関の役割を果たした大平学校では、彼らは新たな学習観・教育観とその方法を獲得し、セカンドチャンスが付与され、文革で失った人生を取り戻すことになった。それゆえに研修生たちの日本語学習は、学校教育終了後の継続教育、生涯を通じた学びという視点からも分析する意義があると考えた。

第4節　本書の構成

　本書は、序章と終章、そして大平学校の前後の変化に応じて設けられた5つの章からなる。

　序章では、本研究の研究課題、先行研究、研究方法などについて論じる。

　第1章は、中国における言語／外国語教育の歴史および現状を整理する。まずは中国における外国語教育のあり方を問う研究の全体像を示す。次は、外国語教育の歴史変遷について、清末からの外国語教育の概要を明確にした上で、中華人民共和国の建国後の外国語教育、とりわけ日本語教育の変遷について記述する。

　第2章は、大平学校の前史を整理する。第1節では、大平学校の設立以前の日本語教育の状況およびその問題点について考察する。第2節では、大平学校の出発点となる日本語教育短期巡回指導ともう1つの日中共同事業の中国赴日本国留学生予備学校を取り上げ、戦後日本が中国における日本語普及活動について論じる。第3節では、大平正芳内閣当時の日中協力の歴史的背景について、特に大平正芳首相の経歴と大平学校との関係について検討する。

　第3章は、大平学校の開校とそこでの教育活動について概観する。第1節は、大平学校の開校準備作業について日本外務省と中国教育部の会談の資料を交えながらまとめる。第2節では、大平学校の教育活動の内容を分析する。第3節では、研修のハイライトとしての訪日研修について取り上げる。

　第4章は、大平学校に赴任した日本人講師を取り上げ、彼らがどういった経緯から中国で日本語教育を指導したのか、また彼らにとっての異文化体験の具体相やその意義について分析する。第1節は、大平学校の日本側主任を務めた佐治圭三の人物像を考察し、日本人講師が大平学校に関与した経歴を明らかにする。第2節では、大平学校での異文化体験について、教育実践だけでなく生活体験などからも見ていく。第3節は、日本人講師にとっての大平学校の意義を論じる。

　第5章は、大平学校と研修生たちのその後について、中国で活躍している修了生と留学後日本に在住した修了生の2つに分け、個人への影響、日本語教育への影響、日中教育文化交流への影響という3つの視点から考察する。

　終章では、これまでの検討結果を考察する。第1節では、全体を通しての概要とまとめを述べる。第2節で、大平学校の特質とその意義を検討し、その示唆について論じる。第3節では、今後の展望と課題について述べる。

1　「大平学校」の名称の由来は以下の通りである。同センターの中国語の正式名称は「大学日語教師培訓班」、すなわち、日本語教師研修プログラムである。中国ではその後様々な「培訓班」（研修プログラム）が組織され、それらと区別するため、大平正芳首相が主唱したプロジェクトであることに因んで、中国側では「大平班」、日本側では「大平学校」と呼ぶようになる。以下本書では、単に大平学校と称する。

2　経済体制の改革および対外開放のこと。「1978年12月に開かれた中国共産党第11期第3回全体会議（略称「三中全会」）で、中国は社会主義的近代化の建設を主要目標とし、対外的に開放政策をとることになった。」（唐木圀和「中国経済体制改革と現代企業制度」慶應義塾大学商学部『三田商学研究』43（特別号）、2000年、85頁。）

3　さねとうけいしゅう『中国留学生史談』第一書房、1981年、189〜193頁。

4　汪向栄著；竹内実・浅野純一・中裕史訳『清国お雇い日本人』朝日新聞社、1991年、261頁。

5　蔭山雅博「清末における教育近代化過程と日本人教習」阿部洋編『日中教育文化交流と摩擦：戦前日本の在華教育事業』第一書房、1983年、8頁。

6　阿部洋「20世紀日本人の中国認識と中国研究（12）日中教育交流史研究をめぐって」『中国研究月報』、1999年、20頁。

7　劉建雲『中国人の日本語学習史：清末の東文学堂』学術出版会、2005年、79〜80頁。

8　劉建雲、同上書、2005年、80頁。

9　阿部洋『中国の近代教育と明治日本』龍溪書舎、2002年第二版（初版・福村書店、1990年）、235頁。

10　蔭山雅博『明治日本与中国留学生教育（明治日本と中国留学生教育）』雄山社、2016年、137頁。

11　「1966年夏から1976年まで、中国全土で展開した文化大革命（社会主義文化大革命、プロレタリア文化大革命とも呼び、のちに文化大革命）」（矢吹晋『文化大革命』講談社、1989年、11頁）以下、文革と略す。これより、社会が混乱状態に陥り、多くの文化人が迫害され、経済・教育・文化の停滞をもたらした。

12　本書では「言語学習をし続ける学習者の人生」を指している。すなわち、言語学習によって人生はどのように変わるかを検討しようとする筆者の意図に基づくものである。

13　佐治圭三・田中望「中国における日本語教育（ことばの焦点-9-)」『言語生活』（345）、筑摩書房、1980年、70〜83頁。「中国における日本語教育」シィー・ディー・アイ編『日本語教育および日本語普及活動の現状と課題』総合研究開発機構、1985年、569〜624頁。「日本語研修センターの五年」北京語言学院日語教師培訓班編『紀念文集：日語教師培訓班的五年（記念文集：大平学校の五年）』国際交流基金、1987年、13〜19頁。

14　佐治圭三「中国だより-1-北京の春」『言語生活』（355）、筑摩書房、1981年7月、76〜80頁。平井勝利「中国だより-2-日本語"らしさ"を教えるために」『言語生活』（356）、筑摩書房、1981年8月、82〜86頁。村木新次郎「中国だより-3-食べられなかった北京ダック」『言語生活』（357）、筑摩書房、1981年9月、90〜94頁。水野義道「中国だより-4-北京一歳」『言語生活』（358）、筑摩書房、1981年10月、86〜91頁。谷部弘子「中国だより-5-二年目の出発」『言語生活』（359）、筑摩書房、1981年11月、82〜87頁。今井敬子「中国だより-6完-赴日留学生の日本語学習」『言語生活』（360）、筑摩書房、1981年12月、86〜91頁。

15　北京語言学院日語教師培訓班編『紀念文集：日語教師培訓班的五年（記念文集：大平学校の五年）』国際交流基金、1987年。

16　国際交流基金・在中華人民共和国日本語研修センター『日本語教育研究論纂：在中華人民共和国日本語研修センター紀要』（第1〜4集）、国際交流基金、1983〜1985年。

17　竹中憲一「中国における日本語教育」『早稲田大学社会科学研究所社研・研究シリーズ』（23）、1988年、49〜79頁。

18　莫邦富「対中国ODA批判を考える『大平学校』を思い起こせ」『中央公論』116（4）、中央公論新社、2001年、104 〜 111頁。「忘れぬ大平学校の日々」『これは私が愛した日本なのか』岩波書店、2002年。「大平学校をご存じですか：終了から20年、卒業生の歩みをたどる」『遠近』（6）、2005年、15 〜 20頁。

19　椎名和男「忘れ得ぬ先達の想い出と若き人々への期待」『日本語教育』（135）、2007年、37 〜 38頁。

20　沈国威「日本研究専家学者的揺籃：“大平班”（日本研究専門家のゆりかご：『大平学校』）」『大潮涌動：改革開放与留学日本（時代の波：改革開放と日本留学）』社会科学文献出版社、2010年、86 〜 87頁。

21　『蔚藍』専門誌特集号『大平班及北京日本学研究中心知名校友訪談集：大平班的前世与今生（大平学校および北京日本学研究センターの著名同窓に聞く：大平学校の前世と今生）』、2012年。

22　小熊旭・川島真「『大平学校』とは何か（1980年）：日中知的交流事業の紆余曲折」園田茂人編『日中関係史1972-2012　Ⅲ社会・文化』東京大学出版会、2012年、77頁。

23　篠崎摂子・曹大峰「中国における非母語話者日本語教師教育の展開：「大平学校」と北京日本学研究センター」『国際交流基金日本語教育紀要』（2）、2006年、135 〜 140頁。

24　徐一平「大平正芳と中国の日本語教育」『大平正芳からいま学ぶこと：大平正芳生誕100周年記念』桜美林大学北東アジア総合研究所、2010年、38 〜 53頁。

25　徐一平・曹大峰編『中日教育合作実践与成効研究：以「大平班」和北京日本学研究中心為例（中日教育協力の実践と効果に関する研究：大平学校と北京日本学研究センターを例に）』学苑出版社、2013年。

26　大山正博『大平学校にみる日中国際文化交流の意義と実践』神戸大学修士論文、2009年。

27　高昆『1980年代、中国の大学における日本語教師の養成に関する研究：大平学校と北京日本学研究センターを中心に』神戸大学大学院人間発達環境学研究科人間発達専攻学、修士論文、2015年。

28　川野健治「臨床・社会心理学における質的研究の留意点」秋田喜代美・能智正博監修／能智正博・川野健治編『はじめての質的研究法：臨床・社会編』東京図書、2007年、68頁。

29　藤原顕「教師の語り：ナラティヴとライフヒストリー」秋田喜代美・能智正博監修／秋田喜代美・藤江康彦編『はじめての質的研究法：教育・学習編』東京図書、2007年、352頁。

第 1 章
中国における言語教育の歴史的変遷

　多民族国家中国の言語教育の事情は、複雑である。1949年の中華人民共和国建国以来、中国の言語教育は、最初ソ連の影響により「普通話」すなわち共通語の確立普及と少数民族地域の「双語教育」(民族言語と共通語の2言語を併用するバイリンガル教育) などが行われた。その一方で、文字言語については、「1954年12月に、中国文字改革委員会を設立し、全国で文字改革を推し進めたのである。漢字の簡略化、普通話の普及、『漢語ピンイン法案』の制定、普及が言語政策の中心であった。[2]」法律の面においては、「中国国家通用言語文字法」(2000年) などの成果があるが、今なお問題も多い。

　こうした言語政策の中で、外国語教育に関しては、政府は1949年以来、各時期に指令や政令を数多く公布してきた。そのうち、1964年10月に国務院外事弁公室、同文教弁公室、国家計画委員会、高等教育部と教育部など5つの部門が共同で出した国家レベルの「外国語教育7か年計画問題の報告」および「外国語教育7か年計画綱要」(1964 ～ 1970年) がある。1964年11月14日国務院はこの報告と綱要を批准して、建国後初めて全国の外国語教育に対する指導方針を打ち出した。これによって外国語大学や外国語学校が更に新設され、英語が第一外国語として確立された。しかし、1966年に文化大革命が起こり、同綱要が適用されたのは2年間だけであった。

　文革が終結し対外開放政策が採られると、外国語教育は迅速に発展し、人材育成、教師教育、教育方法内容と手段などの面では著しい成果を上げた。外国語教育は異文化理解やグローバル化にとっても重要な意味を持つことは言うまでもない。国際交流が活発化する中で、2010年、中国教育部は「国家中長期教育改革と発展計画綱要(2010 ～ 2020年)[4]」を公布し、その第16章 (48項) で、「国際交流と協力を増進させるため、各レベル、各領域の教育交流と協力を展開し、教育の国際化を促進する」と規定している。こうした改革に実効力を持たせる上で、外国語教育のあり方の具体的な検討は不可欠であるが、本章においては日本語教育の前提となる外国語教育の歴史および現状を再検討しておきたい。

第1節　外国語教育のあり方を問う研究

　中国における外国語教育のあり方を問う研究は、近年数多く行われている。大別すると、1.言語政策と言語計画、2.海外の言語政策、3.地域性・民族性、という3つの方向性がある。以下ではまず、これら3点について触れておきたい。

1. 言語政策と言語計画

　言語政策とは、「言語と社会生活、とりわけ言語と国民生活の関係について行われる意識的な選択の総体であり、言語計画は言語政策の執行のために必要な諸手段の探求および実行である」と定義される。近年、言語政策や言語計画の角度から外国語教育政策の問題を述べている研究は少なくない。例えば、元中国国家語言文字工作委員会副主任・中国教育部語言文字情報管理局局長の李宇明を代表とする政府関係者は、外国語教育の現状とその問題点を指摘し、国家の安全、国家レベルの開発と情報化の角度から、中国における外国語を専門に扱う政府機関の設置や外国語教育の法整備の必要性などを提言した。

　また、胡（2011）が、中国学術情報データベース（CNKI）で検索した結果によると、1991 ～ 2000年の10年間には0本であった外国語計画もしくは外国教育計画に関する論文は、2001 ～ 2010年の10年間には、計33本にのぼった。これを踏まえて胡（2011）は、外国語政策や外国語計画に関する論文は増加傾向にあるが多くはないと指摘している。

　そのほかに指摘されているのは、長年、中国の外国語教育は、国家建設、特に経済発展のための1つの手段として計画されてきた点である。このため、いつの時代も、教育現場は政策に翻弄されてきた。多くの研究者が、1950年代のロシア語一辺倒の教訓や、現在の英語一極集中などの問題を指摘し、言語および文化の多様性をもたらす外国語教育の望ましいことを提唱している。

2. 海外の言語政策

　中国における外国語教育に関する研究の第2の方向性としては、海外に目を向けて、外国の先進的な言語教育制度、言語政策、特に外国語教育政策について国別の紹介を試みる研究があり、この分野の研究は多数に上っている。外国語教育を考える上での重要な参考として、欧州評議会でまとめられた「諸言語の学習・

教授・評価のためのヨーロッパ共通参照枠組」（CEFR：Common European Framework of Reference for Languages: Learning, Teaching, Assessment）がある。2001年に登場したCEFRは、その中に記載されているEUにおける複言語・複文化主義の言語観などが中国でも注目された。

　一方で近年、日本をはじめアジア地域の言語教育に関する研究は、中国で着実に増加している。李・劉（2011）[11]は、日本の文部科学省が公布した「『英語が使える日本人』の育成のための戦略構想」（2002年7月12日）を紹介し、日本における英語教育政策の問題点と対策などについて述べた。これら海外の言語政策に関する研究のもたらす知見は、中国の言語政策・外国語政策を検討する上でも一定の参考価値がある。

3. 地域性・民族性

　第3の方向性は、少数民族の外国語教育に関する研究であり、それらも近年増加している。その背景の1つに、中国教育部基礎教育司が2001年に英語を小学校の正式な教科としたことがある。高（2010）は、英語の中国全土必修化により、少数民族地域の言語教育問題が深刻になってきたと指摘している[12]。また、新保（2014）は、中国では生徒の学習負担が重く、このため「学校教育の普及の中で民族の言語と宗教が周縁化され、少数民族の文化的基盤が切り崩されつつある[13]」と危惧している。

　これ以外に例えば、郭（2010）[14]は雲南省、劉・向（2008）[15]は四川省の少数民族地域の外国語教育の問題を研究している。以上のような研究では、多くの研究者が、経済格差による少数民族の外国語教育の教師・設備不足や、民族言語・中国語（漢語）・英語の3言語教育の負担という共通の問題を提起している。

　なお、このような民族地域での民族性と地域性を生かした外国語教育への提言も見られる[16]。例えば、新疆地域は英語ではなく、ロシア語や中央アジア諸国の言語を重視すべきであり、雲南省はベトナム、タイなどの東南アジアの言語を中心にすべきである、といった内容のものである。言語問題は民族問題の中の敏感な部分であり、各民族の人々は自分の言語と文字に特殊な感情を持っている。言語問題をうまく解決できないと社会の安定に影響を与えてしまい、民族衝突が引き起こされる可能性さえある[17]。

　孫宏開（2005）は、民族言語は民族精神の基礎を築くもので、文化発展の重要条件であると述べ、民族言語・文字を操る能力を失うと、民族精神の母体から

の栄養を摂取できなくなり、民族アイデンティティを失っていくと指摘している。[18]

　以上第3の方向性の研究は、民族の言語と伝統文化を大切にし、民族問題を有効に解決すること、少数民族のニーズとアイデンティティを両立する人材育成の重要性を指摘するところが共通しているといえよう。

第2節　外国語教育の歴史的変遷

　中国では現在約3億人が外国語を学習していると言われている。[19] 外国語教育は異文化社会の理解にとって重要な意味を持つが、歴史的には、中国の近代化に重要な役割を果たしてきた。本節では、まず中国における外国語教育を、1.清朝末期～民国時期（1949年以前）、2.中華人民共和国建国～現代まで（1949年以後）と大きく二分化し、1949年以降については文化大革命を境に2つの時期に分けて考察する。

　具体的には、中国における外国語教育の歴史を記した『中国外語教育史』（付、1986）[20]、『中国近現代外語教育史』（李・許、2006）[21] と『中国外語教育発展研究（1949～2009）』（戴・胡、2009）[22] などの著作を参考に概説する。さらに竹中（1988）[23]、劉（1984）[24] などの言語政策関連の論文、政策文書、各種報告書に基づきながら、全体像を描きたい。

1.清朝末期～民国時代（1949年以前）

　1840年の鴉片戦争以後、西欧列強による植民地化に危機感を強めた清朝の改革派は、政治改革と西洋科学技術の導入を主張し、洋務派と呼ばれるグループを形成した。その賛同者の1人であった咸豊帝の義弟・恭親王奕訢は、1860年に中国最初の官立近代学校にして外国語教育機関というべき京師同文館（北京）の設立を建議した。[25] また、1863年に上海には上海同文館、1864年広州には広方言館が設立された。京師同文館は1862年に開校し、当初は英語だけの専門設置であったが、1863年にフランス語とロシア語、1872年ドイツ語、1897年に日本語が増設された。[26] 京師同文館は1901年に京師大学堂（1898年に創設）に合併され、京師大学堂訳学館と改名した。

　外国語を専門とした京師同文館等以外にも、軍事学校や技術学校などが次第に外国語を使って授業を行うようになった。例えば福建船政学堂（1866年）、上

海江南製造局機械学堂（1867年）、天津電報学堂（1879年）、上海電報学堂（1880年）、天津水師学堂（1881年）、天津武備学堂（1886年）、湖北武備学堂（1895年）等が挙げられる。これらの機関を始め、1903年には高等教育および中等教育において、外国語教育の雛形が形成された[27]。

　1911年の辛亥革命によって中華民国が建国された。もともと清末には日本をモデルとした教育改革が行われてきたが、1922年に国民政府は「新学制」を導入し、教育制度は日本モデルからアメリカモデルへと転換した[28]。それにより、外国語教育の主流は英語教育となった。その後の中華民国期の外国語教育は、国民党政権下の英語を中心とする教育と、共産党統治区でのロシア語と日本語教育とに二分される。

　国民党政府は国立東方語文専科学校と雲南省立英語専科学校の2校を設立した。国立東方語文専科学校は1942年に設立され、普通の大学の外国語学部や英語学部と違って、就職と緊密に繋がっている。必須科目として東方語文（ミャンマー、インドネシア、フィリピンなど8種類の東南アジアの言語から1種類）と第二外国語（英語、日本語、ロシア語、スペイン語などから1種類）が課されている。この2校以外に、外国語教育を行ったのは、中等教育および高等教育機関を中心とする数多くのミッション系学校である。これらのミッション系学校では宗教を始め、自然科学と言語（英語、フランス語、日本語など）の科目が教えられ、国語と中国史以外の科目はほとんど英語のテキストが使われていた[29]。

　以上に対して、中国共産党はソ連に見習うため、革命幹部を育成する上海大学（1922年）を創設し、ロシア語教育を行った。そして日中戦争中は、抗日革命根拠地の延安大学ロシア語学科と延安外国語学校が主な外国語教育機関となった[30]。なお抗日戦争中には、軍事用語教授のための日本語教育も行われていた。

　こうして、1949年に中華人民共和国が建国されるまでに、全国で計205校存在した高等教育機関（ミッション系大学等も含む）のうち、外国文学（または英文学）科を設置したのは清華大学、南開大学など41校であり、外国語（または英語）師範学科を設置したのは北京師範大学、山西大学など10校であった[31]。ロシア語（またはロシア語師範）学科を設置したのはハルビン外国語専科学校、大連大学など13校であった[32]。上記の英語とロシア語以外に、北京大学では東方語文（日本語など）と西方語文学科を設けていた。また、フランス語学科を設置したのは中法大学と震旦大学の2校であった[33]。

2.中華人民共和国建国～現代まで（1949年以降）

　1949年10月1日、中華人民共和国が建国された。建国後の外国語教育は、3つの時期に分けることができる。（1）1949～1965年：ロシア語一辺倒の時代、およびその後の英語を中心とし他の言語も重視した時代、（2）1966～1976年：文革により教育秩序が破壊された時代、（3）1976年以降：文革後の改革開放政策により政治、経済、教育、文化などが回復し、外国語教育も全面的に発展した時代である。特に改革開放以降の1980年代の政策は、今日の言語教育に最も大きな影響を与えている。

（1）　ソ連からの影響（1949～1965年）

　第1段階の前期（1949～1956年）では、世界初の社会主義国であるソ連が模範とされた。とりわけ1952～1953年にかけて教育全般に対してソ連モデルの大改革が行われた。当時は「ソ連の今日は我々の明日である」というスローガンのもと、ソ連の専門家の指導を受けながら中国の社会主義国家建設が開始された。当然ながら、中国の第一外国語はロシア語とすることが決定され、ソ連の専門家の指導の下でなされた高等教育の学部設置の調整後には、ロシア語教育が迅速に発展した。全国でロシア語専門学校は7校に上り、ロシア語を設置した総合大学は17校、師範大学は19校となった。高等教育以外、中等教育段階にもロシア語教育が導入され、各地でロシア語のラジオ講座も開催され、社会人向けのロシア語学校も現れた。[34]一方で当時、欧米やアジアの諸国との国交が断絶していたため、ロシア語以外の外国語は重視されず、高等教育の専門設置の調整の際、英語学科を置く大学は8校までに減らされ、フランス語とドイツ語学科のある大学は各3校のみ残され、日本語やアラビア語などの東方言語系学科は北京大学1校に集められた。[35]

　1954年になると、中高生の学業負担を減らすため、中学高校における外国語教育が中止され、教育現場は一時混乱状態に陥った。ただし、その2年後、教育部の新しい政策によって、中等教育では英語・ロシア語などの外国語教育が復活した。第1段階前期では、外国語政策は国の幹部を育成することを重点的な目標とし、そのためにロシア語教育を急速に普及させた。外国語教育は、政治・経済・教育・軍事などの領域までその影響を拡大していったのである。

　第1段階後期（1957～1965年）には「大躍進」、「3年連続の自然災害」および中ソ関係の悪化により、国民経済は大きな打撃を受けた。1960年の中ソ論

争を境にして、英語、ドイツ語、フランス語、日本語など、ロシア語以外の外国
語の重要性が見直され始めた。特に1963～1964年にかけてアジア・アフリカ
の14か国を歴訪した周恩来総理は、外交人材の不足を認識して国家レベルの外
国語政策を見直した[37]。こうした動きと並行して、フランスとの国交正常化
（1964年1月27日）も実現し、状況に拍車をかけた。

　1964年11月14日に政府国務院は、「外国語教育7か年計画問題の報告」と
「外国語教育7か年計画綱要」（1964～1970年）を公布し、外国語教育の方向
を転換させようとした。「外国語教育7か年計画綱要」は、中国の外国語教育に
以下の目標を定めた[38]。

1. 中等教育における外国語教育の比重を増加する。中等教育段階では英語とロ
   シア語の授業を開設する。そして、1970年までに英語を学ぶ学生の数とロシ
   ア語を1対1にする。1970年以降2対1まで拡大する。
2. 高等教育の外国語教育は英語、ロシア語、ドイツ語、フランス語と日本語を
   設置し、英語を第一外国語とする。
3. 外国語学校の発展に力を入れる。1964年の14校から1970年までに42校に増
   設する。
4. 外国語の種類を増やす。1964年の39種から1970年までに49種まで増加する。
5. 語学留学生を派遣する。1964年から1966年までに1,926人を派遣する。
6. 外国語教育の大学院を増設する。

　政府が立て続けに打ち出した外国語教育政策を整理すると、**表1-1**のようにな
る。その結果、高等教育において外国語専攻を設置する大学は78校になり、在
籍総数は4万人を超えた[39]。その数は1949年の中華人民共和国建国当時の13.5倍
となり、外国語の種類も12か国語から41か国語にまで拡大した[40]。

表1-1　1949～1966年の外国語教育政策

時　期	政策文書の題目	備　考
1952年3月	「全国ロシア語専科学校に関する決定」	ロシア語人材育成の拡大
1954年4月	政務院「全国ロシア語教育に関する指示」	ロシア語教育への指導
1954年4月	「1954年秋からの中等教育機関での外国語科目設置に関する通知」	生徒の負担軽減のため、外国語教育を停止

1954年11月	「中等教育機関で外国語科目を停止する説明の通知」	ただし、高校からロシア語教育を開始する
1956年7月	「中等教育機関での外国語科に関する通知」	外国語教育を停止する政策を反省、再び重視へ
1957年	「ロシア語専攻の学生の専門転向の実施規則」	ロシア語人材過剰対策
1961年	「高等教育の外国語課程設置に関する意見」	第一外国語以外に、第二外国語を加えること
1964年	「外国語教育7か年計画問題の報告」と「外国語教育7か年計画綱要」(1964 ～ 1970年)	英語を第一外国語とする、教育機関を増設
1966年	文化大革命が始まる	7か年計画の挫折

注：李・許（2006）および戴・胡（2009）により、筆者作成。

(2) 文化大革命期（1966 ～ 1976年）

　文革期には中国の教育の秩序は混乱し、質が低下した。とくに高等教育は大きな影響を受け、大学数は1965年の434校から1971年には328校まで減らされ、1966年から1969年の3年間は新入生の募集が停止された。[41]

　文革前期（1966 ～ 1969年）には外国語教育は中止された。当時、教師や知識人全般は、「臭老九（九番目の鼻つまみ者）」[42]と呼ばれ、軽視され、迫害される憂き目をみたが、外国語教師の場合には「外国と通じている」というスパイ容疑で政治的に批判されたり、監獄に収容されたりするなどの例も少なくはなく、外国へ亡命した教師もいる。苛酷な待遇に耐え兼ね、数多くの優秀な学者が自殺し、中国の発展に大きな損失を与えた。[43]

　1968年12月12日、毛沢東主席は『人民日報』に「知識青年は農村に行き、農民から再教育を受ける必要がある」という指示を出した。それによりおよそ1,600万人の知識青年が都市から農村に行き、労働を課せられた。[44]この時期の若者たちの多くが農村で生産労働に従事しており、その間、都市部の正規の学校教育は停止状態であった。

　文革後期（1970 ～ 1976年）の1970年代には、外国との友好交流も再び活発になり、中国は国際条約の締結や国交樹立など外交面で大きな成果を上げた。例えば1970年にイタリア、カナダ、チリなど5か国と、1971年にオーストリア、トルコ、イランなど15か国と国交を結んだ。[45]そして1971年10月25日には国連加盟国の地位を回復し、1972年に日本、イギリス、ドイツなど16か国と友好関係を結んだ。[46]特に1972年のアメリカのニクソン大統領の訪中は世界的

に注目された。このような国際情勢の変化により、中国国内において外国語教育の重要性が再び浮上したのである。

　1970年11月、周恩来総理は5回にわたり外国語教育改革座談会を開催した。そのなかで、「政治思想、言語能力、外国文化についての知識」の育成という外国語教育の3つの基本的指針が強調され、その後の発展に大きな影響を与えた[47]。

（3）文革後～改革開放期（1977年～現在）

　1976年に文革が終結すると1977年には大学入試が再開され、1978年の三中全会（中国共産党第11期第3回全体会議、以下も三中全会と称す）で改革開放政策が打ち出された。文革以降初めての大学入試には570万人が参加したが、合格者は27万人だけという難関だった[48]。ここにおいて、ようやく大学での外国語教育が再検討されるようになった。

　1978年8月28日から9月10日、北京で全国外国語教育座談会（中国教育部主催）が開かれた。この会議では「外国語教育を強化する意見」が公布され、外国語教育の指針と外国語教育計画が明確に打ち出された[49]。

　しかし外国語教育の再開は、教師の問題を伴っていた。文革の10年間の影響で、国内の外国語教師は質量ともに低下し、早急に教師の再教育が求められた。付克（1986）は当時の教師の状況について、「高齢の教師は健康などの問題で教育現場を離れ、中堅の教師たちは10年の空白期間のために語学能力や運用能力が低下しており、若い教師はまだ教育者として力不足であった」と指摘している[50]。

　それゆえ、中国政府は、1980年からアメリカ（フルブライト委員会：Fulbright Commission）、イギリス（ブリティッシュカウンシル：British Council）、日本（外務省と国際交流基金）などの国家およびその対外文化機関と協力し、大学における外国語教師の研修に力を入れるようになった[51]。このうち英語の教員研修は、北京外国語学院と上海外国語学院などで行われ、日本語の教員研修は、北京語言学院の「日語教師培訓班（通称：大平学校）」で行われた。各外国語の教員研修に共通の特徴としては、外国人専門家による短期集中訓練、本国からのオリジナル教材の使用、研究能力の向上に向けた指導などが挙げられる。これらの研修は成果を上げ、全国の外国語教師のレベルアップにつながった。またその効果は高く評価され、時代の緊急な要請に応じた短期計画が終了した後も、大学院や教師研修センターなどに姿を変えて今日まで継承されている。

表1-2　中国の高等教育の外国語専攻教師研修統計表
（1980～1983年）　　　　　　　単位：名

	1980年	1981年	1982年	1983年	合　計
英　語	1,364	1,613	1,482	929	5,388
日本語	117	118	120	120	475
ドイツ語	60	85	56	47	248
ロシア語	12	122	47	0	181
フランス語	70	18	0	17	105
合　計	1,623	1,956	1,705	1,113	6,397

注：付克が1984年12月8日にまとめた表に基づき、筆者作成[52]。

　表1-2では、1980～1983年までの、中国の高等教育における外国語専攻教師の研修統計表を示したが、注目したいのは、そこには当時の中国の外交関係が反映されていることである。英語の教師数は他の言語を抜いて、各年とも第1位となっているが、そこにはアメリカやイギリスなど英語圏の国々との密接な関係が反映されている。第2位は日本語である。しかも、1機関で120名前後の研修を行っていたのは、大平学校のみであることも推測できる。第3位がドイツ語の背景としては、当時ドイツが中国人国費留学生の主要派遣先の1つであったことが考えられる。ロシア語とフランス語は、年によって研修者数が異なり、時には0名となる。そこに国際関係や外国語人材の需要が影響していることが考えられる。

　以上に見てきたように、中華人民共和国建国以来、外国語教育は紆余曲折を経て発展してきた。特に文革後の改革開放政策によって外国語教育は大きな飛躍を遂げたが、さらなる問題も山積していた。次節では、外国語教育の問題を日本語教育に絞り、その歴史的変遷と問題点について考察する。

第3節　中国における日本語教育の歴史的変遷

1.戦前における中国人への日本語教育

　長い間、日本は中国文化の影響下にあり、日本人が漢文を習得して意思疎通をしてきたため、中国人は日本語教育を重要視していなかった。前述の清末の1862年に創設された同文館にも初期に日本語学科は設置されていなかった。初

めて駐日公使が赴任した時、使節団の中で日本語が出来る随行者は1人もいなかったという。[53]中国は日清戦争の敗戦により、日本から西洋の文明を取り入れようとした。そこで日本への留学生派遣をはじめとして日本の教育制度をモデルに中国人は日本語をコミュニケーションの手段として学び始めた。

　戦前中国における日本語教育に関する先行研究は、徐（1996）、藤森（2011、2016）などが数多く蓄積されている。中国における日本語教育を史的に概観した徐（1996）[54]は、台湾、「満洲」、大陸という3つの地域での日本語教育の展開およびその変容について比較考察した。その結果、「戦前中国において、台湾の皇民化を目指す『国語』としての日本語教育、満州の『日満一体化』を企図する『準国語』としての日本語教育、大陸の親日化を企図する『外国語』としての日本語教育」[55]という違いのあることを検証した。それと同時に、戦前中国における日本語教育の目的については、「日本の政治的野望や侵略戦争のために、日本語教育を通じて植民地、半植民地と占領地の中国人を日本の『順民』、『傀儡』、『犠牲品』として量産することにあった」[56]と指摘している。

　また、戦前の日本植民地台湾は高い日本語普及率で知られている。「国語教育」を中心に、公学校教育で日本語普及を図っていたためである。しかし、「公学校の就学率は低く、日本語普及率が伸長し始めるのは、1930年以降、『国語講習所』を中心とした社会教育の浸透による」と藤森（2011）[57]は指摘している。すなわち、公学校に通わなかった層に対して、「国語講習所」が日本語教育を補っていた。その意味で、学校教育以外に社会教育も日本語教育の普及に役割を果たしたといえる。

　このように、戦前における日本語教育は、学校教育と社会教育の両面から、植民地や占領地などで実施されてきたのである。

　なお、ここで特筆しておきたいのは、清末から日中戦争期まで中国人への日本語教育に北京と東京で尽力した一教師のことである。二見（2016）[58]によれば、清朝末期から中国人への日本語教育に貢献した代表的人物としては松本亀次郎（1866～1945年）がいる。松本亀次郎は日本留学中の魯迅、秋瑾や周恩来らに日本語を教えたことがあり、「中国人留学生教育に生涯を捧げた人」として今日、日中双方で顕彰されている。松本亀次郎はもともと戦前日本の師範学校（静岡・三重・佐賀）の教壇に立っていたが[59]、1903年に嘉納治五郎の宏（弘）文学院に[60]招かれ、中国人留学生に日本語を教えるようになった。この間、松本が編纂した『言文対照・漢訳日本文典』は、中国人留学生向けの初の本格的な日本語教科書

として、当時の留学生は誰でも 1 冊を買い求めていたという。[61]

　1908 年、松本は京師法政学堂（北京大学の前身）に赴任し、中国本土での日本語教育に携わった。北京では、松本の交際範囲は著しく拡大し、その後物心両面で彼を応援することになる人々と出会った。また、この教習時代を通じて松本の中国観が形成され、「中国に対する尊敬の念が強く、晩年に至るまで、その態度を貫いている」。[62]

　辛亥革命後帰国した松本は、彼の幅広い人脈と識見に寄せる関係者の期待に応えるため、「日華同人共立」を冠する東亜高等予備学校を創設し、中国人留学生教育に献身した。そして戦時中、日本政府の侵華政策に対して公然と反対し、教頭職を辞任させられた。二見は、松本が日本語をいかにわかりやすく教授するかを熱心に探究した日本語教育者から、「日中友好を天命と任じ、人間教育を実践し、単なる教師の枠を越え、人間教育者への自覚に変わっていた」[63]と高く評価している。

　このように、松本亀次郎は清朝末期の中国に赴任し、直接に日本モデル時代教育近代化に尽力した。その後、彼が創設した東亜高等予備学校では、そこで戦時下にも日本語を東京で学び戦後中国の発展に尽力することになる中国人留学生がいた。そのため、松本亀次郎は彼の教え子たちの活躍を通して、新中国における日本語教育・日中教育文化交流にも間接的に貢献したといえよう。

　以上のように、戦前の日本語教育は、時局や日中関係に揺さぶられる中、展開されていた。

2. 戦後中国における日本語教育

　戦後における日本語教育の時期区分は、数多くの先行研究が行ってきた。徐一平（2000）[64]、皮細庚（2002）[65]、冷麗敏（2010）[66]、田中祐輔（2012、2015）[67]、葛茜（2013）[68]、喬穎（2014）[69]などがある。本書では以上の先行研究の成果を参考とした上、以下のように区分した。すなわち、戦後の中国における日本語教育は、閉鎖期（1949 ～ 1971 年）、発展期（1972 ～ 1998 年）、躍進期（1999 ～ 2010）、転換期（2011 ～現在）と 4 つの時期に分けることができると筆者は考える。

　「閉鎖期」とは、1949 年の中華人民共和国建国から日中国交断絶の時期であり、その前半は中国が社会・経済などの多方面にわたってソ連を参考にした時期でもあった。この時期は、北京大学などの特定の大学でのみ日本語教育が行われ

ており、「1950年代後半には新中国初の日本語教科書『現代日本語実用語法』（上下）が出版された[70]」という。徐（1997）は、「50年代と60年代前半期の日本語研究と日本語教育事業は、まさに党中央と国務院の配慮と重視の下に発展してきた[72]」と指摘している。50年代には外国語教育はロシア語一辺倒であったが、60年代はロシア語以外の外国語の必要性も認識され、それに伴い上海外国語学院（1960年）、上海対外貿易学院（1960年）、外交学院分院（1961年）などの高等教育機関でも日本語科が次々と開設された。しかし、1966年から10年間におよぶ文革の時期に入ると、外国語教育そのものが衰退することとなる。日本語教育もその影響を受け、停滞していた。

　第2期の発展期は、1972年の日中国交正常化をきっかけに、中国東北部を中心に日本語教育実施校が急増し、戦後の第1次日本語学習ブームが起こった時期を起点とし、文革終結後の1978年以降、近代化に向けた改革開放政策が打ち出された時期までを含む。この時期、中国は世界各国に門戸を開き、日本を含む先進国からあらゆる分野の成果を取り入れようとした。この時期の政策は、その後の中国の外国語教育にも大きな影響を与えている。また1978年8月に日中平和友好条約が調印され、日中関係は良好であった。この時期に、日本語学習者が急増し、第2次日本語学習ブームを迎えた。

　それと同時に、1978年に中国教育部の主催による全国外国語教育会議が開かれ、中国の外国語教育の3つの方針が決定された[73]。すなわち、第1に外国語教育の質を高め、第2に中等教育段階の外国語教育を重視し、第3に大学の「公共外国語[74]」を強化するというものである。第1の外国語教育の質を高めるためには、教師の外国語能力の水準を上げることが必要となる。日本政府の「対中国日本語研修特別計画」の柱となった大学の日本語教師の再教育機関、すなわち日本語教師研修センター（大平学校）の設立は、この方針に沿ったものであった[75]。

　第3期の躍進期は、1990年代後半から21世紀の当初10年間にかけて、中国の大学の学生数増大（アジア金融危機に伴う内需拡大政策の影響で1999年以降、大学生数が急増する）とともに、高等教育における日本語学習者が増え続け、中国における日本語教育が拡大される時期である。また2000年に入ってから、中国の単科大学の総合大学化が進み、理工系大学や医科大学にも、人文学院や外国語学院が設置されるようになった。この時期、特に日本語学科は日中大学間交流の促進のため、多くの大学に新設された。

　その結果、日本語科を持つ4年制大学が急増し、卒業生の就職難などの問題も

浮上し、日本語教育は2010年前後に「育成方法・育成目標・育成内容の転換期」を迎えている（修2011）[76]。その背景には、30年間の改革開放政策の成果として、2010年、中国のGDPは日本を抜き、世界第2位になったこと、経済成長に伴い物価や人件費などが高騰し、安い労働力を求めていた一部の日系企業が投資先を中国から東南アジアに転じたこと、その上、尖閣諸島（中国では釣魚島）問題や311東日本大地震にともなった福島の原発問題などが、中国での日本語学習人口動態にも影響を与えたことが挙げられる。

表1-3　中国における日本語教育の量的推移

年　度	機関数	教師数（名）	学習者数（名）
1975年	13	不明	不明
1981年	101	1,139	12,887
1987年	277	2,109	58,853
1992年	1,075	5,220	288,177
1995年	1,229	5,289	250,334
1998年	1,098	5,156	245,836
2003年	936	6,031	387,924
2006年	1,544	12,907	684,366
2009年	1,708	15,613	827,171
2012年	1,800	16,752	1,046,490
2015年	2,115	18,312	953,283

注：国際交流基金調査[77]（1974～2015年）『海外の日本語教育の現状』により筆者作成、この表の日本語教育は、初等、中等、高等教育、社会教育などを網羅したものである。

　表1-3と図1-1が示すとおり、まず閉鎖期には、日本語教育の機関が少なく、教師数や学習者数が不明であった。次の発展期には1980年代後半から規模が拡大し続け、1990年代は機関、教師数、学習者数は、ほぼ一定の規模を保持していた。ただし、1990年代の後半は学習者数が一時減少した原因は、中等教育における日本語教育の変化に見出すことができる。中国における中等日本語教育は主に東北三省（黒竜江、吉林、遼寧）と内モンゴル自治区に集中しており、日本語を第一外国語として教える場合が多かった。しかし、1990年代に入ると、大学入試で多くの高等教育機関が外国語の受験科目を英語に限定したため、1991年以降、日本語を開設する中等教育機関が次第に減少し、学習人口も減少したのである。[78]しかしその後、前述の高等教育段階における日本語教育の拡大政策によ

り、2010年代初期までに日本語教育の規模はさらに機関数でざっと2倍、教師数で3倍、学生数で2.5倍に拡大している。最後、2012年の調査をピークに、転換期に入ったことが統計からもみてとれよう。2015年の中国の日本語教育機関数は2,115機関、教師数は18,312名で増え続けているが、学習者数は2012年度に比べると減少し始め、953,283名となっている。日本語教育のニーズに対する供給過剰がみえている。

図1-1 日本語学習者数の推移（表1-3の図示）

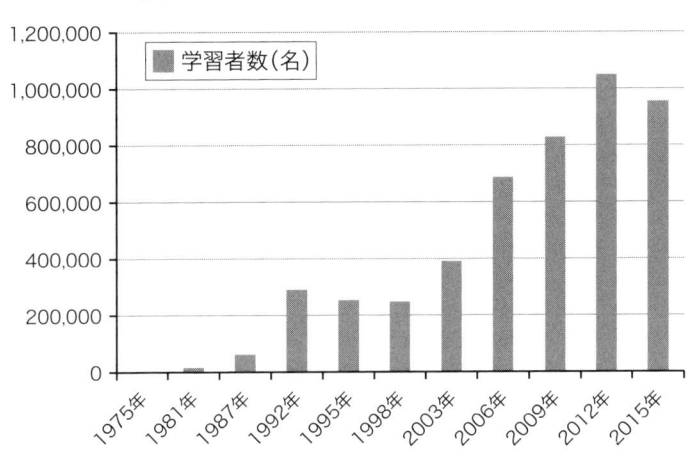

　以上、中国における言語／外国語教育政策、とりわけ外国語／日本語教育の歴史および現状を中心に、先行研究を踏まえて整理した。

　次章では、大平学校の設立の経緯を探ることとしたい。

1　沈騎・馮増俊「建国60年以来我国外語教育政策研究綜述（建国60年以来我が国の外国語教育政策研究概説）」『江蘇社会科学（教育文化社会科学版）』、2009年、64～67頁。

2　周慶生「中国における言語の多様性と言語政策」石剛編著『危機言語へのまなざし：中国における言語多様性と言語政策』（成蹊大学アジア太平洋研究センター叢書）、三元社、2016年、79～80頁。

3　胡文仲「関於我国外語教育規画的思考（我が国の外国語教育計画に関する考察）」『外語教学与研究』第43巻第1期、2011年、131頁。

4　チャイナネットホームページ http://www.china.com.cn/policy 最終閲覧2014年8月30日。

5　ルイ＝ジャン・カルヴェ著；砂野幸稔ほか訳『言語戦争と言語政策』三元社、2010年、165頁。

6　李宇明「中国外語規画的若干思考（中国の外国語計画に関する若干の考察）」『外国語』第33巻第1期、2010年、3～7頁。

38

7 　胡文仲、前掲論文、2011年、135頁。

8 　同上。

9 　張緒忠・王暁輝「我国語言規画中外国語言因素的缺失及応対策略（我が国の言語計画における外国語要素の欠如および対応策）」『東北師範大学学報（哲学社会科学版）』、第2期総250期、2011年、128 ～ 131頁。魏芳・馬慶株「語言教育規画視角中的外語教育（言語教育計画の視角からみた外国語教育）」『南開語言学刊』、第1期総15期、2010年、151 ～ 159頁。沈騎「全球化背景下我国外語教育政策研究框架建構（グローバル化の背景の下での我が国の外国語教育政策に関する研究フレームの構築）」『外国語』第34巻第1期、2011年、70 ～ 77頁。

10 　柯常青「新世紀欧盟語言政策透視（新世紀のEU言語政策から見えてきたこと）」『世界教育情報』第2号、2011年、73 ～ 77頁。束定芳「徳国的英語教学及其対我国外語教学的啓発（ドイツにおける英語教育および我が国の外国語教育への啓発）」『中国外語』、2010年、4 ～ 10頁。

11 　李雯雯・劉海濤「近年来日本英語教育的発展及政策変革（近年日本における英語教育の発展および政策の変革）」『外国語』第34巻第1期、2011年、84 ～ 89頁。

12 　高友晗「内モンゴル自治区における英語必修化に伴うトライリンガル教育の現状と課題」『人間文化創造科学論叢』13号、お茶の水女子大学大学院人間文化創成科学研究科、2010年、217 ～ 225頁。

13 　新保敦子「近代学校の普及と少数民族家庭における文化の継承／断絶：モンゴル族および回族の女性教師を中心として」『中国エスニック・マイノリティの家族：変容と文化継承をめぐって』国際書院、2014年、100頁。

14 　郭晋勇「対紅河流域少数民族外語教育的設想（紅河流域における少数民族の外国語教育についての構想）」『新西部』第4期、2010年、141 ～ 144頁。

15 　劉翊・向暁紅「四川民族地区外語教育現状及発展策略（四川民族地区における外国語教育の現状および発展戦略）」『西南民族大学学報（人文社会科学版）』第10期総第206期、2008年、253 ～ 256頁。

16 　周殿生・王莉「新疆外語教育現状和調整策略（新疆における外国語教育の現状および調整戦略）」『外国語』第34巻第1期、2011年、83頁。

17 　阿達莱提・塔伊尓「哈薩克斯坦独立前的双語教育（カザフスタン独立前の二言語教育）」『新疆社会科学』、2011年第1期、66頁。

18 　孫宏開「少数民族語言規画的新情況和新問題（少数民族言語計画の新しい状況と問題）」『言語文字応用』第1期、2005年2月、16頁。

19 　李宇明、前掲論文、2010年、3頁。

20 　付克『中国外語教育史』、上海外語教育出版社、1986年。

21 　李伝松・許宝発『中国近現代外語教育史』上海外語教育出版社、2006年。

22 　戴煒棟・胡文仲編『中国外語教育発展研究 1949-2009』上海外語教育出版社、2009年。

23 　竹中憲一「中国における日本語教育」『早稲田大学社会科学研究所社研・研究シリーズ』（23）、1988年、49 ～ 79頁。

24 　劉潤清「培訓高校英語師資的好弁法：北京外国語学院英語師資研修班簡介（高等教育英語教員研修の良き方法：北京外国語学院英語教員研修プログラム概要）」『外語教育与研究』1984年第3期（総第59期）、66 ～ 68頁。

25 　竹中憲一、前掲論文、1988年、50頁。

26 　戴煒棟・胡文仲編、前掲書、2009年、3頁。

27 　李伝松・許宝発、前掲書、2006年、4頁。

28 　戴煒棟・胡文仲編、前掲書、2009年、4頁。

29 　同上。

30 　同上。

31 　付克、前掲書、1986年、64 ～ 65頁。

32　同上。

33　同上。

34　付克、前掲書、1986年、68 ～ 69頁。

35　付克、前掲書、1986年、71 ～ 73頁。

36　竹中憲一、前掲論文、1988年、53頁。

37　戴煒棟・胡文仲編、前掲書、2009年、10頁。

38　付克、前掲書、1986年、78 ～ 79頁。

39　戴煒棟・胡文仲編、前掲書、2009年、13頁。

40　同上。

41　戴煒棟・胡文仲編、前掲書、2009年、16頁。

42　本間繁輝「日本語の教育方法の問題―文革前の体験と最近の見聞から（中国における日本語教育）」『中国研究月報』（371）、1979年、28頁。

43　李伝松・許宝発、前掲書、2006年、266頁。

44　戴煒棟・胡文仲編、前掲書、2009年、17頁。

45　戴煒棟・胡文仲編、前掲書、2009年、22頁。

46　同上。

47　李伝松・許宝発、前掲書、2006年、268頁。

48　戴煒棟・胡文仲編、前掲書、2009年、41頁。

49　李伝松・許宝発、前掲書、2006年、291頁。

50　付克、前掲書、1986年、158頁。

51　劉潤青、前掲論文、1984年、66 ～ 68頁。

52　付克によると、1977年から1983年に研修を受けた英語教師は6,326名であり、英語教師数全体の38％を占めている。付克、前掲書、1986年、162頁。

53　沈国威「日本研究専家学者的揺籃："大平班"（日本研究専門家のゆりかご：『大平学校』）」『大潮涌動：改革開放と日本留学（時代の波：改革開放と日本留学）』、社会科学文献出版社、2010年、79頁。

54　徐敏民『戦前中国における日本語教育：台湾・満州・大陸での展開と変容に関する比較考察』エムティ出版、1996年。

55　徐敏民、同上書、1996年、324頁。

56　同上。

57　藤森智子「日本統治下台湾の『国語講習所』における日本語教育：新竹州『関西庄国語講習所』の教案・日誌（1937）から」日本語教育史論考第二輯刊行委員会『日本語教育史論考第二輯』冬至書房、2011年、51頁。藤森智子『日本統治下台湾の「国語」普及運動：国語講習所の成立とその影響』慶應義塾大学出版会、2016年、386頁。

58　二見剛史『日中の道、天命なり：松本亀次郎研究』学文社、2016年。

59　師範学校の時代に、松本亀次郎は『佐賀方言辞典』を編纂し、日本において方言の収集と編纂の先駆的な存在であった。この仕事を通して、松本の国語研究にいちじるしい深まりができた。二見剛史、同上書、109頁。

60　日本への留学生派遣は1896年13名の清国留学生の来日からスタートした。当時の駐日清国公使裕庚は外務・文部大臣の西園寺公望に留学生の受け入れを依頼し、西園寺は、清国最初の留学生教育を当時、東京高等師範学校長だった嘉納治五郎に命じた。日本最初の中国人留学生の教育機関として設立されたのは宏（弘）文書院であった。さねとうけいしゅう『中国留学生史談』第一書房、1981年、2 ～ 3頁。

61　二見剛史、前掲書、2016年、271頁。

62　二見剛史、前掲書、2016年、135頁。

63　二見剛史、前掲書、2016年、244頁。

64　徐一平「中国における日本語教育」『日本語・日本語教育研究国際シンポジウム報告書』名古屋外国語大学、2000年、127 ～ 130頁。

65 皮細庚「中国の大学における日本語専門教育」水谷修・李徳奉編『総合的日本語教育を求めて』国書刊行会、2002年、56 〜 68頁。

66 冷麗敏『高等教育中的日語教育教学研究：引発学生自主参与課堂的教師行為（高等教育における日本語教育教学研究：学習者の主体的な授業参加を導く教師の行動』外語教学与研究出版社、2010年。

67 田中祐輔『中国の大学専攻日本語教育の研究：文学思想による規定と日本の国語教育からの影響』早稲田大学博士学位論文、2012年、35 〜 39頁。『現代中国の日本語教育史：大学専攻教育と教科書をめぐって』国書刊行会、2015年。

68 葛茜『中国の大学日本語専攻教育における学習環境と学びの実態：新たな「ことばの力」をめざして』早稲田大学博士学位論文、2013年。

69 喬穎『中国の日本語教育と大学日本語専攻生の対日認識形成に関する研究―日本語教育における「個人」の意義』早稲田大学博士学位論文、2013年、63 〜 131頁。

70 北京大学・陳信徳編著、1958、59年に時代出版社から出版された。

71 川上尚恵「日本語教科書に見る中華人民共和国成立後の中国における日本語教育：1950 〜 1960年代を対象として」日本語教育史論考第二輯刊行委員会『日本語教育史論考第二輯』冬至書房、2011年、65頁。

72 徐一平「中国的日語研究与日語教育（中国における日本語研究と日本語教育）」『日語学習与研究』1997年4期、36頁。

73 竹中憲一、前掲論文、1988年、76 〜 77頁。

74 外国語を専攻として学ぶ以外の外国語教育のことを指している。

75 竹中憲一、前掲論文、1988年、77頁。

76 修剛「転型期的中国高校日語専業教育的幾点思考（転換期を迎えた中国高等教育日本語専攻教育についての若干の考察）」『日語学習与研究（日本語学習と研究）』第155号、2011年、1 〜 6頁。

77 国際交流基金は1972年国際交流基金の設立以来、3年から6年おきに海外日本語教育機関調査を行った。http://www.jpf.go.jp/j/japanese/survey/result/surveyold.html。それらは、1974年国際交流基金調査『海外日本語教育機関一覧（昭和50年）』国際交流基金（1975）、1979-80年国際交流基金調査『海外日本語教育機関一覧（昭和56年度版）』国際交流基金（1981）、1984-85年国際交流基金調査・監修『海外日本語教育機関一覧』凡人社（1987）、1990年国際交流基金調査、『海外の日本語教育の現状』大蔵省印刷局（1992）、1993-94年国際交流基金調査『海外の日本語教育の現状』大蔵省印刷局（1995）、『海外の日本語教育の現状－日本語教育機関調査・1998年－』大蔵省印刷局（2000）、『海外の日本語教育の現状－日本語教育機関調査・2003年－』凡人社（2005）、『海外の日本語教育の現状＝日本語教育機関調査・2006年＝改訂版』凡人社（2008）、『海外の日本語教育の現状　日本語教育機関調査・2009年』凡人社（2011）、『海外の日本語教育の現状　2012年度日本語教育機関調査結果概要抜粋』くろしお出版（2013）、『2015年度海外日本語教育機関調査結果（速報値2016／11／10）』である。2018年現在、計11回調査が行われている。

78 戴煒棟・胡文仲編、前掲書、2009年、896頁。

第 2 章
大平学校の設立前史

　戦前の日本では、植民地支配のために日本語教育を「国語」教育として推進し、日本軍占領下においては日本語教育を強制的に行った。そのため戦後の日本政府は、日本語の海外普及に慎重な態度を取り、相手国・地域の需要に応える形で実施してきた経緯がある。しかも、高度成長期を経て、日本は世界第2位の経済大国になり、「経済中心から文化重視の国へ」という方向性の転換が見られるようになった。

　たとえば1972年には政府外務省の特殊法人として、国際交流基金が設立され、日本語・日本語教育の対外普及に力を入れ、日本文化が世界に発信されることとなった。また、同年には日中間の国交が回復し、1978年には日中平和友好条約が締結された。こうした中で、日本政府は中国に対して、ODA（政府開発援助）という形で経済支援・文化交流などを展開し、日中関係の改善に役立てようとした。日本は、中国人技術者への技術支援や中国人留学生の大量受け入れなどの国策を模索するとともに、中国における日本語教師の再教育にも着手したのである。

　一方、そのころ中国の事情というのは10年間に及ぶ文化大革命が終結し、文革がもたらした混乱を一刻も早く収束する必要があった。そこで、欧米諸国や日本に学ぼうという社会風潮が生まれた。外国文化の導入に対する政治的な規制が緩和されると同時に、実務面でも日本語を必要とする場面が急速に広がった[1]。しかしながら当時、日本語人材は不足しているだけではなく、文革の影響もあり、日本語教育の担い手である教師自身の受けた日本語教育のレベルが相当に不十分なものであった。

　それゆえ、1980年に日中両国政府の協力によって、いわゆる「大平学校」が設立された。大平学校という日中教育文化事業の誕生は、歴史的な日中関係の変化といったマクロの側面と、中国人日本語教師個々人の切実なニーズというミクロの側面が合わさって初めて可能となった。

　本章では、こうした日中関係の歴史的な経緯の中で誕生した大平学校の設立の社会的背景およびその経過を明らかにしていく。

第1節　大平学校設置以前の中国における日本語教育の実態

1. 日本語教育の状況（1970年代）

　前述のとおり、中華人民共和国建国直後の外国語教育は、中国とソ連との緊密な関係を反映して、1950年代はロシア語一辺倒であった。その後、中ソ関係の悪化に伴い、1957年に12年間の科学技術発展計画が打ち出され、従来のロシア語教育の他に、英語、ドイツ語、フランス語、日本語、アラビア語、スペイン語の教育も重要視されるようになる。[2]

　1964年に公布された「外国語教育7か年計画綱要」の4つの方針の第3に、「学校教育では英語を第一外国語とし、大学や中学・高校における外国語教育科目の割合を調整すべきである[3]」と規定されていた。ただし2年後の1966年から文革が始まり、外国との関係は批判の対象になり、外国語教育は大きな打撃を受けた。

　中国の国連正式加盟（1971年）後は、各国との国交樹立により、外国語能力を備える人材の育成が喫緊の課題となった。しかし、当時の日本語教育は、内容の政治的色彩が強く、環境の不備や人材不足、現場レベルの諸問題など、さまざまな困難があった。

　1970年代当時の日本語教材について、「労農兵学員」（労働者、農民、兵士から推薦を受けて大学に入った者、中国語では「工農兵学員」）だったD1は、次のように語っている。「当時、基本的に日本語オリジナルの教材を日本から輸入することは禁止されていた。大学時代の教材の内容は『為人民服務[4]』であるか先生たちが自分で編集したものだった。また、例えば、実際に工場見学に行き、時計工場で『目覚まし時計』という単語を覚えた」。

　当時実際に使われていた教科書には、その時代を反映した「中国的日本語」や直訳の会話文の例がある。「中国的日本語」が最も多く見られたのは文革期である。例えば、「知識青年」は学校から農村に赴き住み着いた若者を意味している。そして、「理論グループ」と言えば、マルクス・レーニン主義・毛沢東思想のある課題についての研究会のことを指している。[5]大平学校開校当時の中国の日本語教育の実際の状況は、以下のとおりである（**表2-1**を参照）。

表2-1　大平学校開校当時の中国の日本語教育の状況

授　業	日本語の授業が多く、日本事情に関する教育内容が少ない。		
教授法	徹底的な暗記を基礎とする学習法。ロシア語教育の影響で、パブロフの条件反射説を応用したソ連型教授法を採用。学生の暗記力も驚くほど高い。		
教　材	中国の独自開発。政治色が強く、日本文化を吸収するための日本語ではない。テープ・ビデオ教材が不足。		
教　師	属　性	年齢(当時)	特性・役割
	日本人	高年齢	政府・民間団体派遣の専門家、もしくは在留邦人(日本国籍／中国国籍)
	日本の植民地支配下で日本語教育を受けた者	50歳以上	中国東北地方、台湾の出身者
	戦後日本からの帰国華僑	高年齢	日本語はネイティブに近いが、中国語の運用能力は欠如
	戦前と戦後の日本留学経験者	高年齢	インテリ層が多い。中国の日本語教育における指導的立場
	新中国成立直後から文革前に大学で教育を受けた者	40代	日本語運用能力は若干劣るが、文化水準の高いインテリ層
	文革中に大学で教育を受けた者(「労農兵学員」)	25〜30歳	相当の学力と社会経験を持ち、日本語教育の中核を担っていた
	文革後に大学で教育を受けた者	25歳以下	中学・高校で日本語を学び、文革後大学で学んだ世代
	中国人ロシア語教師	40代	ロシア語教師が日本語を学び直したケース

注：篠崎・曹（2006）[6]、竹中（1988）[7]と蘇徳昌（1980）[8]を参考に、筆者作成。

　また、大学の日本語専攻で使われている初級教科書の内容を見ると、日本人との会話を想定していなかったことがわかる。例えば、北京大学編（1981）『基礎日語』[9]第1冊第8課には、次のような会話文がある。

　　張：先週の土曜日は党の創立記念日でしたね。
　　王：ええ、中国共産党の創立記念日でした。
　　張：あなたたちのところでは、どんなもよおしがありましたか。
　　林：わたしたちの青年団支部は6月30日の夜、前夜祭を開きました。

　さらに、日本で発行されたオリジナル出版物もほとんど市販されず、日本事情を伝える教材の少ない中、『英語九百句』という参考書の形式と内容をまねて、一部を日本語に翻訳した『常用日語900句』[10]のような事例もある。その例文は「蕃茄（トマト）の汁を1杯ください。あのビーフステーキを少し焼き過ぎてください」のような英語からの直訳であったために、内容も日本語も不自然なところがあった。

　このような1980年代初期の日本語教科書および補助用参考書などの状況から、当時の日本語教育の教科書事情やレベルを理解することができよう。

　当時、日本事情の教育が軽視された最も大きな原因として、竹中（1988）は、「日本文化を吸収するための日本語ではなく西欧文化への近道として日本語教育を位置づけてきた伝統的観念が根強く残っているため[11]」だと指摘している。

2. 文革中の日本語学習の実例

　以下では、大平学校出身者へのインタビューと関係資料に基づきながら、文革中の彼らの日本語学習の実例を明らかにしていく。

（1）　日本語を学んだきっかけ

　文革中の日本語学習者は、主に労農兵学員の資格を取得できた者たちである。中学・高校時代に文革が始まり、都市部から農村に下放された彼らは、何年間かの農村や工場・軍隊での労働成績が優秀な場合には推薦され、労農兵学員として大学に入った。

　A2は、当時の状況を以下のように語った。「その時、選択の余地は無かった。ある日、下放されたところで、労農兵学員の募集枠があると聞いた。手続きは複雑で、まずは下から推薦されて、それから上の許可がなければならなかった。日々よく働かないとまず推薦されなかった」。

　文革中に下放されたこの世代の人々は、国の政策に翻弄されながらも生き延びてきただけに忍耐強く、一縷のチャンスに運命を賭ける勇気もあったようである。日本語を学んだ理由について、上海から内モンゴルに下放されていたD3は、「当時『日本語』という専攻に対するイメージは特段なかった。とにかく内モンゴルを離れたい、砂漠を離れたいと思った」と話している。A2とD3は、上昇と脱出の手段としてやむを得ず日本語を学んだケースである。彼らは文革中に一時は中断された大学教育が再開するこのチャンスを、何としてもつかむ必要があった。というのも、当時政府は、農村に下放された知識青年をそのまま農村に定住させる政策をとっていたので、大学入学こそが農村を脱出し、都会に戻る唯一の手段であったからである。

　また、D2の日本語を専攻したきっかけはこうである。彼は「1972年から国営企業で働きながら日本語を独学で勉強し始めた。その時、工場で日本語の技術資料と接することがあって、漢字があるから何とかわかると思ったら、結局よく見

てもやはりわからなかった。その年に日中の国交が回復し、社会人学習者向けの日本語教室が町に出来たため、申し込んだ。その後、大学入試再開2回目（1978年）に試験に参加した。受験科目には外国語があり、英語より得意な日本語で受験した。当時は『分配』（配属）なので、合格通知書には専攻が『日本語』と記されていた」と語った。D2の工場では、日本から設備を輸入していたので新しい技術資料を理解するために、彼は積極的に日本語を学んだだけで専攻するつもりはなかった。こうして、大学での専攻を日本語に割り振られると、彼はそれに従うほかなかったのである。

　16歳の時に北京から内モンゴルに下放され、3年間羊飼いをした経験を持つE2は、次のように話した。「1975年に休暇を取って母親を看病している間、余裕があるから何か外国語でも勉強しようと思った。ただ、テープもテープレコーダーもなかったため、英語の発音は習得しにくいと諦め、代わりに東北出身の母親に日本語を教わった」。軽い気持ちで始めた日本語は、その後の彼女の人生を大きく変える要因となった。大学入試は、日本語で受験し、1978年に北京の名門大学に入学することができた。

　日本で活躍中のジャーナリスト莫邦富（モウ・バンフ）は、大平学校の第1期生である。彼の著書には、日本語との出会いが以下のように記されている。彼が下放された黒竜江省生産建設兵団では、2年に1度程度しか帰省が許されておらず、その期間も1か月と短いものだった。1973年に帰省中の莫邦富は、たまたまある書店をのぞいたという。

　　書店の入り口に、山のように本が積まれている。何だろうと好奇心に駆られて手に取った1冊が、日本語との出会いとなった。

　　日本語ラジオ講座のテキストだった。つい最近まで敵国語と見なされていた日本語がラジオ講座で教えられるようになったとは、マスコミ関係の仕事に携わっていた私は、その時代の変化に嬉しい驚きを覚えた。（中略）結局、その日は私が手にした日本語のテキストしか買わなかった。この日本語との、道草のような偶然とも言える出会いに、詩人になろうという私の人生設計は完全に乱れ、日本語、そして日本と泣き笑いをともにする人生の道を歩み始めた。[12]

　莫邦富は、そのテキストを下放先の黒竜江省まで持ち帰り、日本語を独学するようになった。その後、彼は推薦されて上海外国語学院に入学し、日本語を正式

46

に勉強し始めた。

　このように、文革中には、様々な人々が様々な学習動機によって日本語を学び始めた。日中関係の改善は、それらの動機を後押ししたと考えられる。

　しかし、日中戦争の記憶がまだ新しいその時期、彼らの両親や親戚が反対する声も珍しくなかった。莫邦富の母親は「何を勉強してもいいのに、よりにもよって、あの「東洋人」（日本人）の言葉、「東洋語」（日本語）を勉強するなんて、お母さんは悔しい、納得できない[13]」と反対したという。

写真 2-1
大平学校で研修中の莫邦富（左）と日本人講師・平井勝利（右）（K1 より提供）

(2) 大学での日本語学習

　黒竜江大学で教鞭を執った大石・坂本（文革中の 1974 年 11 月〜 1976 年 10 月）によると、文革期の日本語の学習目的は、①中国の社会主義建設に役立ち、②日中友好を深める、ということであった。教科書は徹底して中国革命中心の観点から編集されていた[14]。

　黒竜江大学日本語学部の場合、教員の構成は、「教員は 26 人、うち女教員 9 人（1945 年以前に中国へ行き、敗戦後帰国しなかった日本人女性 3 人を含む）、朝鮮族 4 人であった。また約半数は解放前に日本語を覚えた、というより覚えさせられた世代[15]」である。

　日本語教材について、D1 は、「1972 年に日中国交が回復した後、1973 年に大学で日本語の授業が設けられた。当時はまだ物質が不足しており、教材／教科書はなかった。教師は毎日手書きのガリ版刷りの教材を使っていた」。また、D3は「大学に入っても、当時はまだ社会が閉鎖的で、日本で出版されたオリジナル教材はほとんど無かった。例えば、雑誌類は『人民中国』、『北京週報』などの対日宣伝刊行物しかなかったし、教材の内容は、革命的でなければならなかった。3 年生の教科書に掲載された日本人によるオリジナルな文章はといえば、小林多喜二などのプロレタリア文学だった」と振り返った。

　当時、学生にとって一番つらかったことは、日本語の辞書が販売されていない

ことであった[16]。莫邦富は、辞書入手の難しさと嬉しさを以下のように述べている。「大学卒業まで、ついに満足のできる日本語辞書は1つも入手できなかった。1976年6月ようやく『日漢辞典』が十数年ぶりに内部発行という形で再版された。早速購入した。13元と当時としては非常に高かった。私の月給の4分の1に相当した。だが、それでも嬉しかった。日本語を勉強して4年も経ってから、ようやく自分の日本語辞書を入手できたのである[17]」。

　このように、言語教材が極めて少ない中で、当時の大学生は日本語学習を進めていた。学習環境が不十分であったとはいえ、D3は別の角度からその時代の良さも語った。「教材の内容と数量が少ないことは不利だったけれども、もっと大切なのは、当時は誰もが真剣に努力していたことである。現在の言語教育では、多様な方法・手段が使われても、学習者の意欲と集中力が低下し、効果がなかなか出ないのではないだろうか。当時は、誘惑もなく、ひたすら本を探し、勉強に専念した。1冊のテキストの内容を全て頭に入れて暗誦し、先生よりも詳しいぐらいだった」。

　大学も高学年になると、実際に日本語を使って日本人と接する実習もあった。「大学3年生の時、広州交易会で通訳をするチャンスがあった。他に、武漢鉄鋼工場での実習機会もあった。日中の技術者の通訳として2か月ぐらい現場で経験を積んだ。時機が良くて各方面の環境も良かった。卒業の時、日本語人材が少ないため、みないい就職先に配属された」と、D3は語った。1970年代後半において、労農兵学員の多数は学業修了後に、政府機関や大学に配属され、公務員や日本語教師になった。

　以下では、莫邦富の記述から、労農兵学員時代の大学の1日を見てみよう[18]。

　　文化大革命中ということもあって、平日は、朝6時15分に起床して30分間ほどの軍事訓練とラジオ体操を行う。それが終わると、各自教科書をもってキャンパスのなかで朝の朗読に励む。数千人の大学生が朝日を浴びて外国語の朗読に没頭する光景は壮観だ。雨の日も、寒い日も、この感動的風景は毎日繰り返されていた。7時には朝食。さっさと食事を終え、皆はまた一心不乱に朗読を続ける。

　　8時直前に教室に入り、授業が始まる。外国語の授業は12時前後まで続く。昼食後、1時間半程度の昼休みがある。午後は、歴史、国語、世界史、体育そして共産党史などの授業と政治学習だ。

　週に1回ほど、組織生活と呼ばれる党や青年団の活動もある。午後の授業と政治学習が3時半ごろに終わる。それから、バレーボールや水泳などスポーツを楽しむ自由時間となる。無論、図書館に行ってもよい。

　5時に夕食。しばらく休憩や散歩をした後、日が暮れるまでバレーボールなどのクラス間の試合がよく行われる。

　7時近くになると、急いでふたたび教室や図書館に行く。それから1時間ほどのサークル活動。会話の練習をしたり授業の復習や次の日のための予習をしたりする。8時から宿題。それが終われば、1日のスケジュールはすべて完了である。しかし、それから図書館に行く人も多い。図書館は9時半に閉まる。急ぎ足で宿舎に帰り、シャワーを浴び、寝る支度をする。10時に消灯。教室に残って勉強を続ける人もいる。

　莫邦富の記述した大学での勉学以外に、次項で見るように「工業を学び、農業を学ぶ」という当時のスローガンに基づく工場や農場での実地体験も課せられていた。

（3）社会の現実から学ぶ—「開門弁学（カイメンバンシュエ）」

　「開門弁学」とは、「大学の門を開け放ち、社会の現実と直結させて大学を運営すること」である。これは文革中に生まれた教育・学習方法の1つで、学生は教室で学ぶだけでなく、農村や工場・部隊で学ぶ」[19]ということである。

　労農兵学員は、実際の労働現場で労働者から直接、再教育を受けることができる。では、現場での日本語教育を教師はどのように行っていたのか。大石・坂本によると以下の3つのやり方があった[20]。

　① 工場内で日本語を通訳する学生の指導。
　② 仕事中の学生を巡回して日本語で会話する。チャンスがあれば、彼らの業務上の管理者である労働者との話を通訳してもらう。
　③ 工場の各現場を参観し、説明員の中国語を学生に通訳させて指導する。

　このように、学生たちは工場などの労働現場で生産労働に参加することを通じて、新しいことばを覚え、日本語の実地訓練をしていたのである。

（4）教師になった不安

　とはいえ、文革中は教育の質の向上を望むことが十分にできず、学生と教師の

積極性も摘み取られがちだったため、その損失はやはり計り知れないものがあった。[21] 労農兵学員が卒業後教壇に立つことになった時、勉強不足や日本に関する知識の欠如などで、不安を感じることも多かったようだ。莫邦富は、体験談として自分の新任教師時代を次のように記している。[22]

　　教壇に立つのは、いつもどきどきはらはらした。単語を読み間違えるくらいなら、まだ自分を許すことができるが、日本の社会事情をゆがんで教えてしまえば、学生たちをミスリードしてしまうことになる。一度も行ったことのない日本をさも知り尽くしているかのように教壇のうえで振舞うことの大変さや心細さといったら、体験した本人以外はおそらく理解できないだろう。神経が毎日すり減り、細くなっていくのを肌で感じた。それに自分の日本語力もわれながら頼りにならないと思っていた。もう一度教室に入って思う存分充電したい、そして一度でいいから毎日教えている日本の社会を自分の目で見てみたい、自分の足で歩いてみたいと夢を描いていた。

　このように、10年間にわたる文革の影響で、中国の外国語教師の力量は質、量ともに低下し、教師の再教育が急務となっていた。文革中に学んだ日本語と日本事情の知識では、改革開放後の迅速な発展に追いつかず、再教育の必要性が生じていた。この課題を解決したのが、大平学校であった。日本語教師の状況は、前述の通り、年配の教師は健康などの問題で教育現場を離れ、中堅の教師は10年の空白期間を経て語学能力や教育能力が低下し、若手教師は教育者としてまだ力量不足であった。そしてこの問題を解決するには、何よりも日中双方の協力が必要であった。

　次節では視点を日本側に移し、大平学校の誕生の時代背景について考察する。

第2節　戦後日本の日本語普及活動の展開

1. 戦後日本の日本語普及活動

（1）海外における日本語需要の急増

　戦後、日本は1960年代の高度経済成長期を経て、世界第2位の経済大国になった。日本と諸外国との国際交流の活発化に伴ない、海外における日本語学習者

が急増した。当時の日本語ブームは東アジア地域を中心に引き起こされた。

　戦争の記憶がまだ新しい東アジア地域の日本語教育の特質について、牧野は「東アジア地域における日本語学習者の圧倒的多さと、NIES諸国・中国の急速な経済発展とは、単なる偶然の符合などではなく、日本による侵略・植民地化と日本語の強制という歴史的事実によって、媒介されていると見るべきであろう。日本語の学習は、東アジアの人々にとって、過去の忌まわしい歴史と記憶を乗り越えて、主体的に選択された新たな歴史的事実なのだといえる[23]」と指摘している。

　外国人が日本語を学習する背景には、主に日本の官民あわせたアジアへの経済・文化的進出を次のように製造業から非製造業へ、そして日本文化へと次のようにシフトしてきたことがあろう。

　　まず、日本の科学・技術の進歩および発展途上国に対する技術協力、あるいは合弁会社の設立及び技術提携、日本製品の市場進出、日系企業（製造業関係）の進出などがある。次は、日本の経済的発展及び発展途上国に対する経済協力（ODA）、日系企業（非製造業関係）の進出なども考えることができる。以上のハードの面からソフトの面までの経済領域の進出とともに、さらに文化の領域では、日本人観光客の増加、国際交流の活発化、国際結婚、趣味・娯楽における日本文化（映画、テレビ番組、女性雑誌、歌謡曲、アニメ等）の一般市民生活への浸透などもある[24]。

(2) 国際交流基金の設立

　1968年に国民総生産が米国に次いで世界第2位になるまで経済成長を遂げた日本は、世界各国から知的関心の対象とされる一方、様々な批判や摩擦にもさらされることになった[25]。こうした中で、外国人に対する日本語教育の普及や日本語教育の振興の必要性に対する認識も高まり、1972年10月2日、日本政府によって国際交流基金が設立された。日本語普及活動・日本語教育推進に関係する政府および関係諸機関は、省庁の管轄からすれば、外務省とその関係機関[26]、文部省・文化庁とその関係機関[27]、その他の省庁とその関係機関の3つに大別できる。

　世界の主要先進国は、自国語の普及を対外文化政策の中で重視し、推進してきた歴史がある。例えば、アメリカ合衆国の米国広報庁（United States Information Agency, USIA）、イギリスのブリティッシュ・カウンシル（British Council）、ドイツ連邦共和国のゲーテ・インスティテュート（Goethe Institut）、フランスの

外務省文化科学技術関係総局（DGRCST）アリアンス・フランセーズ（Alliance Française）などが挙げられる。日本においても日中国交正常化などアジアの国際情勢が大きく転換する時代を迎えたため、特殊法人として国際交流基金が設立されることになった。国際交流基金法の23条2項には「海外における日本研究に対する援助およびあっせん並びに日本語の普及」という文言が明確に記されている。

　国際交流基金は、日本語教育をはじめ、海外の日本研究者の招聘、出版援助、大規模の展示会などの文化交流事業に力を入れ、1980年には国家的事業ともいうべき2つの事業への協力が開始された。「1つは中国の大学における日本語教師の研修プロジェクトである。もう1つは、マレーシアのマハティール首相が1982年に提唱したルック・イースト政策（東方政策）への協力である」。

　表2-2からは1980年代前半において、国際交流基金の対外交流の中で重要視された国の順位が明らかである。すなわちアメリカは他国への事業実施額を大幅に超え、一貫して第1位を占めており、その次は、東南アジアの日本語教育普及活動に力を入れていたことがわかる。中国については、いずれの年度にも主要5か国入りし、インドネシアと並んで順位が高かった。

表2-2　国際交流基金1980～1984年度事業実績額の国別上位5位一覧表
単位：総事業費に対する比率（％）

順位	1980年度		1981年度		1982年度		1983年度		1984年度	
1	米国	13.2	米国	13.6	米国	12.5	米国	11.0	米国	12.8
2	中国	5.4	尼*	6.7	尼*	8.1	中国	6.7	尼*	6.4
3	尼*	4.1	英国	5.5	中国	6.3	尼*	6.4	中国	5.7
4	泰*	4.0	泰*	4.4	泰*	5.0	泰*	5.0	泰*	5.4
5	英国	2.9	中国	4.3	韓国	3.9	韓国	4.3	韓国	5.3

注：尼*はインドネシア、泰*はタイの略称。「国際交流基金1980～1984年度事業実績額国別上位20か国一覧表」より筆者作成。

2.中国における日本語普及の試み―日本語教育短期巡回指導

　海外への日本語普及活動事業の一環として、国際交流基金は1975年から日本語教育専門家による短期巡回指導を開始していた。それは現地の日本語教師の研修を、そこでの日本語教育の実情調査を兼ねて実施し、当地の日本語教育の振興を図るものであった。

52

　短期巡回指導チームは「（昭和）50年度（1975年）の大洋州に引き続き、51年度（1976年）には東南アジアへ派遣され、52年度（1977年）はアジアへ2チーム、大洋州と中南米へ各1チームが派遣され、以後この派遣事業は定着した[32]」という。

　国際交流基金は以上の日本語教育短期巡回指導を通して、世界各国における日本語教育の事情を把握することができた。しかし、中国での日本語巡回指導はまだ行われていなかったため、日本側では中国の日本語教育の実態を完全には把握していなかった。中国での第1回の巡回指導が実施されたのは、1978年のことだった。これについて加藤（1979）は、「民間レベルの日本語教育が細々と行われていたが、政府レベルのすなわち国際交流基金からの講師派遣は初めてであった[33]」と述べている。これはまた、戦後中国における日本語教育普及の最初の試みでもあった。

(1) 中国における日本語教育短期巡回指導の概要

　日本語巡回指導の正式名称は、日本側では「中華人民共和国における日本語講師研修会」、中国側では「全国日語教師短訓班[34]」（以下は巡回指導と略称する）である。この研修会は中国各地の大学で日本語を教えている中国人教師の日本語能力を高める目的で、中国政府（教育部）が主催した。1978年の夏には北京で、翌年の夏には上海と長春で開かれ、講師は日本から派遣された。

① 第1回の巡回指導

　第1回の巡回指導は、1978年7月15日から9月3日まで北京大学にて行われた。阪田雪子[35]（東京外国語大学教授）を団長として、加藤彰彦（実践女子短期大学教授）、永保澄雄（大阪教育大学教授）の3名が集中講義形式の研修を行った[36]。

　第1回の巡回指導には、全中国の日本語教師の代表が参加した。受講生は甲・乙の2クラスに分けられ、甲組は25名、乙組は27名で、乙組の方が比較的若い年齢層の受講生で占められていた。年齢構成については、50代15名、40代20名、30代13名、20代4名の計52名[37]で、中堅教師が多かったことがわかる。

　その時、中国では日本からのオリジナル教材がなかったため、阪田は次のように、第1回の受講生の様子を回想している[38]。「向こうでは教科書が何もないから、これを夜中に学生が全部写していました。そのときの学生というのは、もう日本留学なさったことがあって、大学を卒業していらっしゃる方たちでした。水産を

出ているとか、経済とか、今でも付き合っているんですが東大を出ている先生だとか、重点校25大学から集まっていらっしゃいました。（中略）日本語ペラペラなんですね。だけれども日本語を教えるということはしたことがない。戦後初めて教えさせられるようになったわけで…」

　また、加藤は中国人教師の問題点として「せっかくの知識も、適切な教授法に出会う機会がなかったためか、十分に活かしきることができず、教材・教授法などの面で、暗中模索といった様子であった[39]」と指摘している。加藤は講義の中で最新の日本事情を紹介したところ、以下のような問題に関する多くの質問が寄せられたという。

- 日本の一般状況、特に東京の最近の状況について
- 日本国民の平均収入および、学生として必要な費用（学資および生活費）について
- 国立国語研究所の現況について
- 日本の学校制度、大学入学試験、文科系と理科系の大学、試験問題の作成法について
- 日本の文学界の状況について
- 敬語について

　以上の質問内容からは、当時日中の交流がまだ盛んに行われず、中国では日本に関する情報の乏しかったことがよくわかる。

　第1回の巡回指導では、阪田が文法を担当し、永保は「絵を描いて自分で何か文章を作らせる[40]」教育法を実践した。加藤は「文章を読ませるということだったが、予想外に学生は日本語が出来たので、私（阪田雪子：筆者注）が持っていた高校の教科書から抜き書きして[41]」教えた。このように初めての巡回指導は、互いの理解が乏しい中での両国の日本語教育界の最初の接触であった。研修そのものは好評で、翌年には第2回の短期巡回指導が実施されることになった。

② 第2回の巡回指導

　第2回の巡回指導は、1979年7月14日から9月8日にかけて上海と長春の2か所で行われた。会場が2つになったため、講師団も天沼寧団長（大妻女子大学教授）、奥津敬一郎副団長（東京都立大学教授）のもと、川瀬生郎（東京外国語大学附属日本語学校教授）、国松昭（東京外国語大学教授）、斎藤明（アメリカ・カナダ11大学連合日本研究センター副教授）、佐治圭三（大阪女子大学教授）の

計6名に増員された。

　受講者は「中国教育部が全国の高等教育機関から選んだ日本語教育64機関の代表96名（吉林会場は長江以北の33機関47名、上海会場は長江以南の34機関49名、そのうち北京地区の3機関は両会場に参加）の正規受講生と、そのほか、一般聴講希望のために設けられた特別講座参加者、各会場100名から200名あった[42]」という。

　また、受講者の年齢と性別について「年齢は最低23歳から最高63歳（平均年齢41.3歳）にわたり、経歴も外語学院の新卒者から日本の旧制大学卒業者まで多様であった。男性67名、女性29名であった[43]」という。「上海会場では40代が14名で最も多く、次いで、20代・50代は共に12名、30代が8名、60代が3名であった。一方で長春会場では、40代の者は5名で、60代の2名に次いで少なく、最も多いのは50代の16名、次いで20代の15名、30代の9名であった[44]」という。このような状況から、年代と性別を問わず受講者の日本語学習意欲は高かったことがうかがえる。

　さらに50～60代になっても自分の日本語能力を向上させようとした日本語教師が多数いたことも注目に値する。彼らの属性について、川瀬（1980）は「戦前・戦中派の老壮グループと戦後派の青年グループに大きくわかれていた。老壮グループは、戦前・戦中に日本に留学した経験のある者、また、元日本国籍を有していた日本人など、日本語による言語生活を行ったことのある者が多い。日本の旧制高校や旧制大学を卒業した者も含まれているが、専攻は、経済・法律、あるいは理系の出身者が多い。また、東北地方では特に朝鮮族出身者が47名の受講者中6名も含まれていた。これらの者は概して日本語の技能は優れているが、変動の激しい日本社会の実状や新しい語彙・表現、あるいは日本語教育の方法に関する知識にやや欠ける面もある[45]」と指摘している。

　幼少期は日本と「満洲」で育ち、高校の化学の教師だったB5は、国の要請に応じ、大学に招聘されて日本語教師になった。B5は「日本語教師になった時、どのように教えたらいいか分からなくて、学生から質問された時に『これは日本語の習慣です』と答えていた」と、自分の「習慣先生」の経験を語った。このように戦前日本の中等教育機関や大学を出て日本語が堪能な者が、国の要請に応えて日本語教育に携わっていたが、彼らは「これは日本語の習慣だからそのまま覚えろと言って教えていて、「習慣先生」というあだなが付けられていた[46]」という。すなわち、戦前から日本語を学んでいた者は、日本語が堪能である一方、日本語

教授法の訓練が欠けていることが明らかになった。

　第1回と第2回の巡回指導の概要は、**表2-3**のとおりである。2回目は第1回の試行経験を踏まえた上で実施したので、第1回より講師も受講生も規模が大きくなり、講師陣および講義内容もさらに充実し、進化したことがわかる。

表2-3　第1回と第2回の巡回指導の概要

	第1回	第2回
期　　間	1978年7月15日〜9月3日	1979年7月14日〜9月8日
講師団の構成	阪田雪子（団長） 加藤彰彦 永保澄雄	甲班　奥津敬一郎（副団長） 　　　川瀬生郎　国松昭 乙班　天沼寧（団長） 　　　斎藤明　佐治圭三
会　　場	北京大学	上海外国語学院と吉林大学 甲班と乙班の講師団は交代で2か所を巡回
目　　的	受講生の日本語レベルを高めること、中国における日本語教育のレベルを高めること。	受講者の日本語学のレベルを高め、ひいては各自担当科目の授業効果を向上させ、日本語教育と日本語研究の質的向上を図ること。
参加者	参加希望者が多数であったため、事前に試験をして選考。各省市の33の大学および語学専門学校から派遣された日本語教員50名（ほかに傍聴者2名）。	5年以上の日本語教育経験のある実力を備えた教師、又は、高学年の授業担当者で、45歳以下の健康者が望ましいとされ、各大学は教育部からの割当人数に従って推薦・派遣。各会場の総数は45名。以上の他、特別講座参加（傍聴）枠が全会場に100〜200名。

注：加藤彰彦（1979）、天沼寧（1980）、川瀬生郎（1980）を参考に、筆者作成。

(2)　巡回指導の内容

　巡回指導の講義は、大学の一般講義と同様に主催者側・講師側の合意によって作成された時間割に従って、講師が各自の専門分野で題目を決めて行われ、日本言語・文字、文法、教授法、音声学および戦後文学などについての知識が伝授された。

　第2回を例にすると、上海では正規受講者と傍聴者に別々の会場が用意され、傍聴者の会場ではテレビ中継の形で放映された。しかし機材がしばしば故障し、講師も定められた場所にいなければならなかったので、効果が高かったとは言い難かった。

　長春では、正規受講者と傍聴者は別々の講義を受講した。正規受講者に対する講義を傍聴者は聴講することはできなかった。傍聴者用の講義は、特別講義とされ、正規受講者に対して連続して行う講義の内容とは異なり、各講師がテーマを決めて講演形式で行った。こうした講座は、のちに大平学校でも公開講座として継承され、誰でも自由に参加できる雰囲気を作った。

具体的な内容について、乙班の講師を例に紹介する。天沼寧は「現代国語の基準である当用漢字表・当用漢字音訓表・現代仮名づかい・送り仮名の付け方等を中心として、その適応のしかた、問題点、迷いやすい点などについて解説した。さらに国語審議会の報告である『新漢字表試案・常用漢字表案』等にも触れて、漢字制限の意義・問題点、今後の見通しなどについても説明した。また中国側の希望によって、擬声語・擬態語についても概説した[47]」。佐治圭三は文法を担当し、「『は』文法、助詞、係助詞」、「のだ」、「誤用例」と３つのテーマを取り上げていた[48]。その中で彼は習得の難関である「は・が」の使い分けについて、「～のだ」について、「～たら・～すると・～すれば・～するなら」について、述語連文節構造と文の成分等を解説し、外国人による日本語の作文資料にみる実際の誤用例について演習を行った[49]。斎藤明は、日本語の音声を担当した。日本語発音練習のドリルと日本の都道府県名と中国の省・直轄市・自治区名を資料として練習に用いていた[50]。「受講者に対し、発せられた音声を正確に聞き取り、正確な発音をすることについて、実地訓練をなるべく多く行うよう指導した。１人の受講者に発音させて他の者に聴かせ、すぐに適当な助言・指導を行って矯正し、受講者が日本語の教師として実際に学生に対して発音指導する際の要領を指導した[51]」。

　表2-4は、巡回指導の講師、講座名および教材・資料をまとめたものであり、**写真2-2**は佐治圭三が講義に使用した資料である。

表2-4　巡回指導の講師、講座名および教材・資料

	講　師	講座名	教材・資料
第1回	阪田雪子	日本語の構造と文型指導	国際学友会編『日本語読本 四』
	加藤彰彦	日本語の新しい表記と表現	日本語教育学会編『東京』、『現代国語 三』東京書籍
	永保澄雄	日本における視聴覚教育の現状、音声と音声指導の問題	『志賀直哉短編集』新潮文庫
第2回	天沼　寧	日本語の新しい表現と語彙	『当用漢字音訓表・現代仮名遣い』
	奥津敬一郎	最近の文法理論と日本語教育	未詳
	川瀬生郎	日本語教育の具体的指導法とその内容	『日本語Ⅰ』、『日本語Ⅰ練習帳』、「日本語教育初級段階における指導内容」（『日本語学校論集6号』抜き刷り）
	国松昭	戦後の日本文学と日本語教育	未詳
	佐治圭三	日本語教育における文法のあり方	『日本語文法講義資料』
	斎藤明	音声および最近の視聴覚教育	『日本語発音練習』

注：加藤彰彦（1979）、天沼寧（1980）、川瀬生郎（1980）を参考に、筆者作成。

写真2-2
佐治圭三が中国での巡回指導で使った『日本語
文法 講義資料』
注：右上に「昭和54年度中国日本語教育研修
会資料」と明記
所蔵：国際交流基金日本語国際センター図書館
（埼玉県さいたま市浦和区）

（3）巡回指導の効果

　1978年8月の日中平和友好条約調印と時を同じくして、国際交流基金が実施した中国初の「日本語巡回指導」は、中国側関係者の日本語に対する熱意と日本語学習意欲の高さを日本側関係者に強く印象づけることになった。

① 日本人講師が現地で得た印象

　佐治圭三は「両会場とも、正規の受講者のほかに、百名から二百名ぐらいの聴講生もいて、この人たちも終始熱心に話を聞いてくださったのであり、私たちはその熱意に打たれるとともに、このような講座がどれほど必要とされているかということを実感したのであった[52]」と記している。講師団は帰国後、国際交流基金に対して巡回指導の報告を行い、かつ以下のような陳情を行った。「中国では十分に質問に答える能力を持つ人もいない上に、日本からの図書もほとんど入手できないという状況にもかかわらず、日本語学習者が増加している。講師団の行ったアンケートにより、大学では9千人ないし1万人の学生が日本語を学習している。さらにラジオなどを通じて学習している人も100万人以上いると推定できた。彼らを相手に日本語を教えてくれている先生たちが、大学などに600人いる。その人たちに日本の側からできる限りの援助をするべきである。[53]」

　また佐治は、「中国では今一生懸命にたくさんの人が日本語を勉強しようとされており、先生方もそれに応えるべく一生懸命に頑張っておられる。けれども教える学生がどんどん増えるので先生の方もそれに追いつかなくて、なかなか自分の勉強ができないで困っておられる。だからそういう先生方のための再教育機関を作って、十分にご援助申し上げないといけない[54]」と国際交流基金に訴えたという。

　さらに、阪田雪子の回想では「それ（巡回指導）がうまくいって大平学校が始

まった[55]」ともされている。

このような試みを経て、日本側は中国における日本語教育の現状およびニーズを把握し、それが大平学校の設立へとつながっていったと考えられる。

② 中国人受講生の声

巡回指導の最後に修了式が挙行された。日本人講師団長と受講生代表の挨拶がある。第1回の受講生代表は「研修会を通じて結ばれた師弟関係、先生方から学び取った日本語の知識や教授法、そして、それらを通じて深められた中日文化交流、中日両国人民の友誼は、まるで咲き競う花を見るようだ[56]」という感想を述べた。また、吉林大学での修了式で受講生の代表は、「私たちは、受講生に対する先生がたのこのような誠意に満ち、かつ、親切な御指導ぶりに、深く感動させられました[57]」と感謝の意を表した。

さらに、巡回指導が当時の受講生たちにどんな影響を与えていたか、以下のインタビューでの語りからも読み取れる。A4によると、「大平学校の前に、夏の日本語教育短期講座が開かれた。そこで有名な先生たちに初めてお会いし、たいへん勉強になった」。

B3は「日本語教育短期巡回指導は、佐治先生、奥津先生、国松先生などがいらっしゃって、大平学校の下調べをされた」と回想した。

C2は、「大平学校の前の1978年と1979年に巡回指導があった。上海の会場にいる間、私は佐治先生を始め、日本人講師のお手伝いをした。その時、蘇州、無錫まで案内した。佐治先生からセットの小皿を頂き、現在でも大切に保存している」と語った。またC2は国松について、以下のように回想した。「国松先生は活発だった。先生の授業はとても印象深い。現在、国内（中国）では彼の教授法を真似している人もいる。文学作品に感情を込めて、時には主人公のように泣いたりして、今も鮮明に覚えている。また、国松先生は、上海紡績工場を見学したいと言われたので、そこに上海の五・三〇運動に参加した労動者も招いて、当時の詳しい状況についてインタビューしてもらうことにし、私が通訳をした」。

巡回指導のかたわら、上海第二紡績工場を訪問した国松自身も「私は前々から、上海の紡績工場を見学したい、黄浦江を渡ってみたいというような希望を持っていたが、それは歴史的関心というよりも、横光利一の『上海』への関心ゆえのことであった。それらの希望は、上海外国語学院（「夏季日本語講座」の上海での会場校）の周明先生らの配慮により、すべて実現したのである[58]」と述べている。

③　大平学校への発展

　1978年12月に外務・文部両省代表に国際交流基金の代表も加えた中国人留学生の受け入れ協議のための調査団が派遣され、対中国日本語特別事業（大平学校）への地ならしが始められた。[59]　以上の経緯により、国際交流基金創立時の1972年10月から国際交流基金日本語課長を務めた椎名和男[60]が、1979年の夏に後日「大平学校」と称される日本語研修センターの創立を起案した。[61]

写真2-3
大平学校第1期に赴任した日本人講師と中国人スタッフ
前から1列目：国松昭(左1)、阪田雪子(右1)、1981
年6月撮影（K1より提供）

　1979年中国へ出張に行った際、北京教育部から東南アジアで開設している寄付講座の開設を依頼されました。その時の中国側の要求が37大学に3人ずつの派遣というものだったのです。実はそれまでに行った全世界への派遣実績が1年間、延べ100名程度でしたので、単純に比較しても経費が2倍かかってしまう。（中略）出張からの帰りに気がついたんですが、ただまんべんなく送るよりも拠点を作り、そこに十数人の教師を送ったほうが経済的・効率的なのではないか、その拠点に学生（研究員）を集め、そこで集中的に行ったらどうかと。しかし、それでも5年間で10億円ぐらいかかってしまう。そこで、当時外務省文化第二課課長の青木盛久さんにお話したところ、私の案に賛同してくださいまして、予算化できました。当初、文部省はこの事業に難色をしめしていたのですが、青木さんの尽力により達成することができました。

　また、上記2回の巡回指導に参加した日本人講師は、その後も大平学校の講師として赴任することになった。佐治圭三は大阪女子大学を辞職し、日本側の責任者として大平学校に5年間在任した。阪田雪子と国松昭は大平学校の第1期に、奥津敬一郎は第4期に講師として赴任した。

　以上のように、日本政府が世界に向けて日本語を普及しようと背景のもとで、中国でも日本語教育短期巡回指導が行われ、それが大平学校の設立に大きな役割を果たしたことが明らかになった。

3.もう1つの日中共同事業―中国赴日本国留学生予備学校

　1972年の日中国交正常化以降、中国政府国費留学生も日本語の習得を目的として、日本に毎年数名ずつ国公費留学していた。また1977年5月には、理・工・農学を専攻とする者7名が専門分野の知識を高めるために東京大学の大学院に留学した[62]。1978年7月に至り、中国政府は日本に大量の留学生を派遣することとし、その受け入れにつき在北京日本大使館を通じて協力を要請した。その概要は以下のとおりである[63]。

① 中国政府はいわゆる四つの近代化達成のための一環として行うものであり、1985年までに2万人の留学生を西側先進国及び東欧諸国の一部に派遣するものである。派遣国は、イギリス、西ドイツ、フランス、アメリカ、カナダ、オーストラリア、イタリア、オランダ、ベルギー、北欧諸国、ルーマニア、ユーゴスラビアなどで、これら各国へも日本と同時に申し入れを行った。
② 派遣人数は、日本側の受け入れ能力にもよるが、できれば初年度500人程度とし、以後増加したい。
③ 派遣学生の種類は、「学生」（学部生）、「研究生」（大学院生）及び「進修生」（研究者等）。
④ 専門分野は、主として自然科学関係とする。
⑤ 一切の経費は中国政府が負担する。

　福田赳夫首相（当時）は、日中平和友好条約締結に伴い、中国からの国費留学生受け入れを1979年から実施することを表明し、その後、日本の6・3・3制の初等中等教育と中国の5・3・3制との調整が図られた[64]。

　そこで、留学前の予備教育の必要性が論じられ、1979年日中政府間の共同事業として長春市の吉林師範大学（当時、1980年から東北師範大学に改称）内に「中国赴日本国留学生予備学校」（中国では、「留日予校」と略称）が設立された。これが戦後の中国の本格的な日本留学事業の幕開けと言っても過言ではない[65]。この事業について、先行研究の王雪萍（2004, 2009）[66]および酒井（2012）[67]では留学教育や日本語教育の角度から検討されてきた。

　赴日留学生予備学校の教育課程は、日本語、英語、理科などの授業を行い、教科書は東京外国語大学附属日本語学校の日本語教科書および日本の高校の各科教科書が使われた[68]。第1期の場合、基礎科目派遣教員は指導主事の橘高知義（岡山

大学）を除き、13名全員高校の現役教員だった。日本語教員は伊藤芳照（東京外国語大学附属日本語学校）を団長として、大学や民間の日本語教育機関から選ばれた7名の日本語教育の専門家である。

　同事業の派遣留学生の構成は、後に中国側のニーズとともに、初期の学部生から修士課程の院生、そして博士課程の院生へと変化している。その変遷について、酒井は次のように記している。「1982年から修士留学生が加わり、1983年には学部留学生が、1989年には修士留学生がそれぞれ終了し、1990年から在学博士留学生、1991年から日本の大学で博士号取得を目標とする進学博士留学生、1996年から既に博士号を取得した修了留学生がそれぞれ加わり、2007年からは進学留学生のみになり、2009年からは修士号新卒者からえらばれた新たな進学博士留学生」[69]となっている。日本の先進技術を学ぶため、学部留学生の場合は理工系が多かったが、その後、教育・法律・経済・経営など人文社会系の専攻者も増えてきた。したがって、同事業の日本側の派遣教員の構成も、当初の大学入試対応のための高校の教員から、博士号取得を支援できる大学の教員へと時代のニーズに応じて変わっている。

　また赴日留学生予備学校の日本語教育について、理工系背景の学部・院生がゼロから日本語を学び、1年後日本の大学での勉学が支障なくできるようにする速成教育である。ここで開校初期の2年間教えた今井敬子はその日本語教育の様子について次のように記した。

　　カリキュラムや授業方針は、日本において国費留学生の予備教育を行っている東外大附属日本語学校のものに準拠して作成され実施された。テキストも、同校の「日本語Ⅰ」、「日本語Ⅱ」、「日本語Ⅲ」を使用した。クラス編成は百名の学生を6つのクラスに分け、各クラスに日本人教師と中国人教師が1名ずつ入り、専任となって指導に当たった。[70]

　すなわち、中国で行っていた留学生予備教育とは言え、完全に日本主導の日本式の教育が実施されていたことがわかる。

　酒井（2012）は、中国赴日本国留学生予備学校の特質を「①日中相互の思想変化、②国家により選抜された優秀な学生、③献身的できめ細やかな指導・支援体制、④恵まれた教育環境」[71]とし、同予備学校の存在が日中相互の理解を促し、両国の文化交流、平和関係に重要な役割を担っていると指摘している。

　なお、1980年代は日本留学ための予備教育機関として東北師範大学の「赴日本国留学生教育予備学校」以外に、大連外国語学院（当時、現在大連外国語大学）出国人員培訓（研修）部[72]もあった。大塚（1986）によると、1982年から1985年まで予備教育を受けた大学院留学生は、「長春では1982年50名、1983年55名、1984年55名、1985年66名であり、大連では1982年100名、1983年113名、1984年89名、1985年102名である。（中略）専門科目の教員派遣については、長春は東京工業大学が、大連は京都大学工学部がそれぞれ協力している」[73]という。

　日本語教育の協力機関として、長春は東京外国語大学であり、大連は大阪外国語大学であった[74]。すなわち、当時日本語教育の専門家は中国の各大学で招へいされて日本語を教える以外に、以上の2か所の日本留学予備学校および本書で取り上げる「在中国日本語研修センター」（大平学校、北京語言学院）にも派遣されていた。従って、当時3か所を回って日本語を教えた日本人講師も少なくない。上記の今井敬子は長春で2年間を教えてから大平学校の第2期の長期講師として赴任した。またインタビュー協力者の中にも、T10は大平学校第3期に赴任してから、上海外国語学院に招聘され、その後また責任者として大連に派遣された。T9は長春で1年半を教えてから、大平学校第5期に赴任した。

　このように、1980年代の中国の日本語教育は日本人派遣講師が重要な役割を果たしていたことがわかる。

第3節　大平正芳と日中交流

　本節では、対中国日本語特別事業（大平学校）が、構想から現実化するのに大きな役割を果たした大平正芳首相の経歴、および彼の主導した日中交流のあり方について考察する。

1. 大平正芳の経歴
（1）出生および就学時代

　大平正芳は、1910年3月12日に四国の香川県三豊郡和田村（現在の観音寺市）大字和田甲1082番地で父利吉と母サクの間に生まれた。一家の構成は、父母および本人と兄、弟、妹、それぞれ1名、下男、下女もそれぞれ1名であった[75]。

大正5年（1916年）4月、大平は和田村立大正尋常高等小学校に入学した。目立たぬ少年であったという。1923年3月に同小学校の尋常科を卒業してそのまま高等科1年に進んだ。性格については非常に負けん気が強かったようである。中学入試に無事合格して、大平は三豊中学に進むことになった。しかし家庭が貧しかったため、高等商業学校を卒業後、まずは大阪の製薬会社に就職した。1933年に東京商科大学（現在の一橋大学）経済学部に合格し、卒業後1936年に大蔵省に入省した[76]。

(2) 戦時中の経歴

大平は横浜税務署長、仙台税務監督局関税部長などのキャリアを経て、「1939年5月に中国の張家口に派遣され、興亜院蒙疆連絡部に勤務[77]」した。「興亜院」は1938年12月に近衛文麿内閣のもとで、中国占領地における政策策定・経済開発・思想文化統制などを目的とする中央機関として設置され、北京、上海、厦門、青島、張家口に連絡部を設けていた。

「1939年6月、大蔵省エリート官僚であった大平は、興亜院蒙疆連絡部経済主任として中国の張家口に到着し、約1年4か月の間、植民地経営に取り組んだ。大平は蒙疆地区のフィールド調査を通して、この地帯の経済、特に、金融、物価、税制、為替等を論ずる場合には、何としても、農業を主とした経済の構造を頭において考えなければならないとの経営方針を定めた[78]」。しかし、大平による蒙疆経営理念と農業を主とした経済構造のデザインは、「阿片を基柱とした経済構造[79]」であり、阿片の増産に関する興亜院の政策に基づくものであった。

倪志敏（2009）によれば、「蒙疆地区の阿片生産は興亜院が主導する阿片政策の中で最も重要な一環であり、大平はその担い手の一人として、その政策を重要な職務のひとつとして遂行した。結局、蒙疆地区は大東亜の阿片供給源として位置づけられた[80]」。職務に尽力した大平は、有能な行政官として現地だけでなく、興亜院本部でも認められ、1939年10月に蒙疆連絡部経済課長に抜擢された。その後、大平の采配により1940年度の阿片生産は飛躍的に向上した[81]。

しかし、森田一（大平正芳の元秘書）（2014）[82]によると、「大平氏は日中戦争当時、日本が大陸経営のため中国に設けた興亜院に出向し、軍の横暴を見た。『もし戦争に勝っていたら陸軍がどうなったか。想像すると怖い』と、言っていた。終戦時も涙は出なかったそうだ」。このように、中国大陸での苦い経験が大平に贖罪意識を植え付け、大平の中国観、そして後年の対中政策へ大きな影響を

与えたことが考えられる。

　大平は1940年6月に日本に戻り、東京の興亜院本部の経済部に異動、1942年7月には大蔵省に復帰し、主計局、財務局に在職した[83]。1944年4月29日、大平は蒙疆地区での功績により勲6等瑞宝章を受け、翌年4月18日、更に勲5等に叙され瑞宝章を受けた[84]。

(3) 政治家への転身

　大平の戦後の政治活動は、以下のとおりである。「1951年、大蔵官僚だった大平は池田勇人蔵相の意向で初めてアメリカを訪問し、政界入りの準備を始めた。1952年10月に自由党の公認候補者として香川県で衆議院議員に初当選し、政界に入った。1952年から1954年にかけて、衆議院で農林、大蔵委員会委員を務め、同時に自由党の幹事長代理兼青年部副部長に就任した。1955年に鳩山一郎内閣で衆議院大蔵委員会常任委員、経済計画特別委員などを務め、同時に自由党の国会対策委員を担当した[85]」。

　また「1955年11月に自由民主党が誕生すると、自民党政務調査会の内閣部長、1957年自民党の総務、政調会財政部長、翌年には自民党の政調会副会長を歴任した[86]」。1960年7月の池田内閣成立前後には、「内閣官房長官、外務大臣、自民党の筆頭副幹事長を歴任、1964年に佐藤栄作内閣が誕生すると、自民党の政調会長、通産大臣を歴任した。1971年4月、自民党池田派の「宏池会」の第3代会長」に就任した[87]。

　1972年7月に田中角栄内閣が誕生すると、「外務大臣、大蔵大臣を歴任し、1974年12月、三木武夫内閣の誕生とともに、大蔵大臣を再任し、1976年12月福田赳夫内閣では自民党の幹事長に就任した[88]」。1978年11月、大平は自民党総裁予備選挙で当選し、12月に自民党の第9代総裁に選出され、その後首相に就任した[89]。

　大平は、長い政治活動の中で早い段階から日中友好事業を支持していた。池田内閣の官房長官や外務大臣であった時期に、積極的に両国間の半官半民の「LT貿易[90]」の展開を支持し、日中双方の合意を推進した[91]。

　G4は、大平が日中国交正常化を考えたきっかけについて「昭和39（1964）年2月12日の衆議院の外務委員会の答弁は、大平本人にとって一生忘れられないことだったろう。『中国が国連で代表権回復のときには国交正常化をはかるのか？』という質問に対して、大平は、『国連において正当なメンバーとして祝福

されるというような事態になれば、国交の正常化を考えなければならぬのは当然のことじゃないか』と答えた。本人は自分の発言を重大に受け止めて、その後1972年まで8年間ずっと考えを温め続けていた」と語っている。

　田中角栄内閣が誕生すると、外務大臣として大平は首相の支持のもと、自らの本意を実行し、最終的に日中関係の正常化を実現することとなった。

　戦前中国で働き、中国について熟知していただけに、中国問題について一貫して慎重な姿勢を示してきた大平が、台湾との外交関係断絶という思い切った挙に出るまで、日中交回復を事実上の自己責任で成し遂げたことは、その後の彼の政治活動にとって極めて重要な意味を持つこととなった。[92]

2.大平正芳内閣時代の日中交流

　日中関係の重要な転機となったのは、田中角栄内閣の時の日中国交正常化である。1972年9月29日、日本国政府および中華人民共和国政府間の共同声明に両国首脳および両外務大臣は署名を終え、これによって、国交のなかった日中関係に終止符が打たれた。大平正芳外務大臣（当時）は記者会見で、「日中国交正常化を機に両国間に平和友好関係が生まれ、アジアの緊張緩和、ひいては世界の平和に対する重要な貢献となる」[93]と、その意義を語った。

写真2-4
日中国交正常化の佳き日の記念撮影
1列目右から4番目が大平正芳外務大臣（大平正芳記念財団より提供）

　その後、第68代内閣総理大臣となった大平正芳は、「東京サミットを成功させるとともに、カーター米大統領との信頼関係を構築することによって、日中関係を安定化させる等、活発な首脳外交を展開し、外交面で高い評価を受けている」[94]。

さらに、大平正芳首相のもとで政策研究会が開催され、21世紀を見すえた「総合安全保障」や「環太平洋構想」といった総合的な政策体制が形成されたことは、その後の日本外交のあり方に大きな影響を与えた。[95]大平にとって日中国交正常化とは、日米安保体制を基軸とし、中国、オーストラリア、東南アジアの国々を含むアジア・太平洋の地域概念を形成しながら展開するものであった。[96]

(1) 日中経済協力の促進

　第1次大平正芳内閣が誕生したのは1978年12月7日で、その11日後に中国では「三中全会」が開催された。同会議では積極的に世界各国と平等な経済協力を発展させ、世界の先進技術と先進設備の導入に努力することが提起された。

　1979年5月、鄧小平副総理は自民党の鈴木善幸衆議院議員と会見した際、中国が日本の近代化の経験を参考にする問題に言及し、「我々は現在四つの近代化を行う決意を固めているが、我々の知識は確かに不足しており、特に日本のこの方面の経験は我々が学ぶに値する」と語っている。[97]このように中国は、鎖国状況にあった文革の終結後の1978年12月から改革開放政策をとり、その中で日本の協力を要請した。

　日本は中国の国内政策の変化に注目し、中国の近代化建設を支持する積極的な態度をとっていた。1979年9月に谷牧国務院副総理が訪日した際、大平首相や園田外相らと会見し、中国側が日本政府の借款を利用する基本的な内容を説明するとともに、大平首相に「中国の経済建設のために、日本側が全力を挙げて協力するよう希望する」旨を伝えた。[98]

　大平首相はこれに積極的に対応し、「日中間の経済関係はこれまで主に民間方式で行われてきたが、今後は日本政府がその隊列に参加し、直接的な協力を実現する。日本は前向きの態度で中国の経済建設を協力していく」と回答した。[99]このように、大平内閣は積極的に中国経済の近代化への支援を「民間レベル」のみならず「政府レベル」へも移行発展させたのである。

(2) 日中文化交流の拡大

　1978年8月12日、日中平和友好条約が北京の人民大会堂で調印され、同条約の第3条には「両契約国は、善隣友好の精神に基づき、かつ、平等及び互恵並びに内政に対する相互不干渉の原則に従い、両国間の経済関係及び文化関係の一層の発展並びに両国民の交流の促進のために努力する」と規定された。[100]これにより、

経済のみならず、両国の文化・教育・学術・スポーツなどの分野における交流の
道が開かれた。

　大平首相は、経済協力だけではなく、日中国民間の相互理解の増進、両国間の
文化交流の強化も重視した。第68代内閣総理大臣として1979年1月25日、第
87国会で行った施政方針演説の最初の部分である「文化の時代の到来」を、以
下に引用する。[101]

　　戦後三十余年、我が国は、経済的豊かさを求めて、脇目もふらずに邁進し、
　顕著な成果を収めてまいりました。それは欧米諸国を手本とする明治以降百余
　年にわたる近代化の成果でもありました。今日、我々が享受している自由や平
　等、進歩や繁栄は、その間における国民のたゆまざる努力の結晶にほかなりま
　せん。しかしながら、我々は、この過程で自然と人間との調和、自由と責任の
　均衡、深く精神の内面に根差した生きがいなどに必ずしも十分な配慮を加えて
　きたとは申せません。今や、国民の間にこれらに対する反省がともに高まって
　まいりました。
　　この事実は、もとより急速な経済の成長がもたらした都市化や近代合理主義
　に基づく物質文明自体が限界にきたことを示すものであると思います。いわば、
　近代化の時代から近代を超える時代に、経済中心の時代から文化重視の時代に
　至ったものとみるべきであります。

　このように大平正芳は、日本社会が経済中心の時代から文化重視の時代への転
換期を迎えようとしているとし、引き続き人間本位の日本型福祉社会を目指す所
信を表明した。この文化重視の施策方針は、日本国内だけではなく外交関係にも
影響が及んでいる。

　第2次大平内閣の誕生後、1979年11月の中国訪問を前に、大平首相は中国メ
ディア代表団と会見し、「中国人民への手紙」を手渡した。手紙の中では、今回
の訪中目的は「80年代の日中関係のために確固たる道を切り拓くことである」
とも強調されていた。[102]大平首相の訪中期間の1979年12月6日、両国政府は第1
次円借款として500億円を供与することで合意し、大来佐武郎外相と黄鎮中国
文化部長が北京で「文化交流の促進のための中華人民共和国政府と日本国政府と
の間の協定」（略称：「日中文化交流協定」）に調印した。これによって、両国の
文化・教育・学術・スポーツなどの分野における交流目標が確認された。

68

　協定には「両国政府は本国の実施体制にしたがって、学者・教員・学生・芸術家・スポーツ選手その他の教育機関、または研究機関において学習と研究に従事する相手国民に対して、奨学金その他の便宜を供与すること、学者または研究者による共同の学術研究、または学術調査を実施すること、書籍・定期刊行物その他の出版物及び学術研究資料を交換すること[103]」などが盛り込まれ、両国間の以後の教育文化交流促進の基盤がここに成立した。

　日中教育文化交流の主要プロジェクトの1つとして、大平内閣は「対中国日本語研修特別計画」を行うことを提起した。両国は中国での日本語研修のセンター設立のほか、日本語講師の中国への派遣、図書教材の贈呈、中国人教師の来日研修の受け入れなどに合意し、日本語教育に関する教育協力と交流が盛んに行われるようになった[104]。

　訪中期間中の12月7日、大平正芳首相は、北京市内の政治協商会議講堂において「新世紀をめざす日中関係：深さと広がりを求めて[105]」と題する講演を行った。その中で以下のような見解を述べている。

写真2-5
鄧小平副総理となごやかに（1979年）（大平正芳記念財団より提供）

　　国と国との関係において最も大切なのは、国民の心と心の間に結ばれた強固な信頼であります。（中略）一時的なムードや情緒的な親近感、さらには、経済上の利害、打算のみの上に日中関係の諸局面を築きあげようとするならば、それは所詮砂上の楼閣に似た、はかなく、ぜい弱なものに終わるでありましょう。（中略）国民の間の相互理解の増進を図る1つの有力な手段が言語であることは、いまさら申す迄もありません。わが国においては、古来、中国の漢籍が日本文化の一部を構成していることはご承知のとおりであります。また、近年、現代中国語の学習熱が盛んになりつつあることは、極めて喜ばしいことであり、政府としてもこれを奨励してまいりたいと考えております。

　　一方、私は、中国においても日本語学習に対する熱意が高まりつつあることを喜んでおります。

　　私は、中国におけるこのような日本語学習の一層の振興のため、日本政府と

して、明年以降、具体的な計画をもって協力することをお約束したいと思います。私は、また中国における日本語の学習が、中国の人々の日本の社会および文化自体に対する幅広い関心の高まりにつながることを強く期待するものであります。

この講演の中で特筆すべきことは、交流の方法と内容を「数多くの分野で専門を同じくし、志を共にする者同士の人間交流が行われる」ことだと指摘している点である。[106]

G4は、後の「大平学校」というプロジェクトの誕生について、「日本語関係からいうと、大平さんが『経済よりは文化だ』と言っているから、事務局の方もできるだけ文化面の振興をはかろうということになり、そのうちの1つが日本語の話になったと思う」と語っている。

このように、大平政権下で、文化面での国際（2国間）協力の一環として中国における日本語教育に進展が見られるようになった。

（3）中国側からの歓迎と信頼

G4はさらに、首相訪中時の中国側の歓迎ぶりについて「西安に行った時に10万人が沿道にいた。12月だったのでもう寒い時だった。笑い話になるが、随行の国会議員7名はみな嬉しくなって窓を開けて手を振って、全員が風邪を引いた」と感慨を込めて語っている。

写真2-6
1979年の訪中に際し「温古知新」と揮毫した瞬間（大平正芳記念財団より提供）

　このように大平正芳首相とその同時代の中国の指導者との共同の努力のもと、日中関係は全面的な発展を遂げた。しかし1980年6月12日、大平は首相在任中に急逝する。

　これに対して鄧小平副総理は、「大平首相は長年にわたって日中関係を発展させ、アジアと世界の平和を擁護するために重大な貢献をした。中国人民は永遠に忘れないであろう[107]」と哀悼の意を表し、大平首相の功績を讃えた。

　また、全国人民代表大会副委員長・中日友好協会会長廖承志も「歴史はきっと公平な評価を下してくれるでありましょう。大平正芳が日中友好のために樹立された功績は必ず歴史の書物に掲載され、永遠に両国人民の誉め讃えるところになるでありましょう[108]」と記している。

3. 大平正芳の中国観

　大平正芳は、独自の「楕円の哲学」や自分の人生経験に基づき、中国観を形成していた。

(1) 楕円の哲学

　大平正芳は、幼少期から父親の影響で中国の古典による薫陶を受け、「中国の古典は、本質的に欧米のものと完全に異なるが、やはり人々を心から感動させる力がある。大胆に中国人固有の思想を吐露し、真に迫るように感じさせる魅力を具えている[109]」と評価していた。

　森田一によれば、大平には「楕円の哲学」があった。「物事には2つの中心があり、そのバランスがとれたところに真実の道があるとの考えだ[110]」というのである。すなわち、楕円の哲学とは、要するに中心が2つあって、それで両方の視点から見て、物事の真相が見えるということである。

(2) 日中戦時下の経験の時を経た昇華

　前述のように大平は、1939年5月に大蔵省から中国張家口の興亜院蒙疆連絡部に派遣された経験から、日本の阿片戦略と日本軍の与えた危害を間近に見ており、戦争の残酷さと人々の苦しみを知っている。その経験は、やがて戦後の政治活動において、別の形で実を結ばせることになったのではないだろうか。それがいわゆる「対中国ODA」だという仮説を、筆者はインタビューから検証しようとした。すなわち、ODAに至るまでの大平の深慮をG4へのインタビューで確認

したところ、次のような証言を得ることができた。

「大平は、戦時中実際に中国に行って、現地の人と接触していた。大平本人は阿片という言葉を一度も口にしなかったけれども、私は文献で調べてそのことを知っていた。だから、ODAもその阿片とは無関係ではないと思う」。また「日本の阿片（政策への贖罪）と中国が賠償放棄してくれたこと（への感謝）、その2つがODAのおおもとです」との明言もあった。さらに、その実現の時期について「日中国交正常化の時、ODAをやろうとしたら、（それが賠償放棄への見返りかと）日本国内で批判されてできなかっただろう。それで、日中国交正常化は田中総理の時に進め、大平自身が総理になった時にODAを実現させた。（そのことは国交正常化）当時から考えていたと思う」と付け加えた。このように、大平の戦争体験は、時期を経てODAの形に昇華したであろうことが、関係者からも確認できた。（注：（ ）内は筆者による補足）

　以上、本章では、大平学校設立の前史として、1970年代の中国における日本語教育の実態および国際交流基金による日本語教育普及活動の様子、そして大平内閣の時の日中両国政府の協力による教育文化交流の展開について概観し、大平学校誕生につながる大平正芳の歩み、といった一連の背景を考察した。

　筆者の思うには、大平学校の誕生は決して偶然ではなく、中国側の内なる要因、中国側からみた外的要因、および大平正芳にまつわる歴史・外交的契機という3つの要因が重なったところに成立している。

　まず、中国側の内なる要因とは、改革開放政策への転換初期、日本語人材の不足が逼迫し、それに対する全国の日本語教師教育の水準と体制が見合っていなかったことである。

　一方、日本の国際交流基金は、海外向け文化事業を展開する中、積極的に日本語教育を普及する機運にあり、戦後初めて日中の日本語教育関係者の交流を中国で短期巡回指導によって実現し、大平学校成立につなげて行った。これが中国側からみた外的要因である。

　最後に、両者をつないだのが、大平正芳の戦時下の中国体験にも発する対中外交政策である。彼はいわゆる「楕円の哲学」のもと「環太平洋連帯構想」を提唱し、アジア太平洋地域の全体のバランスの中で中国を重視し、四つの近代化に積極的な支援を行った。その政策の一環としてODAによって実現されたのが、次章で取り上げる大平学校であった。

72

1　竹中憲一「中国における日本語教育」『早稲田大学社会科学研究所社研・研究シリーズ』（23）、1988年、49頁。

2　本名信行・岡本佐智子編『アジアにおける日本語教育』三修社、2000年、53頁。

3　佐治圭三「戦後中国の日本語教育」木村宗男編『講座　日本語と日本語教育（15）日本語教育の歴史』、明治書院、1991年、386 〜 387頁。

4　「人民に奉仕する」、毛沢東主席の講話を3つ精選した『老三篇』という、当時非常によく使われた教材の中の文章。

5　蘇徳昌「中国における日本語教育（国別の問題点-2-中国における日本語教育<特集>）」『日本語教育』41号、1980年、32頁。

6　篠崎摂子・曹大峰「中国における非母語話者日本語教師教育の質的変化：「大平学校」と北京日本学研究センターにおける実践から（第32回日本言語文化学研究会）―（発表要旨）」『言語文化と日本語教育』32、2006年、106頁。

7　竹中憲一、前掲論文、1988年、69 〜 70頁。

8　蘇徳昌、前掲論文、1980年、32頁。

9　北京大学東方語言文学系日語教研室『基礎日語』第1冊、商務印書、1981年、189頁。

10　呂鳳翔『常用日語900句（常用日本語900文）』、内モンゴル人民出版社出版、1981年、編修者説明。

11　竹中憲一、前掲論文、1988年、65頁。

12　莫邦富『これは私が愛した日本なのか：新華僑30年の履歴書』、岩波書店、2002年、7 〜 9頁。

13　莫邦富、同上書、2002年、17頁。

14　大石智良・坂本志げ子「中国における日本語教育の体験：黒竜江大学日本語学部'74 〜 '76年（中国における日本語教育）」『中国研究月報』（371）、1979年、13頁。

15　大石智良・坂本志げ子、同上、1979年、12頁。

16　莫邦富、前掲書、2002年、31頁。

17　莫邦富、前掲書、2002年、33頁。

18　莫邦富、前掲書、2002年、23 〜 24頁。

19　大石智良・坂本志げ子、前掲論文、1979年、17頁。

20　大石智良・坂本志げ子、前掲論文、1979年、18頁。

21　本間繁輝「日本語の教育方法の問題―文革前の体験と最近の見聞から（中国における日本語教育）」『中国研究月報』（371）、1979年、28頁。

22　莫邦富、前掲書、2002年、91 〜 92頁。

23　牧野篤『中国で日本語を教える：派遣日本語教師の教育実践と生活状況』名古屋大学教育学部社会教育研究室、1995年、2頁。

24　シィー・ディー・アイ編『日本語教育および日本語普及活動の現状と課題』、総合研究開発機構、1985年、1頁。

25　川先俊子『韓国における日本語教育必要論の史的展開』ひつじ書房、2013年、164頁。

26　外務省とその所管の特殊法人である国際交流基金、国際協力事業団（当時）の日本語学習へのかかわりは、その目的・対象と所管からみると以下の3つに分けられていた。

　①　諸外国との文化交流、諸外国における日本理解の向上という観点からの日本語教育→外務省大臣官房文化交流部管轄、実際の活動は国際交流基金が担当。

　②　日本から諸外国（主として中南米）に移住した日本人移住者子女に対する父母の母国語である日本語教育に対する支援→同大臣官房領事移住部管轄、実際の活動は国際協力事業団移住事業部が担当。

　③　発展途上国に対する援助・技術移転の一環として行う日本語教育→同経済協力局管轄、実際の活動は国際協力事業団研修事業部、派遣事業部、青年海外協力隊が担当。

　シィー・ディー・アイ編、前掲書、1985年、3頁。

27 文部省とその外局である文化庁、そしてその付属機関である国立国語研究所の事業は、主
として国内で実施されている。一方、来日する中国、マレーシアの留学生の予備教育と、
中等教育レベルの日本語教育への協力事業などは、日本から海外へ日本語教員を派遣して
行われている。シィー・ディー・アイ編、前掲書、1985年、3頁。

28 椎名和男「忘れ得ぬ先達の想い出と若き人々への期待」『日本語教育』（135）、2007年、
35頁。

29 国際交流基金30年史編纂室編『国際交流基金30年のあゆみ』国際交流基金、2006年、45
〜46頁。

30 国際交流基金「昭和55〜59年度事業実績額国別上位20か国一覧」『国際交流基金の概要
昭和55年11月〜昭和63年』国際交流基金、29頁。

31 国際交流基金15年史編纂委員会編『国際交流基金15年のあゆみ』国際交流基金、1990年、
58頁。

32 国際交流基金15年史編纂委員会編、同上資料、1990年、59頁。

33 加藤彰彦「中国における日本語教育」『実践国文学』15、1979年、24頁。

34 「短訓」とは短期訓練のことである。

35 阪田雪子、杏林大学名誉教授。東京女子大学を卒業後、1952年国際学友会日本語学校に就
任。1965年東京外国語大学外国語学部、1987年聖心女子大学文学部を経て、杏林大学外
国語学部を2004年定年退職。第20期国語審議会委員。

36 「資料編日本語教育短期巡回指導派遣」昭和54年度版『国際交流基金年報』、国際交流基金、
1979年、78頁。

37 加藤彰彦、前掲論文、1979年、26〜27頁。

38 阪田雪子、阪田雪子先生講演「『外国人に対する日本語教育』の復活」2007年3月17日、
2006年度第2回日本語教育史研究会　慶應義塾大学（三田キャンパス）日本語教育史論考
第二輯刊行委員会『日本語教育史論考第二輯』冬至書房、2011年、222〜223頁。

39 加藤彰彦、前掲論文、1979年、26〜27頁。

40 永保澄雄は外国人に日本語を教える場合のイラストの活用法を考案した。日本語教員養成
講座で略画技法を教えた経験に基づき、『絵を描いて教える日本語』（1995年、創拓社）を
出版している。

41 阪田雪子、前掲講演、223頁。

42 川瀬生郎「中国における日本語教育」『日本語学校論集』7号、東京外国語大学附属日本語
学校、1980年、111〜125頁。

43 川瀬生郎、同上論文、1980年、112頁。

44 天沼寧「『全国日語教師短訓班』の記（国別の問題点-2-中国における日本語教育〈特集〉）」、
『日本語教育』41号、日本語教育学会、1980年、1〜12頁。

45 川瀬生郎、前掲論文、119頁。

46 阪田雪子、前掲講演、223頁。

47 天沼寧、前掲論文、1980年、5頁。

48 佐治圭三『日本語文法講義資料』昭和54年度中国日本語教育研修会資料、国際交流基金。

49 天沼寧、前掲論文、1980年、5頁。

50 斎藤明『日本語発音練習』昭和54年度中国日本語教育研修会資料、国際交流基金、1979
年。

51 天沼寧、前掲論文、1980年、5頁。

52 佐治圭三「中国研修生の燃えるまなざし：第1次対中国特別事業」『国際交流』44号、
1987年、45頁。

53 同上。

54 佐治圭三・李翠霞・顧明耀・劉柏林「座談　中国における日本語教育の移り変わり」（特
集・中国語と日本語）愛知大学現代中国学会編『中国21』Vol.27、風媒社、2007年、6頁。

55 阪田雪子、前掲講演、224頁。

74

56 加藤彰彦、前掲論文、1979年、31頁。

57 天沼寧、前掲論文、1980年、12頁。

58 国松昭「五・三〇運動の中心 上海第二紡績工場を訪問して」『思想の科学』第6次（121）、1980年、109頁。

59 大山正博『大平学校にみる日中国際文化交流の意義と実践』神戸大学修士学位論文、2009年、23頁。

60 1931年生まれ、1958年、早稲田大学第二文学部卒業、1959年、（財）国際学友会日本語学校専任講師として就任。1972年、国際交流基金日本研究課長に転任、1980年、日本研究部長に昇進。その間、1979年の長春の現東北師範大学赴日学生予備校の開設や北京語言学院に日本語研修センター（大平学校）開設に尽力した。国際交流基金を退職後も、杏林大学外国語学部日本語学科教授として共同研究や国際交流などで活躍。椎名和男「歩んできた道」椎名和男教授古希記念論文集刊行委員会編『国際文化交流と日本語教育きのう、きょう、あす：椎名和男教授古希記念論文集』凡人社、2002年、1〜2頁。

61 「椎名和男先生と日本語教育：中国への日本語普及について（椎名先生座談会）」、同上書、22〜23頁。

62 文部省学術国際局ユネスコ国際留学生課「中国政府派遣留学生の受け入れ」『日本語教育』41号、1980年、75頁。

63 文部省学術国際局ユネスコ国際留学生課、同上資料、75〜76頁。

64 国際交流基金30年史編纂室、前掲資料、資料編、年表、文化関係、国際交流基金、2006年、389頁。

65 中華人民共和国赴日本国留学生教育予備学校第1期の記録によると、同事業の意義は以下のとおりである。「中国赴日留学生予備学校の発足は、1500年以上にわたる日中間の文化交流、教育事業の中でも空前のできごとであったばかりでなく、世界的にみても、中国だけがなし得た初の試みではなかろうか。日本留学だけでなく、イギリス、ドイツ、フランスへも派遣する留学生のための予備学校を、時を同じくして発足させたのだから、中国現代化に対する熱気のすさまじさは大変なものといえよう。」伊藤芳照「巻頭言」国際交流基金『中華人民共和国赴日留学生教育予備学校第1期の記録（日本語教育編）』、1981年、9頁。

66 王雪萍「改革開放期の中国政府派遣留学生：日本への国費派遣学部留学生を中心に」富士ゼロックス小林節太郎記念基金2002／2003年度研究助成論文、2004年。王雪萍『当代中国留学政策研究：1980〜1984年赴日国家公派本科留学生政策始末（現代中国の留学政策に関する研究：1980〜1984年赴日本国国費派遣学部留学生政策の顛末）』世界知識出版社、2009年。

67 酒井順一郎『改革開放の申し子たち：そこに日本式教育があった』冬至書房、2012年。

68 阿部洋「第10章日中学術文化交流」、中国総覧編集委員会『中国総覧1982年版』霞山会、1982年、457〜458頁。

69 酒井順一郎、前掲書、2012年、145頁。

70 今井敬子「中国だより -6完-赴日留学生の日本語学習」『言語生活』（360）、筑摩書房、1981年12月、87頁。

71 酒井順一郎、前掲書、2012年、137頁。

72 大連外国語学院培訓部は国家教育部直属の大連外国語学院出国留学予備人員養成部である。「同養成部は、1979年8月、国家教育部の承認を経て成立。国家教育部留学生局の直属で、全国に11ある養成部のひとつである。1980年1月に日本語系と合併するも、10月には合併が解消され元に戻された。1982年、大連外国語学院出国養成部の下に「中国国外試験協調処大連試験中心」が設置された。1995年9月には再び日本語系（学科）と合併し、日本語学院（学部）となる。現在、養成部・日本語学院での養成60期を超え、2万人以上の留学生を日本へ送り出している。」費姝曼『大連外国語大学にみる日中交流史－留学生の人間的成長に焦点を当てて－』早稲田大学大学院教育学研究科修士学位論文、2015年、16〜17頁。

73　大塚豊「第10章日中学術文化交流」、中国総覧編集委員会『中国総覧1986年版』霞山会、1986年、474頁。

74　大連外国語学院出国人員培訓部は40年来京都大学、大阪外国語大学などからの200名近くの日本人講師が赴任している。修剛・李運博編『中国日語教育概覧』外語教学与研究出版社、2011年、41頁。

75　大平正芳回想録刊行会「第1章　郷土と時代」『大平正芳回想録』鹿島出版会、1982年、3頁。大平正芳記念財団HP http://www.ohira.or.jp/cd/book/de/de_01.pdf、2014年10月12日最終閲覧。

76　陳向陽・梁雲祥編「大平正芳内閣と中日関係」歩平編集、高原明生監訳『中日関係史1978～2008』、東京大学出版会、2009年、169頁。

77　同上。

78　倪志敏「大平正芳と阿片問題」『龍谷大学経済学論集（民際学特集）』49巻1号、2009年、97頁。

79　倪志敏、同上論文、2009年、98頁。

80　倪志敏、同上論文、2009年、106頁。

81　倪志敏、同上論文、2009年、98～102頁。

82　森田一「隣人中国　重視は不変」東京新聞、2014年5月3日。森田一は、日本の政治家。自由民主党属の元衆議院議員（8期）。香川県坂出市出身。大平正芳の娘婿にあたる。

83　陳向陽・梁雲祥編「大平正芳内閣と中日関係」、前掲書、2009年、169頁。

84　倪志敏「大平正芳と中日間の経済・外交に関する研究―張家口時代からLT貿易・中日復交・対中円借款供与まで（要旨）」『龍谷大学大学院経済研究』NO.9、2009年、42頁。

85　陳向陽・梁雲祥編「大平正芳内閣と中日関係」、前掲書、2009年、169頁。

86　同上。

87　陳向陽・梁雲祥編「大平正芳内閣と中日関係」、前掲書、2009年、170頁。

88　同上。

89　同上。

90　1962年11月に廖承志（L）と高碕達之助（T）の間で交わした「日中総合貿易に関する覚書」に基づく準政府間長期バーター取引であるが、民間事務所の相互設置、新聞記者の交換、政財界人の連絡など、国交回復以前の日中間の窓口としての機能も果たした。

91　陳向陽・梁雲祥編「大平正芳内閣と中日関係」、前掲書、2009年、170頁。

92　「日中に橋をかける」大平正芳記念財団 http://www.ohira.or.jp/cd/book/hi/hi_21.pdf

93　大平正芳回想録刊行会「日中共同声明調印後の記者会見詳録」『大平正芳回想録（資料編）』鹿島出版会・富士アドシステム、1982年、222頁。

94　小池聖一「『大平外交』の形成：日中国交正常化をめぐる日本外交の相克」『国際協力研究誌』第14巻第2号、広島大学大学院国際協力研究科、2008年、103頁。

95　同上。

96　小池聖一、同上論文、111頁。

97　同上。

98　陳向陽・梁雲祥「大平正芳内閣と中日関係」、前掲書、2009年、173頁。

99　同上。

100　外務省アジア局中国課監修『日中関係基本資料集1949年～1997年』霞山会、1998年、514頁。

101　大平正芳回想録刊行会「内閣総理として：第87国会での施政方針演説」『大平正芳回想録（資料編）』1982年、鹿島出版会・富士アドシステム、284～285頁。

102　陳向陽・梁雲祥編「大平正芳内閣と中日関係」、前掲書、2009年、172頁。

103　陳向陽・梁雲祥編「大平正芳内閣と中日関係」、前掲書、2009年、175頁。

104　馬暁娟編「教育協力と交流」、歩平編集、高原明生監訳『中日関係史1978~2008』、東京大学出版会、2009年、909頁。

105 大平正芳「新世紀をめざす日中関係：深さと広がりを求めて」大平正芳回想録刊行会『大平正芳回想録（資料編）』1982年、鹿島出版会・富士アドシステム、314〜319頁。同資料の314頁に、以下のような説明も付け加えられている。「この講演は外国首脳としての初講演なので、テレビで中国全土に放映される。」

106 小熊旭・川島真「『大平学校』とは何か（1980年）：日中知的交流事業の紆余曲折」園田茂人編『日中関係史1972-2012　Ⅲ社会・文化』東京大学出版会、2012年、58頁。

107 陳向陽・梁雲祥編「大平正芳内閣と中日関係」、前掲書、2009年、177頁。

108 廖承志「大平先生を深くしのんで」大平正芳回想録刊行会『大平正芳回想録（追想編）』1982年、鹿島出版会・富士アドシステム、414頁。

109 陳向陽・梁雲祥編「大平正芳内閣と中日関係」、前掲書、2009年、176頁。

110 森田一「隣人中国　重視は不変」東京新聞、2014年5月3日。

第 3 章
大平学校の開校とその教育活動

　大平学校は、当初北京語言学院内に設置された。日本政府がその運営のために負担した費用は、「5年間で約10億円」[1]にも上る巨額である。一方、中国側は研修施設と中国人研修生の宿舎を提供する以外、日本人講師を「外国人専門家」として、当時としては破格な待遇で受け入れた。本章では、大平学校の開校とそこでの教育活動に焦点を当て、具体相を明らかにする。

　まず、「対中国日本語研修特別計画」および同計画の合意事項などの資料に基づき、大平学校の開校の準備のプロセスを明らかにしたい。

　次に、そのように準備された大平学校で、具体的にどのような教授法・教材・カリキュラムが採用され、いかなる教育が行われたのか、一方、研修生はどのように学び、日本人講師との交流や訪日研修を通じて、自分たちの日本・日本人に対する固有のイメージや考え方をどのように変化させたのかを検討の課題とする。

　最後に、大平学校は日本側にとっても、日中国交正常化以来最初の試みであるこの事業の試行錯誤の中で、自分たちの対中認識をいかに変化させ、ひいては国際理解や国際協力につなげていったのかついても検討する。

写真3-1
第3期日本人講師たちが大平学校校舎の前にて
前列左から：水野義道、佐治圭三夫人、谷部弘子、竹中憲一　2列目左から：林四郎夫人、工藤宮子、進藤咲子、中川正之、阪倉篤義、金子尚一　3列目左から：小沢義則、林四郎、マイクロバスの運転手、佐治圭三（T4より提供）

第1節　大平学校の開校準備

1.「対中国日本語研修特別計画」

　日中国交回復以来、両国間の交流が盛んになっていくにつれ、中国における日本語のニーズは飛躍的に増した。日本語学習者数も英語に次いで第2位を占めるまでになった。[2]　一方で学習者の増加に伴って教育機関や教員も急増したため、教育と教員の質の面で問題が生じた。国際交流基金の「在中国日本語研修センター第1年次報告（要旨）」でも、「1978年の中国教育の統計で600名だった日本語講師が、1981年3月の時点では1800名に増加した。増加した講師の大部分が、転職してきた高齢者や文革期に大学を卒業した者で、専門の日本語講師とは言い難く、研修の必要性が非常に高まっていた」[3]　と指摘している。

　このような状況も視野に入れ、大平正芳首相は1979年12月訪中の際に「対中国日本語研修特別計画」を提唱した。日本がこの特別計画を提唱した理由について、外務省は以下のように記している。「受講する教師の大部分は戦前なんらかの形で日本語を学習した者であるため、その日本語能力も時日を経て相当低下しており、又、そもそも日本語の教授法につき専門の訓練を受けたことのない素人である。これら教師は、今後の中国における日本語教育の核になる人々であり、その養成こそ日本語教育振興にとって最も効果的な方法である。又、1人の中国人教師が更に数十人の生徒を教育するという相乗効果が期待しうる」[4]（下線は筆者）。

　すなわち、日本側の中国での日本語教育振興戦略には、教師という教育の担い手を掌握することで、速成的な効果だけではなく、次世代に本格的な日本語教育を行う相乗効果も見込まれていたのである。[5]　なおインタビューにおいて、T4は、「大平学校は、中国側のニーズに日本側が協力するという利害関係を超えた結び付きでもあったが、結果的には経済的な効果も双方に見込まれた。また平和的な友好関係を保つためには知日派はどうしても必要なので、日本のためにも中国のためにもなるようなプロジェクトだった。そういう意味で大きな役割を果たしたと思う」と語っている。

　同計画では、国際交流基金が日本側の窓口として具体的な運営を任されていた。外務省の同計画について記した文書には、「本計画のため日本政府が負担する費用は5年間で約10億円の予定（招へい事業は外務省予算、その他は国際交流基

金予算）。（中略）本計画は大規模事業のため、国際交流基金のルーティンの事業とは別枠として実施されることになるが、いずれにしても、このような事業が実施できるようになったことは、基金の諸事業の中で日本語普及事業が、主要な柱として定着してきたことを示すものであると考えられる[6]」と記されている。

　ここで開校までのあらましをみておこう。

　1979年12月大平首相が訪中した際に、「対中国日本語研修特別計画」の実施が決まり、1980年8月11日に大平学校が開校している。約9か月という短期間ですべての準備を完了させるのは至難なことだったが、外務省と教育関係者は、準備会議を開いて設立運営について協議し、さらに日中双方の政府関係者と専門家が度重なる検討を行った。

　具体的な設立経緯を見ると、1979年に大平正芳首相が訪中した際「日中文化交流協定」が締結され、その一環として「対中国日本語研修特別計画」が調印されたことが発端である。この計画により、中国の大学の現職日本語教師120名に対して1年間の集中研修を行い、これを5か年継続することにより計600名の教員の再教育を行うことになった。これほどまでに大規模な日本語教員研修を行った大平学校の設立は、日中教育文化交流にとって一大転換点になったと考えられる。

　創設にあたっては、当時国際交流基金日本研究課長だった椎名和男をはじめ、外務省では天羽民雄情報文化局長、青木盛久課長（後の在ペルー大使）、安藤裕康首席事務官（後の在イタリア大使、その後国際交流基金理事長）、若山喬一事務官（後に日本国際問題研究所客員研究員）らによって、プロジェクトが提案・実施された。実務は国際交流基金の椎名和男を中心に進められ、佐治圭三（大阪女子大学教授）が大平学校への派遣講師団長に抜擢され、現場の準備を始めることになった。

　大平学校の開校に当たって、まず外務省と中国教育部が「対中国日本語研修特別計画合意事項」（後述）を詳細に協議した。次に日本側は、講師募集・試験問題作成・授業計画立案を担当した。中国側は、研修生の選抜試験・校地と宿舎の確保・要員調達・契約事項の準備を進めた。

　1980年4月11日、渡辺泰造（外務参事官）、椎名和男、若山喬一、大木正義（文化庁文化部国語課国語調査官）、佐治圭三（大平学校日本側講師団長）の5名が、研修計画実施の打ち合わせのために北京に赴いた。[7]中国側は日本側と協議を重ね、受け入れ態勢を整えた。佐治圭三は、当時の開校準備について、以下のように述べている。[8]

初めて（開設予定地の）北京語言学院を訪れて張道一副学院長や周炳琦中国側主任など語言学院のスタッフと初顔合わせをし、日本語の授業を参観し、教室や事務室を見せられた。北京から帰国後、国際交流基金で、大阪外大中国語科を卒業したばかりの水野義道氏とともに、金田一春彦先生を議長とする対中華人民共和国日本語教育援助特別計画実施委員会、国際交流基金日本語教育研究部の全面的な支援の下で、天沼寧大妻女子大学教授や国松昭東京外国語大学教授など、多くの方々の協力を得て、図書の選定、教材教具の購入など、開設の準備に当たり、7月に実施委員会の人選による第1期講師団の結団式が交流基金において行われ、7月15日に私と妻、水野講師の3名が第1陣として北京に着任し、開講の準備に当たった。

以上のプロセスを整理したのが、**表3-1**である。

表3-1　開校までの日程

時　期	主要関係者	内　容
1979年12月	大平正芳	「対中国日本語研修特別計画」提出
1980年4月12日・14日	日本側代表団訪中4名と中国側関係者	「対中国日本語研修特別計画合意事項」協議
1980年4月22日	外務省情報文化局文化第二課	「対中国日本語研修特別計画」および別紙の作成
1980年5月20日以前に中国側へ送付	日本側担当者	試験問題および受験者へのアンケート調査票の印刷
1980年6月中	中国側担当者	試験の実施、採点結果と試験答案・アンケート票を日本側に届ける
1980年6月20日	日本側担当者	「第1期日本語教員養成講座授業計画」についての提案
1980年7月3日〜9日	中国側代表団訪日（3名）	日本側関係者との間で、カリキュラム、クラス編成、時間割、その他について詰めを実施
1980年7月15日[9]	佐治圭三夫妻・水野義道	大平学校の日本人講師団と家族の第1陣として北京に到着
1980年8月11日	中国教育部、日本大使館	北京語言学院で開校式を挙行

注：佐治（1987）などにより、筆者作成。

2.「対中国日本語研修特別計画合意事項」

　表3-1のように、1980年4月12日・14日、日中双方の代表が北京で会議を開き、「対中国日本語研修特別計画」の詳細を協議した。会議では、主に日本語研修センターの開設地、日程、派遣講師の待遇、研修員の募集などが議論された。この会議の出席者は以下の通りであった。[10]

日本側

　　団長　渡辺泰造　外務省情報文化局参事官

　　団員　若山喬一　外務省情報文化局文化第二課事務官

　　　　　大木正義　文化庁文化部国語課国語調査官

　　　　　佐治圭三　前大阪女子大教授

　　　　　椎名和男　国際交流基金日本研究課長

中国側

　　団長　蘇　林　教育部外事局負責人（局長）

　　団員　張道一　北京語言学院副学院長

　　　　　趙　冀　教育部外事局専家処処長

　　　　　林筱安　教育部外事局専家処幹部

　　　　　蒋妙瑞　教育部高教一司（高等教育第一局）幹部

　　　　　王行虎　教育部留学生管理司幹部

　会議では、準備委員会が作成した議案をもとに、教員研修の具体的な項目など
が討議された。まず合意事項について次のような内容が提出されている。

（1）設置場所

　日本語研修センターの設置場所と施設の維持管理費用についての協議において
は、「1980年度（初年度）は北京語言学院1か所とする。第2年度以降について
は、1981年4月以前に日中双方協議の上、決定する。日本語研修センター施設
の維持管理費は中国側の負担とする」[11]とされた。佐治によると、第2年度以降の
場所の移転問題について次のように検討したことがあったという。「センター設
置の場所としては、現在の北京語言学院が最適と考える。その理由は、施設、設
備が整っている点、語言学院スタッフとの協力関係がうまくいっている点（中
略）どうしても五年間の期間中に研修センターを移転させるのであれば、その移
転先は上海（外国語学院）より大連（外国語学院）の方が好ましい。」[12]

　しかし実際には同計画は、1980〜1985年の5年間、一貫して北京語言学院
で実施された。その後、1985年に第2次5か年計画が開始され、新たに北京外
国語学院（当時、現北京外国語大学）に移った（これについては第5章第1節を
参照）。

（2）研修日程

　初年度の研修期間は、1980年8月11日から1981年7月までの約35～36週だった。このうち訪日期間は、1981年3月1日より3月30日までの1か月とされた。冬休みは春節の前後の約50日間とされ、休日および休暇については、当時まだ週休2日制ではなかったため、中国の祝祭日および日曜日とされた。派遣講師の休暇については「研修期間中も事情ある場合は、外務省及び基金の許可を得たうえでとることができるものとする。その際は、カリキュラム実施に支障なきよう配慮する」[13]と定められた。

（3）日本人派遣講師と中国側協力者

　日本人派遣講師の人数は、1期最大限18名と決定されたが、実際には合計27名が任に当たった。中国側の協力者は、主任周炳琦、世話係3名、および研修協力者若干名（研修前期には研修生より選抜、後期は研修開始後に決定）であった。その他に視聴覚器材・図書・印刷・コピー機の取扱責任者およびタイピストについては、語言学院専門職員をもって充当することになった。

　日本人派遣講師と中国側協力者の任務分担については「日本人派遣教師は授業の主たる部分について行い、中国側協力者はそれを補佐する。本研修計画全体については、必要に応じ日本側と中国側との間で協議を行うものとする」[14]とされた。このように日中の役割は明確に分けられた。

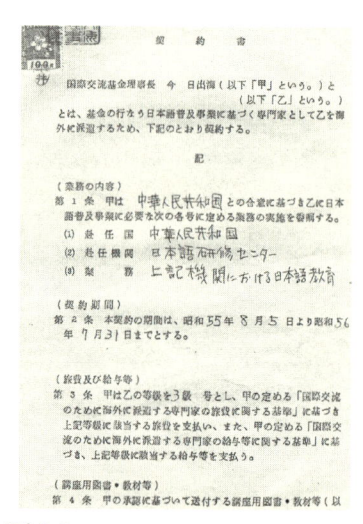

写真3-2
国際交流基金との契約書の第1頁（T5より提供）

写真3-3
中国側スタッフと日本人講師
左から：周炳琦（中国側主任）、平井勝利、閻宝玉
（図書閲覧室幹部）（K1より提供）

（4）研修生数と試験

　研修生の数は毎年120名を限度とし、中国側が人選の上、名簿を日本側へ事前に通知することになった。具体的には以下の方法を取った。[15]

　　日本側は試験問題（1種類、400部。内訳は受験生用360部、教育部用40部）及びアンケート（カリキュラム等作成のため、研修生の日本語履修歴等を問うもの）を作成の上、5月20日までに中国側へ送付する。中国側は、6月中に試験を実施し、その後採点結果・試験答案・アンケート結果を日本側に送付する。右を携行して可能ならば少人数のチームを訪日させる。訪日時期については6月下旬ないし7月上旬とする。日本滞在中に日本側関係者との間で、カリキュラム・クラス編成・時間割その他について話し合いを行うこととする。（訪日費用は原則として中国側の負担）

　また同資料には、手書きで「3名、7月3日〜9日」とメモされているので、中国側は試験とアンケートの実施後に、答案・合格者名簿・アンケート調査票を持参の上、1980年7月3日〜9日に訪日したことが推測できる。

（5）研修の内容

　同資料には「研修開始前に具体案を日本側で作成の上、中国側の同意を求めるものとするが、研修開始後においても研修の進行度に応じて変更しうるものとする。研修内容については、一般研修・個人研修・特別講座の3種類を行うものとする」とあり、また、「研修前期は、日本語運用能力向上を中心とする。研修後期は、理論面・日本事情・各専門分野の知識能力向上を中心とする」[16]とある。このように前期と後期に分けて、それぞれ研修の目標が定められていた。

（6）寄贈教材・器材

　国際交流基金より使用教材・器材が送付された。送付費用負担は「本邦から中国の港（天津、上海等）までは、保険料を含めて日本側が負担する。中国国内の送料、通関料、手数料、保険料等は中国側が負担する」ことになった。

　また、図書・機材・専家（専門家、ここでは日本人講師を指す）用機材の受け取り、保管などは、北京語言学院が請け負った。

（7）講師の派遣、待遇等

　派遣機関は国際交流基金である。派遣先の名称について、日本側は「（在中華人民共和国）日本語研修センター」と呼び、中国側は「日語教師培訓班」と呼ぶことになった。

　派遣講師の旅券は、公用旅券で官職欄の記載は「日本語研修センター講師」とされた。日本側が負担する分は航空費（日本－中国間）、本俸、在勤手当である。（但し、以上の手当の一部は中国側が負担し、金額は長春の留日予備校で中国側が負担しているものと同一とするとされた）。また、同資料には、手書きで[17]「400〜700元」とメモされているので、これは中国側が負担する手当の金額だと推測できる。

　派遣講師の居住地は、原則として友誼賓館[18]とされ、費用は中国側が負担した。日本人講師陣のため、友誼賓館に図書・印刷機・洗濯機等を置くための部屋、ベランダのある部屋、共同利用室がそれぞれ用意された。例えば、7月16日に北京に着いた佐治圭三・芙美子夫妻のため、洗濯機が置けるベランダのある部屋1室（5年）、水野義道のため単身用1室（2年）が手配された。その後、後発隊の平井勝利のため家族用1室（1年）、沢田啓二他のため単身用6室（1年）が用意された。短期講師の木村宗男らのためには、単身用4室（2〜3か月）が用意された。さらに、国際交流基金などの関係者（椎名和男他）の一時滞在のために、単身用4室（10〜20日）も提供された。当時の中国人大学教員が共同宿舎（相部屋）に居住する中、日本人講師に対しては可能な限り良い環境を提供した中国政府の誠意がうかがえる。

写真3-4
友誼賓館専家楼3単元の入口にて
左から：竹中憲一、平井勝利、水野義道の各講師（K1より提供）

3.授業計画

　1980年6月20日、大平学校の講師たちは、第1期日本語教員養成講座授業計画についての提案を行い、受講者や授業内容とクラス分けについての希望、授業科目、授業時間および試験などに関して取り決めて行った。

(1)　受講生

　開講に先立ち、中国側の選抜試験結果がアンケート調査結果とともに日本側に提出された。第1期120名の受講者は、主に中国各高等教育機関の日本語教員で、次の3種に大別できた。

　①　大学日本語学科の日本語専攻必修科目の高学年担当教員

　②　大学日本語学科の日本語専攻必修科目の低学年担当教員

　③　理工系大学の共通科目としての日本語教員

　彼らの学歴からみると、「大半は1974年以後に大学日本語科を卒業しており、またそのうちの多くは在学期間が4年に満たず、彼らの日本語の実践的能力は未熟であったと考えられる。他に、中堅教員の中には1950年代の卒業生がわずかながらおり、60年代の卒業生が一部（約20％）含まれるほか、大学以外の場所で学んだ者、および独学で学んだ者が、一部（15〜20％）含まれ」[19]たという。

　また後に詳述するように、こうした日本語教師にとって、大平学校の1年間にわたる研修の最大の魅力は、大学時代に不足していた知識を満たすことができることであったという。そこで研修生たちはこの機会を十分に利用して学び、優秀な成績を収めることで自分の実力を証明することを希望していたのである。

(2)　クラス分け

　以上の受講生の構成に基づいて、クラス分けが行われた。「クラスは大学日本語学科高学年担当教員、同低学年担当（基礎課程）教員、理工系大学（共通科目としての）日本語教員の3コースに分けて編制し、各クラスの受講者数は20名以下におさえ、計6〜8クラスに編成する」[20]というものであった。

　表3-2に見るようなクラス編成については、メリットとデメリットがあった。メリットとしては、授業の必要性に応じて、少人数と大人数のクラスを区別し、受講の効果が保障される。例えば、発音や会話、文法などの授業は、小クラスで行い、文学史や特別講座などの選択科目は基本的に大クラスで行うことになった。しかし、実際に丁班（組）の授業を担当した講師は、報告書に以下のように記した。「丁班は、理科系の大学に所属している研修生のために特に編制された。従って、日本語能力の点では様々なレベルの混成班となり、日本語能力にかなりのバラつきが見られた」[21]。すなわち、事前の予想と実際の授業進行状況とはギャップが生じる場合もあったのである。

表3-2　大平学校第1期生のクラス分け（1980年）

上級担当 小クラス	甲組（30名）	Aグループ（15名）	中クラス(60名)	大クラス （120名）
		Bグループ（15名）		
中・初級担当 小クラス	乙組（30名）	Cグループ（15名）		
		Dグループ（15名）		
	丙組（30名）	Eグループ（15名）	中クラス(60名)	
		Fグループ（15名）		
理工系担当 小クラス	丁組（30名）	Gグループ（15名）		
		Hグループ（15名）		

注：この表は大平学校「第1期日本語教員養成講座授業計画についての提案」のクラス分けを参
　　照して作成したものである。

(3) 授業科目

　日本語教員養成講座の目的は、研修を通じて受講者の日本語の水準を高め、受講者を一層日本語指導の任に堪える優れた日本語教員とすることにあった。そこで受講者の実践的能力を高めることを主眼としつつ、同時に理論的・知的水準を高めることが望ましいとされた。中国で外国語を学ぶ者にとっての実践能力は「聴く、話す、読む、書く」ことを指しているが、日本語教師のための実践的能力とは「朗読、聴くこと、話すこと、講読、作文、教授法等[22]」を含む総合的な能力を指す。ゆえにその主眼と原則に基づき、「実践的訓練にすくなくとも総授業数の半分以上を当て、理論的及び教養的講座は半分以下[23]」とする提案がなされた。

　実践的訓練は3コースに分けて行い、コースごとに異なった教材を使い、クラスごとに音声、聴く、話す、書く、読むことなどの訓練を行った。理論的及び教養的講座は、合同授業とされた。3種のコースの講座科目についての提案は、以下の通りである。[24]

① 上級コース（高学年担当の教員）

　現代日本語文選（4時間）では高校2年生の国語に相当する文学作品のほか、たとえば評論、条約、法律、応用文など、各種の文体の文章の講読などを行う。作文・修辞（4時間）では受講者にテーマを与え、作文を書かせ、講師による添削の後、その共通の問題点について講評し、あわせて修辞について指導する。

② 中級コースAグループ（低学年担当教員）

　音声（2時間）は理論と実践を結び付けつつ、発音とイントネーションを矯正し、かつ発音とイントネーションの矯正方法を講義する。聴く力と話す力の

訓練では、視聴覚教材、教具を利用して、受講者の聞く力と話す力を高める。精読（4時間）は中学校2、3年の国語に相当する。講師の講義と受講者の理解を基礎として受講者に意見を述べさせ、話す訓練をさせる。作文（3時間）では受講者にテーマを与えて、作文を書かせ、講師が添削してから、その共通の問題点について指導する。

③ 中級コースBグループ（理工系大学の日本語教員）

　中級コースAグループと同様である。ただし、精読の教材は、科学技術の領域に関する文章を適当に含むことが望ましい。

　このように、1980年代初期の外国人向けの日本語教育が開始されて間もない時期、レベル分けでは、大まかに上級は高校2年生の国語の読解力、中級は中学2、3年の国語の読解力と想定されていたことがわかる。

　以上の3コースの共通必修科目としては、日本語概論（週3時間）、日本語教授法（外国人のための各種日本語教材の紹介を含む）、日本語の修辞（語彙および文法、たとえば多義語、類義語、同義語、反義語など）（週2時間）、日本概説（主に日本の民族文化、風俗習慣の紹介）（週2時間）、特定テーマの講座などがある。

　また、3コースの共通選択科目は、科学技術分野における日本語の特徴、文語文法入門、古典、日本文学の紹介（近代以降を主眼とする）などである。

　そして個人研究指導では、原則として上級コースの条件を満たし、かつ必要のある受講生だけを対象とし、中級コースの受講生は含まれなかった。また課外活動（教養、茶道、華道など）は、情況に応じて日本側の計画にもとづいて行われ、運動会も実施されていた。

　授業時間については、受講生に予習、復習、自習の時間を十分に与えるため、毎週の授業時間数は22時間（1時間は50分とする）以下に抑えることになった。

　試験については、選抜試験および修了試験を実施し、講座修了時には受講生全員に正式の成績表を授与し、各科目の成績表は受講者の所属先にも転送された。具体的な試験方法は日本側が決めた。

　上述のような初年度の経緯を踏まえて、次年度計画（1981年度）について学年暦（開始日、自宅研修期間、訪日期間、終了日等）を早い時期（1980年9月末日以前）に協議決定することになった（実施場所については、日本側としては北京あるいは上海のうちの1箇所を希望）。

　こうして、本件計画は、1980年8月11日より正式に発足した。

第2節　大平学校の教育活動

1. 大平学校の概要

　大平学校の概要は、以下の**表3-3**のようにまとめることができる。

表3-3　大平学校の概要

項　目	内　容
名　称	日本名：在中国日本語研修センター、中国名：日語教師培訓班、日本での通称：大平学校　中国での通称：大平班
開設の根拠	1979年12月、中国を訪問した大平正芳首相（当時）と、華国鋒主席（当時）との合意事項の1つ
実施期間	1980年8月～1985年7月、5年間（各期1年間を5期）
対象者	中国全土162大学や教育機関の現職日本語中堅教師[25]
研修生の規模	年間120名、計600名[26]
日本人派遣講師	長期・短期[27]　計91名
研修の場所	北京語言学院内教3楼（3号館）
研修の目的	日本語教師としての能力を高めること
研修の内容	前期：基礎能力の向上、後期：専門性の向上、1か月の訪日研修

（1）中国人研修生

　1980年8月から1985年7月までの5年間に、チベット自治区、寧夏回族自治区、雲南省、青海省を除くすべての省・自治区にある約160機関に所属する日本語教師600人が、大平学校の研修を受けた。[28] 彼らの中には、文革期に大学で特別に日本語教育を受けていた若手教師もいれば、それ以前から日本語教育に携わっていた者もいる。

　1980年8月11日北京語言学院において、在中華人民共和国日本語研修センター（通称：大平学校）が開校した。開校の報告には「本研修は高等教育（外国語学校を含む）の壮年・青年専任日本語中堅教師を対象とする。参加者は健康であり、統一試験に合格することを必須条件とした[29]」とある。統一試験は1980年に全国を対象として行われ、120名の第1期生が選抜された。試験について、E1は「当時日本語は国レベルの統一試験がなかったため、難しかった。1年目は全国で120名の採用枠しかないところに、多くの人たちが応募し、ふるいにかけ

られた。ただし教育部は地域ごとのバランスにも配慮し、辺境地域の大学の教師たちは試験の成績を問わず、受け入れた」と述べている。

　第1年度の研修に参加した120名の研修生は、「文革勃発時の1966年時点ですでに大学ないし専門学校を終えていた者およそ30名、残りの90名はいわゆる文革世代であった」[30]。例えばD1は下郷（都市部の学生が農村に赴くこと）して1年間働き、その後選抜されて郊外にある小学校の教師になった。そこで約4年間勤務した後、1972年に労農兵学員の試験を受け、大学に入り、「そこで郭淑禹先生（文学者・郭沫若の娘）に教わった」という。

　日本人講師のT2は「1期生の若い人たちは確かに、文革中に下放され、文革後に大学入試が再開されて、もう一度都市に戻った人たちである。人生がかかっているから、必死に勉強していた」と語った。また、同じく日本人講師の谷部（1981）[31]は、大平学校の研修生たちの日本語学習歴について以下のように記した。

　　小学校3年から日本語を習い始めた北京のある教師は、外国語専門学校を卒業後、一度中学校で日本語の教鞭をとり、その後大学に進学して1年半で繰り上げ卒業し、大学院に進んだという。文革時に勉学を中断させられたとはいえ、新中国の教育で育った若手教師の代表と言えるだろう。一方、年配の研修生の中には、様々な経験の持ち主がいる。日本で小・中学校教育を受けた者、台湾や中国東北部出身の者、父親や日本人についてほとんど自力で日本語を習得した者、ロシア語から転身させられた者など。国交回復後の日本語ブームの中で、10年ぶりに農村から「帰隊」―古巣へもどったという者もいた。

以上のように、大平学校は一般的な学校とは異なり、研修生たちは中国の現職の大学日本語教師であったため、強い問題意識と学習意欲を持っていた。研修生は文革中に日本語を勉強した労農兵学員や1977年大学入試再開直後の大学生が多かった。研修生のプロフィールは以下の2点にまとめることができる。

① 第1、2、3期生は、主に「労農兵学員」から構成されている。これらの人々は苦労に鍛えられて忍耐強い。国の政策に運命を翻弄された世代である。彼らは文革中、中卒後に農村や工場・部隊へ下放され、数年間の労働経験（小学校の教師や工場の旋盤工などを含む）を積んだ上で、職場から推薦されて大学に入った人たちである。

② 第4、5期生は、1977・1978年の大学入試再開後の世代で、そのため4年制大学の卒業生が増加した。その中には、文革中は下放され、入試再開後に都市に戻った人たちもいた。一方で、高卒で直接大学に進学できた「恵まれた」世代も一部存在した。

表3-4　研修生の構成（第3期を例に）

基本情報	年齢	平均30歳（21歳～50歳）	
	性別	男68名、女52名	
所属大学	総合大学	18校	31名
	社会科学系学院	3校	3名
	理工系学院	27校	29名
	師範系大学	8校	14名
	外国語学院	15校	43名
	合計	71校	120名（内日本語専攻科90名）

注：「在中国日本語研修センター第3年次報告（要旨）」（1982～1983年）より、筆者作成。

　また、表3-4の第3期の研修生の構成を見ると、研修生の男女比については女性より男性の方が多いことがわかる。さらに、派遣人数はやはり外国語学院から派遣された者が一番多いが、派遣元大学の数は理工系大学が一番多かった。改革開放期に中国の理工系の大学生が、日本の先進技術を学ぶための日本語へのニーズの高かったことが推測できる。

(2) 日本人講師

　第4章で詳述するが、日本からの講師の派遣は、5年間主任を務めた佐治圭三の他、国語・国文学・日本語教育の一流研究者や若手日本語講師が参加し、のべ91名（長期・短期）に上った。そのうち、日本の大学で教授職にあった者の割合は、68%に達している。中には、金田一春彦といった当時の日本の国語学界を代表する教授たちも含まれていた。

　大平学校では、一流の研究者が教鞭を執り、高度な専門性に裏打ちされた授業が展開された。日本人講師のT2は、「金田一春彦先生を始め、日本側の教授たちは学問だけでなく、人間性も素晴らしかった」と語った。

　またD2は「もしも日本に留学したとしても、このように多くの専門家と出会うチャンスはなかっただろう。それなのに、この中国の大平学校では、そのようなチャンスを得られた。ある意味では、短い時間であっても留学する以上に多くのものを習得できる。『濃密度』が濃い研修機関であった」と述べている。

(3) 中国人スタッフ

　北京語言学院は、大学の各部門から中国側のスタッフを集め、5年間で計19名（男性12名、女性7名）を配属した。中国人スタッフは主任、副主任の総括役以外に、弁公（事務）室、教学組（教務委員会）、図書閲覧室、LL教室、コピー室の5つの部署に配属され、それぞれの部署で教務や日本人講師と学生生活まわりの管理などの仕事を分担した。

写真3-5
第1期の日本人講師たち（K1より提供）

　前期の主任は周炳琦、後期は唐伝寅である。北京語言学院教務処（教務課）の副処長楊建昌が大平学校の中国側の副主任を兼任していた。そして日本語のできる孫炳日、諸在明、沈国威などの教員も配属され、彼らは通訳を担当するほか、日本人講師の送迎や随行などもしていた。

写真3-6
第1期の日本人講師と中国人スタッフ、研修生（K1より提供）

　T8は、「（大平学校は）日本と中国の懸け橋となる一大プロジェクトとしての位置づけで、国際交流基金がバックアップしていたし、中国教育部のハイレベルの方も大平学校の祝賀行事などに参加した。中国側も力を入れ、当時の北京語言学院の学長だけでなく大学の共産党書記などの偉い方も来た」と、中国側もこのプロジェクトを相当重視していたことを強調した。C5によると、「大平学校の教

員研修は、日本人講師に全部お任せして、中国側は教授活動に干渉していなかった。ただ週に１回会議を開き、研修生の『思想教育』はやっていた」という。

2.教育活動の実態

　改革開放の初期、文革時代の閉鎖的な考えからの転換が図られた。文革中の「授業を停止し、革命を行う」という政策から「世界のすべての優秀な文明成果を受け入れる」という姿勢に移行したのである。改革開放期の特徴として、「四つの近代化」を目指して「科学と教育」を重視するようになった点が挙げられる。この移行プロセスは社会的に見て重要であるが、同時に個々人にも多大な影響を与えた。大平学校の日本人講師たちは、先進的な日本語教育の教育理念と教授法を積極的に打ち出していた。

（1）教育理念と授業内容

　大平学校の教育目標は、既に各大学の日本語教師である研修生に対して、日本語教育に関する専門的な教育を行い、一人ひとりの日本語教師としての資質を高め、そのことを通して、中国における日本語教育全体のレベルを高めて行くということであった。[32]大平学校の教育方針は、受講者の中国人大学教師たちに対して、それまでの一方的な知識の伝達という教育方法を反省させ、主体的な問題意識と研究能力を備えた教師を養成することを目指すものだった。この目標を達成するために、研修の内容は、教師の「日本語運用能力の向上」並びに「言語理論と各専門領域の知識の向上」に重点が置かれた。篠崎・曹（2006）[33]は以下のようにまとめている。

① 日本語教師としての能力を高めることを目標として、日本語学・日本文学・日本事情の各領域から、できるだけ中国側の要求に応えるよう科目や講義の内容を構成した。
② 学年の始めには共通（必修）の基礎的科目を配置し、次第に選択科目を増やし、後期では、語学コース（文法・語彙コースと、発音コースに分かれる）と文学コースに分けるなど、それぞれの専門領域の力を習得するようにした。
③ 研究会活動や、研究指導の時間を設けて、研究能力を高められるようにした。

　また、以上のほか毎週、研究会や公開講座などを設け、1年の最後には、研究
成果を論文集にまとめ、出版するまでに至った。このように、研修を受けた日本
語教師は優れた論文も数多く発表し、教授法の面についても様々な試みを行って
いる。科目の詳細は、以下の**表3-5**のとおりである。

表3-5　大平学校の授業科目

必修科目	日本語学概論、教授法、文法Ⅰ、文法Ⅱ、音声理論、文学、翻訳対照研究、閲読演習、聴解、口頭表現、精読Ⅰ、精読Ⅱ、発音、会話、誤用例検討、文章表現、文法Ⅲ、音声演習、発音指導法、文学史
選択科目	近現代文学、古典文学史、古典講読、古典文法、教授法研究、発音、聴解、会話、口頭表現、音声理論、翻訳対照研究、近現代文学講読、近現代文学史、語彙、教材研究、日本現代史
研　究　会	文法、意味論、類義表現、翻訳対照研究、音声指導研究、近現代文学、口頭表現研究、教授法、古典文学、音声理論、視聴覚教育

注：北京語言学院日語教師培訓班編『紀念文集：日語教師培訓班的五年（記念文集：大平学校の五年）』、国際交流基金、1987年、103 ～ 104頁より筆者作成。

　表3-5を見ると、必修科目の中には、日本語文法や音声などの基礎的な日本語
科目が多く、選択科目には文学や古典など専門的な科目が増え、さらに、研究会
は言語学、音声学、教授法など専門性の高い内容が、基本から専門へと段階的に
用意されたことがわかる。

　授業の内容は、E1によれば、日本側の教授たちは系統的、規範的に教えてい
たという。「文法Ⅰ、文法Ⅱなどの科目をはっきり分け、内容としては基礎的な
助詞の使い方から古典文学の作品まで幅広く取り上げており、のどが乾いている
時にやっと水が飲めた感じ」がした、と熱く語った。

　なお、1982年9月から、所属先の大学で3、4年生の精読を担当しなければな
らない教師のために、大平学校の第3年次より「高級日本語班（ハイレベルの日
本語クラス）（30名）」が設置された。なぜなら、文革終結後大学に入学した教
員を追い越しかねない勢いの精鋭ぞろいの学生たちが大学の3、4学年に進級す
る直前だったからである。十分な指導力や専門能力を身につけていない日本語教
師にとって、高学年の指導はかなり困難となることが予測され、これはまさに緊
要なニーズへの対応だった。

（2）カリキュラム

大平学校の年間プログラムは前期と後期に分かれており、後期には1か月の訪日研修も含まれていた。前期は、研修生の基礎的・総合的な学力養成を行い、日本語のブラッシュアップに重点を置いた。したがって若干の選択科目以外はすべて必修とされた。後期は、専門的な授業と研究指導に重点をおき、専門コース別にクラスを編成し、授業科目も全コース共通の必修科目、コース別必修科目、選択科目の3種類を設定した。研究指導も選択科目の1つとし、大平学校で学んだ理論を具体的な論文に仕上げる指導を行った。[37]

表3-6　大平学校の年間プログラム（第1期を例に）

前　期	1980年8月13日～12月27日（8月11日開講式）
自宅研修	1980年12月28日～1981年2月15日
訪日研修準備	1981年2月16日～2月28日
訪日研修	1981年3月1日～3月30日
後　期	1981年4月1日～7月7日（7月11日修了式）

注：「在中国日本語研修センター第1年次報告（要旨）」の年間スケジュールにより筆者作成。（第2期から9月1日開講式）

表3-6の大平学校の年間プログラムは、日中両国の学校暦を合わせて作成されたことがわかる。中国の大学が秋学期に新学年を迎えるため開講は9月にされ、自宅研修の期間は日本の正月と中国の春節に合わせて12月の末から2月の中旬までとされた。訪日研修は日本の大学の春休みに当たり、後期の授業は日本の大学の春学期と重なった。この時間配分は、短期の日本人講師たちを派遣しやすく、研修生たちの派遣元大学の授業に支障をきたさないように配慮されていることがわかる。

実際に開講すると、研修生たちの日本語能力はまだ十分とは言えず、「運用面での能力向上をはかる必要があることと研究活動、論文執筆などのため専門分野での指導も必要とされること」[38]という問題が現れたため、日本人講師たちにとってはバランスのとれたカリキュラム作りが容易ではなかったことが推測できる。

（3）教授法

大平学校では中国式の教え方と日本式の教え方がぶつかっていた。2年間長春

にある留学予備校で教えてから大平学校の第2期に赴任した今井 (1981) は、中国式の教え方について、特に初級の段階の指導について、研修生たちの実践している教え方に疑問を尋ねた。その結果、対訳の方法が使われているところが多いこと、文法と基本文型のパターンを1つの公式のように扱い、練習も機械練習だけで終わっていることなどがわかった。そのため、「研修生たちの日本語の水準が相当高いにもかかわらず、ごく基本的な言葉の用法を誤解している、或いは表面的な理解にもとどまっている場合が往々にある[39]」ということを指摘している。大平学校での研修の1年間は、20名以上の各分野の専門家の授業を受けることで、ここで学んだことを今後どう自分の教育実践に結びつけるのか、研修生自身が内省する重要な時間であった。

研修生のC1は、「当時の私は、「充電」(勉強) したい気持ちがとても強かった。大平学校では単なる文法知識を伝授するだけでなく、どのように学ぶのか、どのように教え、そしてどのように研究するのかということについて教えてくれた」と、教えを受けた意義を認めている。

D2は、「(大学) 卒業後に教師になった。実は大平学校に入る前はどのように日本語を教えるかという発想が全然なく、自分が学んできたことを通り教えればよいと思っていた。しかし教え方は単純なものではなく、様々な論理や方法があるということを大平学校での教授法から学んだ」と語った。

A2は「浅見先生の指導の印象が深い。先生は「授業に行く時、まず授業を受ける対象者、人数、教室の大きさなどを確認した上、自分の板書の字の大きさ、声の大きさを決め、自分の身振り手振りが聞き手にどんな印象を残るかまで意識して行動すべきだ」と教えてくれた。これは教師としての基本ではあるが、今まで教わったことがなかったので」と語った。

A1は、「教授法について、国松昭先生の授業が一番印象深かった。この先生の授業がとても面白く、教え方がまかは講義がとても面白く、教え方がまかった。学生の主体性を重視し、積極的に学ばせる教授法は、その後自分も授業に

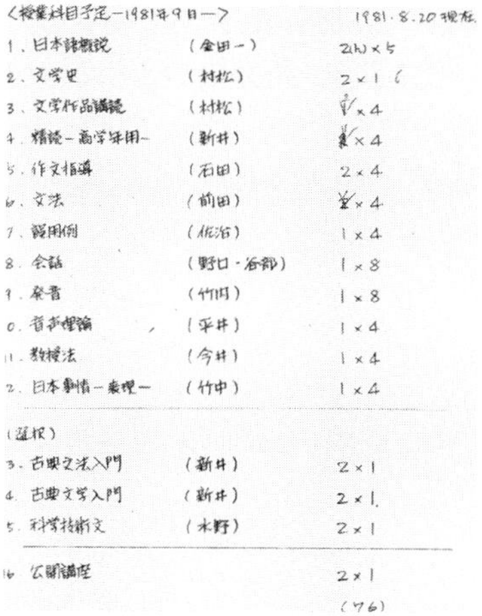

写真3-7　第2期の授業の担当予定表 (T5より提供)

取り入れるなど、大いに影響された」と話した。

大平学校の日本人講師は、それぞれ独自の教授法を持ち、授業やゼミなどを通して研修生を指導していた。そのうち、教授法の指導で大きな影響を与えた佐治圭三は、5年間大平学校の日本側の代表責任者を務めた。副主任の平井勝利は、中国語・中国研究者であった。佐治のもとで研修プログラムを運営し、中国政府および各大学とのコミュニケーション役を務め、研修の質確保に尽力した。

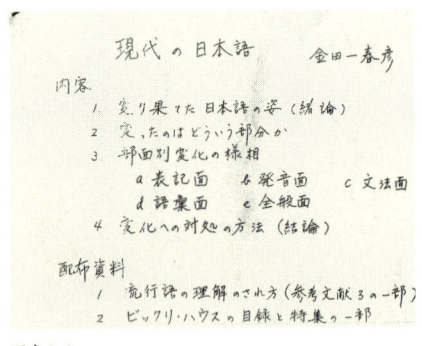

写真3-8
金田一春彦が配布した講義用資料（T5より提供）

C2は、「佐治先生の授業は『誤用例』で、これは自分の授業にとても役に立った。また佐治先生はとても優しくて、謙虚な学者だった」と語った。

E1は、「当時ある日本人講師はNHK放送の録音を使って、ヒアリングの授業を教えた。そこで、皆がその音源を録音して自分の大学に戻り、同じやり方で自分の学生を教えた。大平学校の授業は基礎から上級、ヒアリング、ビデオの授業もあった。その後の1980年代中国の大学での日本語教育は、ほとんどが大平学校スタイルを採用し、当時の日本人講師が伝授した教授法・教材を取り入れた。そしてそれが、現在に引き継がれている」と語っている。

具体的な研修の運営については、研修生120名を30名ずつ4つの班（クラス）に分け、各班（クラス）に班長（級長）と副班長（副級長）を選出し、班（クラス）単位で授業を行った。授業は講義形式、研究会はゼミ形式、公開講座は講義および対談形式などバラエティに富んでいた。D2は、「佐治圭三教授と尾上圭介教授が、1つのテーマについて熱弁を振るうという学術自由討論の雰囲気を体験できたので、非常に印象深かった」と追憶した。中国の大学の従来の授業法は、主に一方的な講義形式だったが、大平学校ではディスカッションを取り入れた授業を受けることによって、相互に啓発されながら教育上の知見が得られたようである。

大平学校の人気講師だった国松昭（1980）[40]は、自分の教授法について以下のように述べている。

「読解」（中国式では「精読」）という時間は重要ですし、これは読む訓練だ

けでなく総合教育ともいうべき、書くも話すも聞くも、文法も、より高度の読むもすべて含まれ、いろんな扱いができる時間でありましょう。（中略）プリントを用意し、なるべく具体的にしゃべる努力をしたつもりではあります。（中略）できるだけ本文を読めば答になるような質問はで避けたつもりの質問です。私の、ともかくの意図は、解説を聞くのではなく、自力で深く読み取る訓練のお手伝いにあったはずでした。

このように日本人講師は、知識や情報をそのまま教えるのではなく、中国人研修生が自力で習得・研究していく手法を実演したのである。

（4）図書・教材

　大平学校の図書・教材は、当時の中国においては非常に充実しており、恵まれた環境であった。1年間、関係書・辞書約60冊を無料で研修生に配布し、図書館では中国にないオリジナル教材や専門書籍を提供した。D4は「大平学校での経験はとてもよかった。卒業して教壇に立ってから、唯一の長期間の訓練だった。たくさんの資料をいただいた。当時の我々にとっては中国国内ではなかなか買えない貴重な資料ばかりであった」と語った。D5は「これらの本は、研修後大学に戻った後で大変役立ち、困った時に調べるのに活用した。現在でも本棚に大切に置いてある」と話した。

　それ以外に、日本人講師の竹中憲一は個人で「ミニ日本語図書室」[41]を開き、大平学校の研修生だけではなく、地域の人々にも貸出を行った。当時、中国における日本語の教材不足の問題を解決するために、日本の民間団体も積極的に「雪中送炭」（相手に本当に必要なものを送って助けること）の精神を発揮して中国へ図書を寄贈する活動を行っていた。例えば、「中国に日本語教材を送る会」は1980年から日本全国に使用済みの書籍の寄付を呼び掛け、収集した書籍を、日中間を往来する「友好の船」や「青年の船」で届けていた。1985年6月の時点で寄贈図書は130万冊に達し、当初の目標の50万冊の3倍近くまで達した[42]。これらの図書は大平学校の関係者だけではなく、中国全土の大学や中等日本語教育機関にも届けられていた。

　当時は大平学校のために編集された専用の教材（教科書、副教材）はなく、日本人講師による手作りのプリントや、すでに発表されている代表的な文章を抜粋したものを皆に授業資料として提供していた。**写真3-9**の手書きの「誤用例」の

98

授業資料の内容を見ると、佐治は「は」と「が」の区別や「のだ」の使い方を取り上げて、研修生に「誤用例」を直すことで「正しい日本語」を身につけさせていたことがわかる。

D3は「固定的な教材はなく、みんなプリントで配られた。例えば語彙論の玉村文郎教授は教科書を使わず、すべて手書きの資料だった」と語っている。

写真3-10の玉村の「語彙論」の手書きの授業資料を見ると、語彙の定義から体系まで詳しく講義されていたこと、研修生たちがこの1冊を派遣元の大学に持ち帰れば、「語彙論」の講義が開講できるようにと、配慮されていることがうかがえる。

図書・資料面での問題点[43]としては、以下の4つが大平学校の講師から挙げられていた。

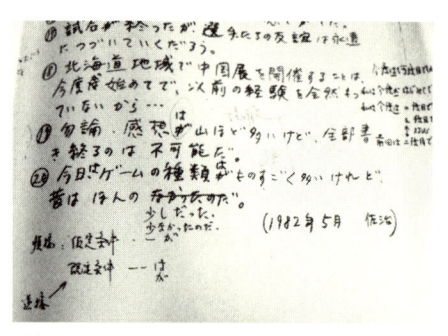

写真3-9
佐治圭三の「誤用例」の授業資料（D3より提供）

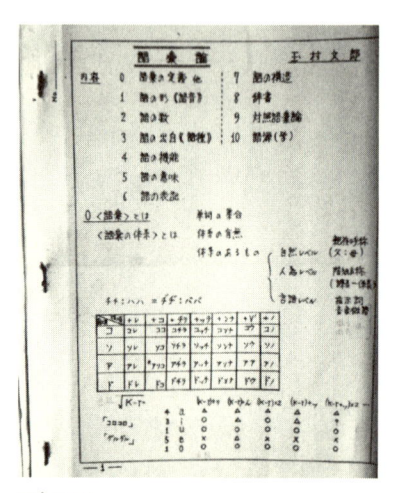

写真3-10
玉村文郎の「語彙論」の授業資料（教材）（D3より提供）

① コピーの使用に限度があり、研修生に充分な資料が与えられない。

② 文学研究書・個人全集がほとんどなく、ごく限られた範囲での学習にならざるを得ない。

③ 研修生は外国語文献の入手が困難であると同時に、ほとんど英語文献を読む能力がないので、「音声理論」の学習は極めて難しい。

④ 中国国内における日本語教育の出版物を充実させることも必要である。

このような当時の限られた条件の中、担当講師たちは手間暇をかけて教材を手作りしていた。

(5) 試　験

　大平学校に入るためには、全国各地で行われている選抜試験に合格する必要があり、その競争率は高かった。開講後も前期と後期の期末に実力試験が行われた。前期の必修科目は「文法」「語彙」「発音」「読解」「作文」、後期は「言語コース」「音声コース」「文学コース」に分け、試験を基礎として点数で評価し、選択科目「誤用例」「聴解」などは担当者独自の方法により、合否および優秀者の評価を行うという方式をとった。

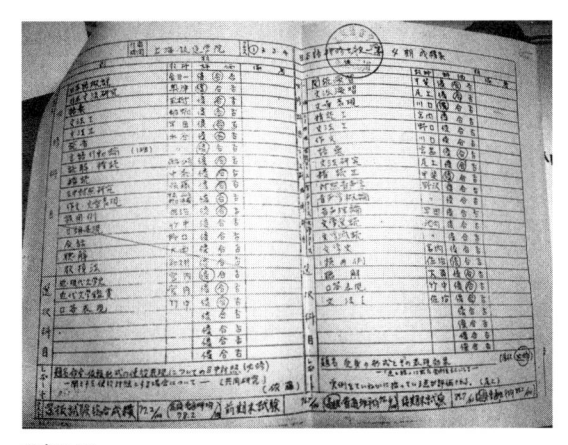

写真3-11
北京語言学院日語教師培訓班（大平学校）が作成した成績表（D3より提供）

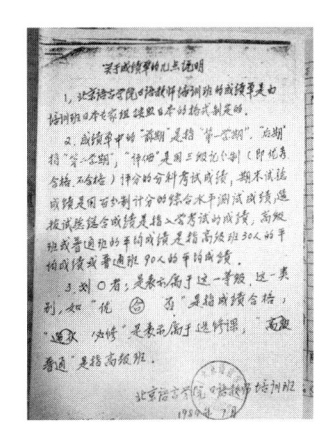

写真3-12
北京語言学院日語教師培訓班（大平学校）が
作成した成績表に関する説明（1984年7月）
（D3より提供）

　写真3-12は、写真3-11の成績表に関する説明である。その内容は次のように要約できる。

　1.この成績書は大平学校の専門家たちが日本様式の成績書に基づき作成したものである。2.成績は「前期」（第1学期）と「後期」（第2学期）に分けられる。「評価」は3段式（優秀、合格、不合格）である。「期末試験の成績」は100点満点の総合レベル測定の成績を指す。「選抜試験総合成績」は入学試験の成績を指す。高級班あるいは普通班の平均成績は高級班30名と普通班90名のそれぞれの平均成績を指す。3.○を囲むことで、それぞれレベルの「優、合、否」、科目の「必須科目、選択科目」、クラスの「高級、普通」を指す。

　大平学校では、中間試験（12月）と期末試験（7月）の2度の試験を行っていた。試験は研修生の研修成果を測る上では重要であるが、その反面「研修生の得点に対する関心が高く、神経質なまでに点数を気にする人がいた[44]」という現象が現れた。「このような状態を招いた最大の原因は、試験結果が教育部に報告され、それが各機関に通達されて、一種の勤務評定の基準として作用する[45]」ためではないかと第1期の講師だった砂川（1981）は述べている。

3.中国人研修生たちの学び

（1）文革世代の学びの様子

　大平学校の研修生の中には、労農兵学員だった者が多数いた。彼らは大学での修業年限が3年間であり、授業で知識を学ぶ以外に工場で労働に参加することなども課せられていた。彼らのうち、大学の教員になった者はその経歴は学歴として認められず、様々な名目で各種の試験を課せられ、昇進や待遇で不利であった。時代的要因のため、彼らは自分が正規の大学学歴がないというコンプレックスを持っていた。1977年に大学入試が再開されると、年齢層の若いもと労農兵学員の中には再度大学を受験した者もいる。しかし大部分は年齢制限を超えていたため、断念せざるを得なかった。

　C2は「私の派遣元大学の日本語学科長は、我々労農兵学員に対して何度もふるいにかける試験を行った。その結果、6人が合格できなくて学院の出版社に転任させられた。当時出版社はまだできたばかりで誰も行きたくないところだった。その後大きく発展を遂げ、彼らも収入の面では私たち教師を上回るようになったので、幸か不幸かは簡単には言えないが…」と労農兵学員たちの苦労を語った。

　D1は「当時は何といっても勉強したかった。何年間か下放されていたから、学習の機会を切実に求めていた。みんな真面目に努力もしていた。その時代、才

能があっても環境に恵まれていない優秀な人材の中には、一生農村に残され働いた人もいた」と振り返った。

　労農兵学員ではないが、文革中に学生時代を過ごしたB1は、当時を振り返って「文革中の10年間は、多くの人たちの教育を遅らせた。それゆえ文革の教訓として、個人の成長と国家の発展のために学習をしないといけない、という雰囲気があった。大学入試も再開され、学習熱が高まっていた」と語った。

　在日ジャーナリスト莫邦富（第1期生）は、次のように当時のことを回想している。
　46

　　私たちも猛烈に勉強していた。毎日、資料室が消灯するまで研究レポートを書いたり、本を読んだりしていた。日曜日もほとんど自習に費やした。（中略）このような環境の中で勉強していたため、中国の将来に不可欠な人材となる大任を背負っているのだというエリート意識と、全国から集まってきた同僚たちとの競争意識もあって、私たちは自然に渾身の力を勉学に注いだ。

（2）研究意識と研究方法

　大平学校では、思考力・想像力・表現力に関する教育を重視していた。特に、研究意識を啓発し、研修生の啓蒙意識を大事にした。

　D2は「当時はどこへ行っても専攻を聞かれた。日本語ですと答えたら、貴方は何を専門に研究していますかと聞かれ、私はまだ専門は分からないと答えていた。しかし大平学校の研修の1年を通して、みな“語彙”か“文法”に関する自分の研究課題を見つけた。課題を見つけるのは容易なことではなかった。当時の中国では、明確な研究課題を見つけられない教師も大勢いた。そういう意味でいうと、大平学校は研究意識を持つ機会を与えてくれた。その効果は決して小さくはなく、私は日夜研修と研究に没頭した」と話した。

　B1は「当時“誤用例”は分かるが、どのように研究するかは分からなかった。佐治先生による誤用例研究の講義を通して、研究の方法を学んだ。みんなでまず例文を集めてきて、それらを分析して日本人を調査する。周りに日本人があまりいなくて、大平学校の日本人講師全員が調査対象者となった。全員日本人にもかかわらず、答えが必ずしも一致するわけではない。このような研究の訓練は、詰め込み式の講義しか受けて来なかった私たちにとって特別で新鮮な体験だった。今から振り返ってみると、正に研究の方法を学ぶ啓発活動だった」と、大平学校

の啓発的な意義を語った。

E2は「大平学校での研修は収穫が多かったが、最初はやはり慣れなかった。なぜかというと、毎週レポートを出さないといけなかったからだ。今までの勉強法としては、ただ単語の暗記、文法の暗誦という方法でやってきたので、レポートを書くのはたいへん難しいと感じた。何を、どのように書けばよいのか、わからなかった」と語った。E2のような大平学校に集まった研修生の多くは、学生時代に直接に文化大革命の影響を受けて十分に勉強することができず、レポートも初めて書いたという者が多かった。後期は一歩進めて、希望者に対して論文作成を目標とした研究指導を行い、中にはかなり高水準の論文も見られるに至った。[47]

研修生たちは、大平学校で日本人講師に啓発され、研究意識を持ち、研究方法を学び、中にはライフワークとなるような研究領域と研究課題を見つけた者もいる。

(3) 日本人講師から見た中国人研修生

では、日本人講師から見ると中国人研修生たちはどう映ったのであろうか。日本人講師のT5は「そうね。熱心だったね。普通では考えられないぐらい必死だった」と語った。なぜ彼らはそのように熱心に学んだのか。この点は彼らの経験と関連している。大平学校で日本側副主任を務めた平井勝利は、その理由を次のように分析した。「一つは、彼らは文革の混乱期に育ったために、小・中・高でまともな教育を受けてこなかった。そのため基礎学力も不足している。これからの勉強で、それをも取り返さなければならないという焦燥感である。いま一つは、いわゆる“労農兵学員出身”と言われている者たちは、大学修学年限も、文革前が4～5年であったのに対して、2～3年であったり、或いは日本語だけ学ぶ専修班などの出身だったりしたために、国家は彼らを大卒者と認めていなかった。このセンター（大平学校）で1年間研修を積んだことによって、国家が大卒者並みに待遇してくれるのではないかとの期待が極めて切実であったことが挙げられる」[48]。

当時の研修生の日本語レベルについて、T7は「北京、上海などの大都市はいいですが、それ以外の小さな地方から来られた先生方は、申し訳ないが日本語のレベルは低かった。発音も十分にやっていないし、語彙とか表現も十分じゃない。大平学校はそういう人たちに対してはできるだけ基礎的な内容をやっていった」と語った。このように文革を経験した研修生たちの学習意欲は非常に高く、地方によってレベルのばらつきがあったが、彼らは大平学校での研修期間を最大限に

利用しようと奮闘した。

　金田一春彦は、以下のように回想している。「私はことし9月いっぱい北京に行っていたが、それは、日本語教師をやっている中国人の再教育のためだった。受講者は全国から選ばれた25歳から50歳に至る120人の人たちだったが、その熱心さには驚くべきものがある。固い椅子に腰かけ、机がないので、膝の上にノートを置いて、こちらのしゃべることを片端から筆記している[49]」。

　研修生の学びについて平井は、「センターの授業で鋭い質問を行ったり、研究会で中心になって活躍したのは文革世代である[50]」と述べている。現代日本語文法を担当した村木によると、「多くの研修生から文法の質問を毎日のようにあびせつづけられてきた。50分ずつ2回おこなう講義の間の10分の休憩時間に控室に戻れることはまれであった。50分が質問に終始することも珍しくなかった[51]」という。日本人が見過ごしてしまうような問題を一つ一つ細かく詮索したがるのが、日本語教育に携わる外国人教師の習性であって、このような実状を知らずに海外に赴任した国語学者や国語科の教師は、思いがけない質問に慌てることとなった。

　「彼らはこちらが朱を入れたり、不充分なところを指摘して返すと、翌朝にはもうしかるべく訂正を加え、こちらの指摘したところもちゃんと深めて、すべて書き直して持って来るのであった。それが30枚を超える論文であるから恐れ入る。われわれ講師陣は毎朝8時前にセンターのある北京語言学院にマイクロバスで乗りつけるのであるが、彼らの少なくとも5、6人がグランドの片隅やポプラの樹の下で声をあげて朗読しているのを毎朝車窓から見かける[52]」。

　「書籍でもテープでも不自由なく手に入る日本と比べれば、大学の教師でさえ必要な資料も満足に手に入れることができない中国では、教える側も学ぶ側も、日本との条件は格段の差だ。が、彼らは1冊の教科書、1本のテープで確実に力をつけていく。街の中の学習者にせよ、センターの研修生にせよ、臆せず大胆にぶつかってくる迫力には私など及びもつかない。勉強の原点は条件ではなく学習者個人の熱意と努力であるということを改めて思い知らされる[53]」。

　佐治は第1期から5期までを通して研修生の変化を次のように観察している。「1期生の人たちはみな非常に熱心で、炯々たる眼光というか爛々たる眼光というか、ものすごく鋭い眼光を覚えています。ちっとも手を抜けない、ちょっとでも手を抜いたらすぐ突っ込んで来て、分からないと立ち往生してしまう。（中略）2期生は非常に冷静沈着で確実で、きちんと勉強してくる、そういう人々でしたね。3期になると、だいぶ様子が違って、中国自体がかなり緩和してきたのでし

ょうか、改革開放政策が進んでいたのでしょうか、4期になると、論文を書くことが非常に上手な人たち。（中略）5期生は、わりにほんわかムードで、もう完全に改革開放の成果を身につけた若者たちでした」[54]。

このように初期の研修生からは、文革によって抑圧されていた学習意欲が溢れていた。彼らには難関を突破したことによるエリート意識があり、国家復興への責任感と使命感が強く現れていた。一方後期の研修生には改革開放政策の影響が現れ、初期の飢餓感は緩和されていた。いずれにしても、前向きな姿勢で授業に臨んでいる学習の雰囲気は、正に日本人講師たちにとっては理想的であった。日本人講師の献身的な努力に研修生が応え、それがさらに日本人講師の実践を充実感あるものにしていくという、教師と学生の良好な循環がそこにはあったといえよう。

上記の教育活動以外に大平学校では課外活動として、餃子作り、運動会、ピクニック、植樹、各種パーティーなども開催されていた。研修生たちは「休日には数人の日本人講師を誘ってピクニックに行ったり旬の味を楽しんだり、北京の研究生活をエンジョイすること」[55]も多かった。こうして日中双方の交流が深められた。

写真3-13
大平学校の運動会の風景（K1より提供）

第3節　訪日研修

研修生たちの語る大平学校の魅力は、日本語学・文学・日本語教育学の一流の学者たちと接する中で、本格的な日本語教育法を学べたことだけではなく、中国人代表として初めて日本に行くチャンスを与えられたことにもあった。1980年代初めの日中の人的交流が少ない時期の大平学校の訪日研修（日本側の正式名称：中華人民共和国日本語講師研修会）は、まさに先駆的な事例であった。中国人日本語教師たちは、実際に日本に行って、日本や日本人に対するイメージをど

のように変化させたのだろうか。個々人の思想の変容、日本像の再構築はいかに進んだのであろうか。

　一方、日本にとって中国日本語講師研修会メンバー約130名（引率幹部と研修生）の最初の受け入れは、日中国交正常化以来最初の試みであり、試行錯誤の中、日本人の対中認識の変化と中国理解への深化にも繋がったことが予測される。

　大平学校に関する先行研究を概観すれば、小熊・川島（2012）、徐・曹（2013）[56][57]などの研究は大平学校の概要、ないしはそこでの教育実践が中国での日本語教育に与えた意義および役割に焦点が置かれているため、訪日研修の役割や内容については踏み込んでいない。拙稿（2013）、（2014）[58][59]では訪日研修について論じたが、具体的な実態および参加者の内面的な意識変化についての解明は不十分なものであった。

　しかし、大平学校の関係者への聞き取り調査を深めていくにつれて、当時の訪日研修は極めて重要な役割を果たしていたことが、調査対象者の発言から読み取れた。野畑（2012）は訪日研修について、日本を理解するだけではなく、「自文化について考える機会を提供する」[60]役割もあった、と指摘する。なお佐藤（2008）は、異文化体験と教育の関連を「異文化体験の多様な語りを可能にし、その体験を人生の中でプラスに転化していくための有り方を模索することである」[61]と指摘している。本節では、大平学校の訪日研修のもたらした日中双方の異文化体験による変化の一端を明らかにしたい。

　具体的な資料として、当時の主催側である外務省情報文化局文化第二課の『中華人民共和国日本語講師研修会実施要領』（第1〜5回）、1980年外務省と中国教育部の訪日研修の準備会議の議事録、国際交流基金所蔵資料および関連文献や雑誌記事を中心に検証する。さらに当時の受け入れの担当者および参加した大平学校研修生へのインタビューを通して史実を裏付けながら、個々人の発言の文脈を考察することを通じて、人々の変容および研修の効果について検証していく。

1. 訪日研修の概要

（1）研修の目的

　1年間の大平学校での研修中、日本側は参加者全員を1か月間の訪日研修に招聘した。招聘元は外務省情報文化局文化第二課である。「中国人日本語講師招聘」事業の予算は1か月130人で約8,300万円である[62]。渡航費と滞在費は基本的に外務省が全額負担した。なぜ日本側は巨額の国費を投じて研修生を招聘したのか、

その意図を検討する必要がある。

　受け入れ側の外務省情報文化局文化第二課課長松井啓は、訪日研修の主旨を以[63]下のように記している。

　　中華人民共和国日本語講師研修会は、わが政府が、中華人民共和国政府と協
　　力して実施している「対中国日本語教育特別計画」の一環として、北京の日本
　　語研修センターで熱心に日本語の研修に取り組んでこられた皆様をわが国にお
　　招きし、ありのままのわが国の姿に接していただく機会を提供するものであり、
　　同計画のハイライトともいうべきものであります。（中略）皆様も、あらゆる
　　機会をとらえてわが国の実情を御自身の目で見、肌で感じていただきたいと思
　　います。そしてわが国滞在中に得られた成果をお国に持ち帰り、日中両国の文
　　化交流に新しい息吹を吹き込んでいただければ幸いです。

　また、大平学校の日本側主任を務めた佐治圭三は、訪日研修の目的は2つある
と語っている。「1つは、日本のあちこちを見学することによって直接的に日本
を知るということで、もう1つは、日本のいろいろな人々に接することによって、
生きた日本語の力を身につけ、また特別に設けられた講義を聴くことによって、
日本と日本語に対する理解を一層深めるということであった。その奥にはすべて
の機会を通じて中日友好をより確かなものにするという大きな目的があったこと
は言うまでもない[64]」。

　以上からわかるように、招聘の目的は「日中両国の文化交流を深める」ためで
ある。すなわち1972年に国交正常化が実現したとはいえ、民間の交流はまだ盛
んではなかった。T4は「中国側の人たちは日本語を勉強しても日本に行くこと
はできず、日本側も中国語を勉強しても中国に行けない状況だった」と語る。だ
からこそ、日本人講師は講義や課外活動を通じて日本人の生活習慣・伝統文化・
日本事情などを熱心に教えていた。大平学校では1学期を終えた時点で、全員を
1か月日本での研修・実践に送り出した。現地での直接の体験が必要だったから
である。

　表3-7は大平学校の訪日研修の実施要領によるものである。実施時期は各年度
末の約1か月間である。受け入れ部署について、第1回から第4回までは外務省
情報文化局文化第二課であったが、のちの機構改革より、第5回は外務大臣官房
文化交流部文化第二課に変わった。

表3-7　中華人民共和国日本語講師研修会

回数	実施期間	受け入れ部署
第1回	1981年3月1日～3月30日	外務省情報文化局
第2回	1982年2月23日～3月24日	外務省情報文化局文化第二課
第3回	1983年2月23日～3月24日	外務省情報文化局文化第二課
第4回	1984年2月16日～3月16日	外務省情報文化局文化第二課
第5回	1985年2月28日～3月29日	外務大臣官房文化交流部文化第二課

注：『中華人民共和国日本語講師研修会実施要領』（第1～5回)』を元に、筆者作成。

(2) 訪日研修の準備

　1980年12月22日に訪日研修の準備会議が北京で開かれた。当時の議事録によると、会議の出席者は、日本側が日本大使館菅野一等書記官、大平学校の佐治圭三主任、平井勝利副主任、水野義道通訳の4人であり、中国側は教育部外事局副局長王文、外事処副所長林筱安、幹部葉啓平、高等教育局任麗春と北京語言学院副院長張道一、主任周炳琦、幹部諸在明などの8人であった。[65]

　この会議では、訪日研修の詳細について論議した。まず訪日代表団の名称および構成等以下の内容を検討した。訪日団の中国語名称は「中国日語教師学習参観団」とし、構成は研修生120名と中国側の幹部10名、計130名であった。幹部の所属内訳は教育部外事局2名、教育部高教局外語処（高等教育局外国語課）1名、教育部教師培訓処（教員研修課）1名、北京語言学院4名、大学の日本語科責任者2名であった。内部組織として、団長は教育部外事局（国際交流局）責任者から充当した。北京語言学院の責任者は副団長を担当した。その他、係員は数名が必要となった。

　中国側は在日期間中の学習指導および生活指導のために、在中国日本語研修センター（大平学校）の専門家全員の同行を依頼した。大平学校の佐治主任は訪日研修団の秘書長を担当することとなった。

　次に、活動内容の調整について見てみよう。日本の外務省による日程表のうち、「自習および自由時間」は「交流による学習」に変えることを中国側は希望した。交流対象の希望としては、大学教師、日本語教育者、学生（中国語学習者、日本語学習者）、労働者、農民および国民各階層などである。指導は統一的に行うが、具体的な活動はグループ毎に行うこととなった。また10名の幹部は訪日中の独

自行動も希望している。その希望内容は、留学生の派遣・受け入れについて関係者との意見交換、日本における教育（特に外国語教育）についての情報聴取と意見交換、中国人留学生との会合、友好団体（中国への留学生派遣先）との意見交換というものであった。講座以外の見学等は、研修生と一緒に行動できるよう要望が寄せられた。

写真3-14
第1回訪日研修での京都嵐山周恩来記念碑への献花
左から：中国教育部外事局副局長王文（団長）、佐治圭三（秘書長）、水野義道、北京語言学院副院長張道一（副団長）、谷部弘子、平井勝利（K1より提供）

そして、代表団責任者の表敬訪問機関としては、外務省・文部省・国際交流基金・日中協会・日中友好協会・光村図書出版[66]などが設定された。それらの機関との主な会談の内容は、対中国援助計画10億円の使途の内訳について日本側からの説明、在中国日本語研修センターの費用についてである。

ここで注目したいのは、訪日期間の費用に関しての中国側の要望である。訪日期間の研修生の生活については、「一般の中国人の生活レベルおよび海外派遣中国人の一般的扱いを考慮して、できるだけ簡素を旨として低く抑えられたい」。また食事については、「できるだけ贅沢なものを避けていただきたい」。さらに雑費については、「個人に渡す日常生活費としての雑費は中国元（人民元）30元程度[67]にしていただきたい」。最後に、宿泊については「できるだけ中等以下の宿泊所を選んでいただきたい、中国の政治幹部などの訪日の際に使用するような高級ホテル等は避けていただきたい」とのことであった。その理由として、今回の代表団は、「政府の高級代表団ではないので、それに相応しい扱いをしていただきたい。訪日時における接待に要する費用をできるだけ節約して残りを培訓班（大平学

校）の実際的な費用に当てることはできないか」との説明と提案もあったという。

　当時日中の経済格差が大きかったために、贅沢な待遇をできるだけ避けて節減
できる経費を有効活用したいとしていたことがうかがわれる。

写真3-15
第1回訪日研修団の京都国立博物館での記念撮影（K1より提供）

　日中間の交渉を終え、外務省は国際交流サービス協会[68]に受け入れの準備を委託
した。第2期から第5期まで訪日研修の受け入れ準備に携わったG2は、準備作
業について以下のように語った。「基本を作っているのはやはり、センターの先
生たちで、中国側と日本側とが協議してスケジュール案を作り、最終的には外務
省が決めた。担当したのは20年前まであった文化第二課だった。1か月の研修
のために、準備は前年の9月
から具体的な手配を始め、ど
この小学校を訪問するか、教
育委員会を通してアポイント
メントを取るなどして、スケ
ジュールにはめ込んでいく。
1回目は決定するまでが大変
だったと聞いているが、2回
目以降は概略が分かっている
ため、比較的に楽だった。ス
ケジュールは人数に合わせて
バス3台で行動し、大体3か

写真3-16　第1回訪日団 嵐山渡月橋でのスナップ
左から：平井勝利、諸在明（中国側スタッフ・北京語言学院）、
佐治圭三、万一（第1期研修生・当時北京軽工業学院准教授）
（K1より提供）

表3-8　第3回中華人民共和国日本語講師研修会実施要領の日程表
（期間1983年2月23日～3月24日）

日　時	摘　要
2月23日(水)	北京空港発（チャーター便JL-1780）新東京国際空港（成田空港）着
2月24日(木)	研修オリエンテーション 朝日新聞社訪問（強化日程班Ⅰ第1班）、皇居周辺見学
2月25日(金)	講義、草月会館訪問（生け花の実演）、芝増上寺、東京タワー、歌舞伎観劇
2月26日(土)	講義、日本語教育学会主催交流会
2月27日(日)	終日グループ行動、希望者のみ①上野、浅草見学（希望に応じて落語鑑賞）、 ②横浜見学（横浜港、山下公園、中華街）
2月28日(月)	講義、国立国語研究所訪問（第7～12組）、国際交流基金訪問（第1～6組）、 外務省松永事務次官主催レセプション
3月1日(火)	希望者のみ　東京中央卸売市場見学、講義 国立国語研究所訪問（第1～6組）、国際交流基金訪問（第7～12組）
3月2日(水)	台東区立台東小学校訪問（第1班）、台東区立忍岡小学校訪問（第2班）、 東京学芸大学附属高等学校訪問（第3班） 日産自動車座間工場見学、日中協会・日中学院共催交流会
3月3日(木)	筑波研究学園都市訪問　強化日程班Ⅰ（第1班）、日本光学工業大井製作所見学（第 2班）、キヤノン玉川工場見学（第3班）、日本放送協会（NHK）訪問（第2・3班）
3月4日(金)	千葉臨海工業地帯見学　強化日程班Ⅱ（第2班）、東京国立博物館見学、 上野公園散策、科学技術館見学（第1・3班）、神田書店街見学（全員）
3月5日(土)	明治神宮、新宿、高層ビルなど、家庭訪問
3月6日(日) 3月7日(月)	箱根見学
3月8日(火)	熱海～名古屋（こだま211号）～宇治山田　伊勢神宮（内宮）参拝
3月9日(水)	御木本真珠島見学　鳥羽～京都
3月10日(木)	講義、希望者のみ　有馬温泉、映画会
3月11日(金)	強化日程班Ⅲ（第3班）神戸港、灘五郷、川崎重工業車両工場見学（第1・2班）、 ポートアイランド、神戸製鋼所神戸製鉄所見学、茶道の実演
3月12日(土)	講義、神戸YMCA・YWCA訪問（交流会）
3月13日(日)	終日グループ活動、希望者のみ、①宝塚（遊園地、歌劇等）、 ②六甲山（ケーブルカー、牧場等）　歌の集い
3月14日(月)	松下電器産業見学、大阪外国語大学訪問（交流会）
3月15日(火)	嵐山周辺見学、栗山工房（友禅染）見学　強化日程班Ⅲ（第3班）、 東映太秦映画村見学（第1・2班）、金閣寺見学（全員）
3月16日(水)	二条城見学、能鑑賞、同志社大学訪問（交流会）
3月17日(木)	京都市内見学（三十三間堂、清水寺、知恩院）、日本国際貿易促進会京都総局・ 京都日中友好協会・京都日中科学技術交流協会共催交流会
3月18日(金)	大阪船場繊維卸商団地見学、千里ニュータウン見学、国立民族学博物館見学、 大阪城見学
3月19日(土)	大阪市府立高津中学校訪問（第1班）、大阪市立土町中学校訪問（第2班）、 神童幼稚園訪問（第3班）、大阪市内見学（四天王寺、茶臼山公園）
3月20日(日)	終日グループ行動　希望者のみ、千日前、心斎橋見学（希望に応じて漫才又は文 楽鑑賞）
3月21日(月)	奈良市見学　春日大社、東大寺
3月22日(火)	法隆寺、唐招提寺見学、農村見学、西和農業協同組合訪問（第1班）、 広陵町農業協同組合訪問（第2班）、奈良市農業協同組合訪問（第3班）
3月23日(水)	生駒山周辺見学、帰国準備、外務省斎木大使主催レセプション
3月24日(木)	大阪国際空港（チャーター便JL-1789）

注：外務省情報文化局文化第二課『第三回中華人民共和国日本語講師研修会実施要領』、第3期
　　生の訪日研修の日程表6～17頁を元に、筆者作成。

所ずつ分けて回るようにした」。

このように、日本側はきめ細かく具体的なスケジュールの細部まで万全に準備していたことが分かる。

2.訪日研修の内容

大平学校の訪日研修は5年連続して行われ、プログラムは年によって異なる部分はあったが、基本的に以下のようなスケジュールで実施された。研修生たちは、日本を代表する学者・作家・文化人などの講義を聴き、日本語教育学会、日中協会などとの交流会に出席した。大学から高校、中学校、小学校、幼稚園に至るまでの教育機関を見学した。また、国立国語研究所などの研究機関や、製鉄所や自動車や家電製品などの各種の工場、また郊外では、農業協同組合や農場などを見学した。[69]

（1）日　程

日程の詳細は第3回を例にとると、**表3-8**の通りである。

上掲の研修日程に見るとおり、訪日団は関東から関西へと移動する（福岡空港を経由の場合もある）というコースであり、東京、箱根、名古屋、京都、神戸、大阪、奈良など代表的な都市を回った。訪問先は学校、名所旧跡、文化施設、産業施設、文化団体などであった。家庭訪問を始め、企業見学や教育機関の関係者との懇談会などを通して現地の人々と近い距離で交流も出来た。日本側は1か月の期間内にできるだけ充実した多彩なプログラムを研修生に用意し、彼らに自分の目で見、肌で感じ、日本のあらゆる面を体験してもらおうとした。

写真3-17
第4回訪日研修団の集団記念写真（D1より提供）

(2) 講義・講座の変遷

　主管の外務省は、見学以外に日本の外交経済文化などに関する講演会も用意していた。第4期生の訪日日程を例にとると、表3-9の通り9つの講座が設けられている。

表3-9　第4回訪日研修における講座日程（1984年2～3月）

東京地区（於：外務省 北大会議室 760号室）

月　日	講　師
2月20日(月) 9:00-10:20	三宅和助氏（外務省情報文化局長）「我が国の対外文化交流と日中関係」
2月20日(月) 10:30-12:30	石田一良氏（東海大学教授）「日本文化の特徴」
2月21日(火) 10:00-12:00	尾高煌之助氏（一橋大学教授）「日本の戦後経済発展」
2月22日(水) 10:00-12:00	井上靖氏（作家）「私の作品とその創作活動」
2月24日(金) 9:00-10:20	三好正也氏（経済団体連合会常務理事）「最近の国際経済問題と日中関係」
2月24日(金) 10:30-12:30	色川大吉氏（東京経済大学教授）「明治維新と日本の近代化」

関西地区（於：関西地区大学セミナーハウス講堂）

月　日	講　師
3月2日(金) 10:00-12:00	祖父江孝男氏（国立民族学博物館教授）「日本人の国民性と物の考え方」
3月2日(金) 14:00-16:00	小川光暘氏（同志社大学教授）「美術史における京都・奈良と中国との関係」
3月3日(土) 10:00-12:00	陳舜臣氏（作家）「日本人の生活と風俗、習慣」

注：外務省情報文化局文化第二課『第四回中華人民共和国日本語講師研修会実施要領』、第4期生の訪日研修の日程表20頁をもとに、筆者作成。

写真3-18
早稲田大学での日本語教育学会主催交流会(1984年2月18日)
中央に立っているのは第4期に赴任した川口義一（当時早稲田大学語学教育研究所専任講師）(D1より提供)

　第1回の訪日研修の時、日本語の文法語彙の講義が全19回設けられていた。例えば、宮地裕「日本語の文章表現」、柴谷方良「言語理論と日本文法」、玉村文郎「語彙の研究と教育」、天沼寧「擬音語・擬態語」などである。ただし同様の講演は北京でも実施されており、せっかく日本に来ているから、講義の

形より社会見学の方が魅力的であるという意見も出され、第2回の訪日研修では文法・語彙の講義は除かれ、講演の回数は半分以下に削減された。日本を代表する学者、作家、文化人などによる講演の内容には、北京での研修では触れられなかった日中関係、日本経済、日本文学、日本文化、美術史などが加えられた。なお第1回から第5回まで継続して行われたのは、作家陳舜臣の講演だけである。

3. 訪日研修の意義と効果

　大平学校は日中国交正常化以降、政府間で行った初めての教育文化交流プロジェクトの1つであり、特に訪日研修は重要な一環であった。研修生のほとんどが初めての日本訪問であったため、その印象は強かった。佐治（1987）によると、研修生の反応としては「各地で接した各界、各層の人々が、心から親切に、温かくもてなしてくださったことが、ありがたく、うれしいことであった」というものが多かった。研修生たちが、「日本語の力が飛躍的に増したということや、直接日本を見てきたという自信を持った」ということ以上に、家庭訪問やホームステイによって「日本と日本人に対して、親近感を抱いて帰ってきた」ことを高く評価している。[70]また、研修生たちは日本経済の発展、教育の普及を目の当たりにし、日本より遅れている中国の現実を強く意識することとなった。

写真3-19
久保田鉄工堺製造所にて（1984年3月14日）（D1より提供）

（1）貴重な経験

　当時の中国人にとって、国を代表して航空機で海外に行くことは大変名誉なことであった。第1期生のA2は自分の初めての経験を懐かしんで次のように述べている。「その頃（1981年）、海外に行くのは重大な出来事だった。中国政府は

114

一律に洋服を作ってくれて、スーツとコートが提供された」。第5期生のE6は同じ状況を次のように述べた。「当時（1985年）、外国に行くということは簡単ではなかった。訪日研修は自分に影響を与えただけではなく、家族や親戚たちにとっても誇りであった。その時、国の公務として、600元の手当も支給された。国の代表として訪日したため、名誉であると同時に使命感が湧いた」。

同行した日本人講師のT4は、訪日研修の盛大さを次のように語っている。「日本では大名旅行というが、あんな大名旅行はあの時以外ないと言っていいほどだった。宿泊したホテルにしても、訪問した外務省などの機関にしても、政府高官レベルの扱いであった。でもそこに参加した大部分の人は、日本語教師であり、研究者であった。1年中一緒にいて、また一緒に1か月旅行したプロジェクトで、やはり時間をかけただけの効果があった。悪い印象を持った者はいなかっただろうし、よかったと思う」。

現地体験の重要性を指摘するD4は、以下のように語った。「訪日研修は単なる旅行ではなかった。日本語を学び、日本語を教えている私たちは、大平学校で研修を受けるまで日本に行ったことがなかった。日本に対するイメージがないので授業では教えづらい部分があったが、大平学校でとてもいいチャンスを与えられた。自分の目で見、肌で感じないと、文字で表現しきれない部分はどうしても伝達できない。実際に現地に行って体験してから、同じ日本語の文章を再び読むと、本当の意味が読み取れるようになった」。

写真3-20
第1回訪日研修のレセプションにて女優の中野良子さん[71]と（1981年）
左から：大平学校とも縁のあった東京外国語大学中国語学科の輿水優教授、平井勝利、石永明（大平学校第1期生）（K1より提供）

写真3-21
東京都千代田区立佐久間小学校での見学（1984年2月18日）（D1より提供）

　このように選ばれた誇りと、実際に日本社会で日本語を耳にしたり、文化を肌で感じたりすることで、研修生たちは大きな収穫を得た。帰国後も訪日研修の効果は持続し、異文化体験により、言語研修・研究効果がより高まった。このことから、語学教師にとっていかに現地研修が重要であるかがうかがえる。

（2）異文化接触によるカルチャーショック

　日本のことについて、感心するばかりではなく、実は食文化などに慣れないため不満やクレームも多かった。T4は日本の食事の接待の仕方について中国側がカルチャーショックを受けたことを語った。「中国ではどんどんこれを食べてくださいと勧めるのが普通のやり方だが、日本ではちょっと足りないとすぐお茶を注ぐことはない。食べ物の量も多くはないので、そういう意味で研修生たちは、カルチャーショックを受けた」。

　「こんな生の魚、どうやって食べるの」などのクレームに対して、日本側も「中国人の食習慣を理解するようになり、体験的なもの、例えばお寿司はこんなものですと1皿ぐらいを出すだけとし、それとは別に食事は食事として用意するなど、我々もやり方がわかってきた」と、G2は受け入れ側の試行錯誤の経験を話した。

　このように、研修生たちはカルチャーショックの経験から、日本という異文化に対する理解を深め、自文化中心の見方を脱し、複眼的な視点を次第に持てるようになった。

写真3-22
第2回訪日研修時、ミキモトパール真珠島にて（三重県）
（B4より提供）

（3）異文化接触による意識の変容

　渡部（2009）によると、海外研修のような短い期間の滞在であっても、異文化に接することで意識の変化が起こりやすい。[72]研修生たちも訪問の後に自分たちの視野の狭いことに気づき、違う角度で自国を見直したり、新しい考えが芽生えたりしている。B2は「1982年、大平学校の研修で初めて日本に来た時、中国は

まだ遅れていることがわかった」という。また、家庭訪問を通して、「日本人が
とてもやさしかった」と、日本や日本人に対するイメージが変わって、各自の固
定観念を反省する機会を得ている。

E8は「昔は考えが単純だった。教師になり、一生安定して日本語を教えられ
れば十分だと思っていた。しかし訪日研修で初めて日本に来たところ、自分の日
本語はあまり通じなかった。国内であんなに一生懸命に学んだのに、なぜ通用し
ないのか。やはり日本に来て本格的に勉強した方がいい」と、日本留学への動機
づけになった。このように今まで他者から、あるいは教科書で学んだ知識と、実
際に日本に足を運び、肌で体験することとの間のズレを感じ、今まで受けた教育
への疑問が浮かび上がるケースもあった。新しい体験と発見により、既存の知識
と考えが再構築されることもあった。

写真3-23
第1回訪日研修団、温泉旅館で浴衣姿で（K1より提供）

(4) 体制の違いから生じる警戒

研修団の受け入れを担当したG2は、その時代の雰囲気について、「日本側も中
国側もあまりとげとげしい雰囲気ではなかったが、80年代前半だから直接戦争
のことを知っている方が多くいた。しかし今よりも落ち着いた感じだった」と述
べた。A4は「当時は国交正常化による両国の友好の雰囲気を確かに肌で感じた」
と語った。このように、日中の間は友好のムードが高まっていた。

一方、まだ冷戦時代が続いていたため、お互いに警戒している面があったこと
もうかがえた。例えば日本側の証言として、研修団の受け入れを担当したG2は
「中国は共産主義政権の国、日本にとっては体制が違うので警戒をする。中国人

観光客が大勢来ている現在とは違って、当時は中国との往来が少なく、中国共産党のスパイがいるかもしれないと警戒された。逆に中国側からは日本の自由主義体制による『精神汚染』も警戒されていた。1つはお互いの不信感から来る問題、もう1つは日本の右翼が妨害する可能性があったためだった。だから警備の意味もあって警察官が常に付いていた。ただ、ホテルには常に居たが別に制服ではないから、中国人研修生は気づいていなかったかもしれない」と、研修の裏側、双方の危機管理について語った。

　また中国側の警戒について、C3は「今は良くなったが、当時は『外事紀律』（外国訪問の注意事項）というのがあった。『内外区別あり』と言って、海外での言説や行動について厳しく制限されていた」という。

　T4は「宿泊施設は贅沢すぎると思ったが、セキュリティ上仕方ないとのことだった」と体制の違いからくる警戒以外に、訪問団の安全問題にも触れた。G2は訪日団の安全を確保するため、「スケジュールを変えたら、警察に届ける必要があると言われた。そのために我々が行動する時、私服警官が2人ぐらい、普通の案内人のような顔をして随行していた」と述べている。実際に右翼団体にも遭遇し、G2は「バスを停めて乗降する時に『中国』と書いてあるので、それを見た右翼の一派が我々にからんだりした」という。

　社会主義と資本主義という体制の違いに対する警戒のある中で、中国人研修生と日本人講師は相互理解に努めていた。G2は「大平学校で研修された年配の先生たちによると、戦前の日本と中国のインテリの付き合いは現在より深かったようである。戦後中断していた日中関係を回復、相互理解を深めるきっかけになったのがこのプログラムだ。1期生とか2期生の中には昔の日本のことをよく理解して、日本語も我々より上手な人がいた」と述べている。

　1か月の訪日研修を通して、研修生は日本を理解すると同時に自国の問題点に気づき、客観的に両国を見ることが出来るようになったこと、また、社会主義と資本主義という体制の違いがありながらも、日本人講師と研修生が相互理解に努めていたことが明らかにされた。

　本章では、インタビュー調査から大平学校での教育活動の実態とその影響を明らかにした。

　まず、大平学校での教師研修については、文革後中国における日本語教師の再教育に当たるものであった。研修生たちは全国各地から集まった優秀な人たちで

あった。また日本から派遣されたのは学識・人格ともに優れた講師陣だった。互いに協力し合い、教育活動にあたった。大平学校は日中双方の努力によって学び合う場を提供した。この学びの場で、研修生たちは日々の勉学や日本人講師の授業・研究会・講座、研修生同士の交流を通して、日本語教育の知識と教授法を学び、研究意識が芽生え、研究方法を身につけるといった成長があった。研修生たちは研修前後の意識変化が見られ、彼らの教育観に変容が見られたことが明らかになった。

　次に、訪日研修について見ると、当時の中国社会において貴重な経験であり、訪問団は日本政府の官僚から普通の農民まで広く日本人と交流し、友好的な雰囲気を体感した。中国人研修生たちは消費社会に戸惑うなどのカルチャーショックを体験しながら、高度経済成長を経た日本から深い印象を受けている。また日本人講師と中国人研修生は、社会主義と資本主義という社会体制の違いに対する警備と警戒が強い中でもなごやかに訪日研修プログラムを消化していた。中国人研修生たちの日本観は、日本語学習の当初から、間接な情報に基づいた漠然としたものだったが、日本での実地体験によって日本への認識が次第に深まっていった。一方、訪日研修では日本を理解すると同時に、自国の問題点に気づき、客観的に両国をみることが求められていた。当時中国で日本語を学ぶ人々にとっては日本人に触れる機会は少なく、大平学校で日本人講師と交流し、訪日研修で日本を実体験したことは、研修生たちにとって大きな喜びと刺激そして自信となった。

　しかし、大平学校の訪日研修は日本の好感度を上げるための短期研修であり、日本の豊かさや良い面という一面しか見せていないため、限界もあった。金田一春彦は送別会で、今回は短い期間で「日本の顔」を見せたが、今後は「日本のお尻、つまり人様に見せたくないところもきちんと見て、初めて本当の知日派になる」[73]と述べている。大平学校の研修生たちの中には、その後日本に留学、就職、定住した人も多い。彼らのその後の経験は、日本をさらに理解してゆく上で重要である。日本に定住した研修生については、第5章で考察したい。

1　外務省情報文化局文化第二課「対中国日本語研修特別計画」、1980年4月22日第2条本件の計画の概要（5）項目。T5より提供。

2　王宏「中国における日本語研究の現状（国別の問題点-2-中国における日本語教育＜特集＞）」、『日本語教育』41号、日本語教育学会、1980年、39頁。

3　国際交流基金日本語課「在中国日本語研修センター第1年次報告（要旨）1980年8月11日〜1981年7月11日」1985年2月22日。

4　外務省情報文化局文化第二課、前掲資料、第2条本件の計画の概要（6）項目。

5　牧野篤は「在中国日本語研修センターで5年間に養成された600名の日本語教師が、1人毎年100名の学生を教えたと仮定して、毎年6万人の学生に研修の成果が波及すると考えられ、日本人教師が直接学生を指導するよりも、はるかに効率的だ」と指摘している。牧野篤『中国で日本語を教える：派遣日本語教師の教育実践と生活状況』名古屋大学教育学部社会教育研究室、1995年3月15日、18頁。

6　外務省情文局文化第二課、前掲資料、第2条本件の計画の概要（7）項目。

7　佐治圭三「中国研修生の燃えるまなざし：第1次対中国特別事業」『国際交流』44号、1987年、46頁。

8　同上。

9　佐治圭三、前掲論文、1987年、44頁。なお、北京着任の時間について、1980年7月16日の説もある。佐治圭三「日本語研修センターの五年」北京語言学院日語教師培訓班編『紀念文集：日語教師培訓班的五年（記念文集：大平学校の五年)』国際交流基金、1987年、14頁。

10　外務省情報文化局文化第二課「対中国日本語研修特別計画」別紙、「対中国日本語研修特別計画合意事項」、1980年、5頁。

11　外務省、同上資料、「対中国日本語研修特別計画合意事項」、1頁。

12　佐治圭三「在中華人民共和国日本語研修センター移転問題に関する私見」、1981年9月。T5より提供。

13　外務省、前掲資料、「対中国日本語研修特別計画合意事項」、1〜2頁。

14　外務省、前掲資料、「対中国日本語研修特別計画合意事項」、2〜3頁。

15　外務省、前掲資料、「対中国日本語研修特別計画合意事項」、3頁。

16　外務省、前掲資料、「対中国日本語研修特別計画合意事項」、4頁。以下の寄贈教材と教師待遇の内容も同資料から引用。

17　前述の中国東北師範大学内に設置された赴日本国留学生予備学校のことを指す。

18　北京友誼賓館は1954年9月に周恩来元総理指示の下、外国人専門家（当初は主にソ連からの専門家）のために建てられた宿泊兼居住施設である。設立当初は、国務院西郊招待所と呼ばれ、1956年に正式に北京友誼賓館と改称された。60年以来、友誼賓館の住居棟は外国人専門家の「北京の家」として、国際交流の拠点の1つとなっている。「友誼賓館往事」北京晩報、2015年9月15日、第33版。http://bjwb.bjd.com.cn/html/2015-09/15/content_312152.htm（2017年2月16日最終閲覧）。http://www.bjfriendshiphotel.com/sitecn/xwzx/1619_938.html北京友誼賓館（2017年2月16日最終閲覧）。

19　大平学校「第1期日本語教員養成講座授業計画についての提案」1980年6月20日、1頁。（T5より提供）

20　大平学校、同上資料、1〜2頁。

21　砂川有里子「対中国日本語研修センター報告書」、国際交流基金に提出資料、1981年10月18日、1頁。

22　大平学校、前掲資料、1頁。

23　大平学校、前掲資料、2頁。

24　大平学校、前掲資料、2〜3頁。

25　実際は大学教員以外に、中等教育段階の外国語学校の日本語教師や人民教育出版社の日本語教材の編集者なども含まれている。

26　この数字についてはいくつかの説がある。定員は600名であるが、病気中退者や除籍者もいるため、最終的に600名未満である。1981〜1985年にかけて大平学校の教師研修に携わった竹中憲一によると、595名である。詳細は竹中憲一「中国における日本語教育」『早稲田大学社会科学研究所社研・研究シリーズ』(23)、1988年、49頁である。また、北京語言学院の教師を務め、中国側スタッフとして関わった沈国威によると、598名である。詳細は沈国威「日本研究専家学者的揺籃："大平班"（日本研究専門家のゆりかご：『大平学校』)」

『大潮涌動：改革開放与留学日本（時代の波：改革開放と日本留学）』社会科学文献出版社、2010年、79頁。その他、594名などの説もある。

27　長期は1年以上滞在した講師のことを指す。短期は2週間から3か月までの短期間赴任した講師のことを指す。

28　竹中憲一、前掲論文、1988年、76頁。

29　北京語言学院「日語教師培訓班定於今年8月11日開班（大平学校は今年8月11日に開校）」『言言教学与研究』北京語言学院、1980年7月、105頁。

30　平井勝利「中国だより-2-日本語"らしさ"を教えるために」『言語生活』（356）、筑摩書房、1981年8月、82〜83頁。

31　谷部弘子「中国だより-5-二年目の出発」『言語生活』（359）、筑摩書房1981年11月、84頁。

32　徐一平「大平正芳と中国の日本語教育」『大平正芳からいま学ぶこと：大平正芳生誕100周年記念』桜美林大学北東アジア総合研究所、2010年、42頁。

33　篠崎摂子・曹大峰「中国における非母語話者日本語教師教育の展開：「大平学校」と北京日本学研究センター」『国際交流基金日本語教育紀要』（2）、2006年、135〜140頁。

34　公開講座は大平学校の研修生に限定していなかったため、北京市内の各大学から参加者が殺到した。C5によると、「当時参加者は北京大学とか、清華大学とか、いろんな大学からきて、何百人の会場はいつも満席状態だった。当時日本人が話した正真正銘の日本語を聞くだけでも大変貴重なことであった。しかも、大平学校に赴任した著名な学者が自分の研究の最も核心な部分を取り上げて1時間ぐらい講演することは逃したくない貴重なチャンスだった。その時、みんなは勉強熱心で、学外から毎回来る教師が大勢いた。」

35　竹中憲一、前掲論文、1988年、77頁。

36　国際交流基金日本語課「在中国日本語研修センター第3年次報告（要旨）1982年9月1日〜1983年7月9日」1983年12月8日。

37　国際交流基金日本語課、同上資料、1983年12月8日。

38　国際交流基金日本語課「在中国日本語研修センター第5年期中間報告（要旨）」、国際交流基金、（資料の一部が破損したため、提出時期不詳）。

39　今井敬子「中国だより-6完-赴日留学生の日本語学習」『言語生活』（360）、筑摩書房、1981年12月、89〜90頁。

40　国松昭「中国の『日本語研修センター』に参加して」『東京外国語大学特設日本語学科』［年報4］東京外国語大学、1980年、11〜12頁。

41　竹中は「1979年から1980年にかけて、5000冊ほどの日本語図書を日本から寄贈してもらい、北京友誼賓館の自宅にミニ日本語図書室を開設したことがある」と述べている。竹中憲一、前掲論文、67頁。

42　田中祐輔『現代中国の日本語教育史：大学専攻教育と教科書をめぐって』国書刊行会、2016年、112〜117頁。

43　国際交流基金日本語課「在中国日本語研修センター第4年次報告（要旨）1983年9月1日〜1984年7月9日」（資料の一部が破損したため、提出時間不明）。

44　砂川有里子、前掲資料、1981年、3頁。

45　同上。

46　莫邦富「対中国ODA批判を考える：『大平学校』を思い起こせ」『中央公論』116（4）、中央公論新社、2001年、104〜111頁。

47　水野義道「中国だより-4-北京一歳」『言語生活』（358）、筑摩書房、1981年10月、86〜91頁。

48　平井勝利、前掲論文、筑摩書房、1981年8月、82〜84頁。

49　金田一春彦「中国人と日本語」『日本語セミナー1』筑摩書房、1982年、249頁。

50　平井勝利、前掲論文、1981年、83頁。

51　村木新次郎「中国だより-3-食べられなかった北京ダック」『言語生活』（357）、筑摩書房、

1981年9月、92頁。

52　平井勝利、前掲論文、1981年、82 ～ 83頁。

53　谷部弘子、前掲論文、1981年、85頁。

54　佐治圭三・李翠霞・顧明耀・劉柏林「座談　中国における日本語教育の移り変わり」（特集・中国語と日本語を考える）愛知大学現代中国学会編『中国21』Vol.27、風媒社、2007年、7頁。

55　莫邦富『この日本、愛すればこそ：新華僑40年の履歴書』岩波書店、2014年、128 ～ 129頁。

56　小熊旭・川島真「『大平学校』とは何か（1980年）：日中知的交流事業の紆余曲折」園田茂人編『日中関係史1972-2012 Ⅲ社会・文化』東京大学出版会、2012年、54頁。

57　徐一平・曹大峰編『中日教育合作実践与成効研究：以「大平班」和北京日本学研究中心為例（中日教育協力の実践と効果に関する研究：大平学校と北京日本学研究センターを例に）』学苑出版社、2013年。

58　孫暁英「日中国交正常化以降の中国における日本語教育と日中交流：大平学校（1980年～1985年）に焦点を当てて」アジア教育学会『アジア教育』第7号、2013年、35 ～ 47頁。

59　孫暁英「大平学校における教師教育の研究：異文化間教育の観点から」『早稲田教育評論』第28巻第1号、2014年、147 ～ 160頁。

60　野畑理佳「『活動記録』に見られる学習者の文化認識に関する一考察：学習者の異文化理解へのかかわりを目指して」、国際交流基金 日本語教育紀要 第8号、2012年、42頁。

61　佐藤郡衛「第2章　異文化間教育学の固有性：学問としての自立は可能か」小島勝編著『異文化間教育学の研究』ナカニシヤ出版、2008年、50頁。

62　招聘事業だけで年間2億円の資金の約半分の経費を費やした。シィー・ディー・アイ編『日本語教育および日本語普及活動の現状と課題』、総合研究開発機構、1985年、109頁。

63　外務省情報文化局文化第二課「第2回中華人民共和国日本語講師研修会実施要領」1980年、1頁。

64　佐治圭三「中国だより -1- 北京の春」『言語生活』（355）、筑摩書房、1981年7月、76頁。

65　大平学校「訪日研修についての議事録」1980年12月22日。（T5より提供）以下訪日研修の準備についても同資料から引用する。

66　光村図書が訪問先に選ばれたのは、当時同社が中国人民教育出版社と共同で社会人向けの日本語教材『標準日本語』の出版を企画していたからだった。『標準日本語』は後に1000万部を超える社会人用日本語教科書のベストセラーとなった。編集者には大平学校の関係者も多数含まれている。

67　人民元30元という額は1980年当時大学教師の約1か月の給料に当たる。

68　国際交流サービス協会（IHCSA）とは日本政府が行う海外からの招聘プログラムや国際会議などの国際交流活動に積極的貢献することによって、政府の施策に応じた広い国際相互理解と相互親善に寄与することを目的とした公益法人である。国際交流サービス協会ホームページhttp://www.ihcsa.or.jp/（2017年3月20日に最終閲覧）

69　佐治圭三「日本語研修センターの五年」北京語言学院日語教師培訓班編『紀念文集：日語教師培訓班的五年（記念文集：大平学校の五年）』国際交流基金、1987年、15頁。

70　佐治圭三、前掲資料、1981年、76 ～ 77頁。

71　中国での人気女優。1979年『追捕（君よ憤怒の河を渉れ）』が中国で上映され、演じたヒロイン・真由美役は強い支持を得た。1995年、中国・秦皇島中野良子小学校を共同建設し、日中教育文化交流にも尽力した。

72　渡部留美「短期海外研修プログラムにおける参加者の体験と意識変容：参加者に対するPAC分析の結果より」大阪大学留学生センター研究論集『多文化社会と留学生交流』（13）大阪大学留学生センター、2009年、24 ～ 25頁。

73　莫邦富「『大平学校』を思い起こせ」『中央公論』116（4）、2001年、109 ～ 110頁。

第 4 章
大平学校の日本人講師の諸相

　大平学校では「対中華人民共和国日本語研修特別計画」実施委員会の議長を務めた上智大学教授・金田一春彦を始め、早稲田大学教授・木村宗男、東京外国語大学教授・国松昭、同大学・名誉教授および日本語教育学会会長の小川芳男、国立国語研究所所長・林大、大阪大学教授・宮地裕、京都大学教授・渡辺実など、国語学・国文学・日本語／外国語教育学などさまざまな分野の第一線で活躍してきた著名学者が講義を行った。

　そのラインアップから、日本政府がこのプロジェクトをいかに重視していたかが見て取れる。派遣された日本人講師は、中国政府から厚遇され、講義の内容からカリキュラムの設定まですべて委任されるという絶大な信頼を寄せられた。一方中国側スタッフは教務補佐役となり、日本人講師のサポートを行った。こうした体制は文革直後という時勢下ではもちろんのこと、現在においても極めて異例のことといえるだろう。それは、1つには中国側にはプロジェクト運営に充分な経験を備えていなかったことがあるだろう。しかしそれ以上に、中国政府の誠意と決心を表すものでもあった。それが同時に日本側にとっても、国内の教育現場では得られない貴重な体験となった可能性が強い。

　それでは、日本人講師たちはそもそもどのような経緯で中国派遣が決まったのだろうか。そして彼らは中国でどのような努力をしたのか。中国と日本の教育制度の違いが立ちはだかる中、彼らには果たして葛藤は無かったのであろうか。いうまでもなく、日中教育文化交流の機会が限られていた当時においては、日本人講師にとっても中国人研修生にとっても、大平学校での1年間は貴重な異文化体験の時間であった。1980年代の中国での滞在体験で彼らは何を得たのか。これらの具体的様相については今までほとんど注目されてこなかった。このような問題意識を抱いて本章の考察に入りたい。

第1節　日本人講師の経歴と大平学校赴任のきっかけ

1. 日本人講師の全体像

　国際交流基金の報告によると、1983年度には日本から全世界の37の国・地域に日本語講師・専門家229人が派遣され、そのうちの半数近くが中国に赴任したという[1]。彼らは、中国の日本語教育の発展に大きな役割を果たした。

　その中に含まれる大平学校の日本人講師たちについてみると、彼らは5年間で合計91名（延べ120名）[2]に上る層の厚さだった。その具体的な内訳は、以下のとおりである。

　① 団長（佐治圭三、通算5年間在任）
　② 副団長（平井勝利[3]、最初の2年間）
　③ 団長の通訳兼講師（前半は水野義道[4]、後半は大西智之[5]、2年半ずつ）
　④ 長期講師（若手は中国語専攻や日本語学の研究者が採用され、主に事務、また授業も担当、期間は1年以上。例えば竹中憲一[6]は4年、谷部弘子[7]は3年、野口マリ子[8]は2年、砂川有里子[9]は1年）
　⑤ 短期講師（2週間～6か月。複数回赴任した講師としては、金田一春彦[10]は3回、国松昭[11]、吉沢典男[12]、吉田煕生[13]、遠藤織枝と木村宗男[14]はそれぞれ2回）

　第1期から第5期まで大平学校に赴任した講師数の詳細は、**表4-1**に示すとおりである。

表4-1　大平学校に赴任した日本人講師の概況（1980～1985年）　　（単位：名）

	長　期					短　期					合　計
	教授	助教授	講師	その他	計	教授	助教授	講師	その他[15]	計	
第1期	1	1	1	6	9	16	1	1	1	19	28
第2期	1	2	1	5	9	7	5	0	2	14	23
第3期	1	1	1	5	8	9	2	4	3	18	26
第4期	1	3	1	4	9	8	4	2	0	14	23
第5期	3	2	3	2	10	8	2	0	0	10	20
合　計	7	9	7	22	45	47	14	7	6	74	120

注：国際交流基金日本語課「在中国日本語研修センター第1～5年次報告（要旨）」[16]に基づいて、筆者が作成。5年間の総人数120名は延べ人数。

上掲**表4-1**の派遣講師構成について、次の特徴が指摘できる。

① 長期派遣講師と短期派遣講師の総数の比率は約2対3。長期派遣講師は毎年9〜10名の枠を保持している。

② 短期派遣講師の内訳については教授の割合が一番大きく、そこから高度で専門的な教育水準が保証されていたことがわかる。なお短期講師の中には2回以上大平学校に赴任した講師も多数いるが、多忙な本務との兼ね合いからだと推察される。短期講師は第1期と第3期に集中していた。それは第1期が最初の試みであり、第3期は「高級班」が新設され、それまで以上の人員が必要であったからだと考えられる。

日本人講師の中の長期滞在者は、20代から30代の若い世代が中心となっていた。前述のとおり、彼らのほとんどは中国語ができ、事務的な仕事のほか、佐治などベテラン教師たちの指導を受けながら自身もクラスを持っていた。さらに他の講師の日常の買い物や病院への付き添い、旅行同行など実生活のサポートも行った。T2は、長期滞在講師の役割分担について「その中の4、5人が教務、総務、図書室管理などを役割分担した。授業の時間割は私たちの分だけでなく、短期派遣の先生たちの時間割を組む仕事があり、また先生たちの生活面のお手伝いをした」と述懐している。

それでは以下では、より具体的に日本人の講師像、彼らの経験の諸相をみていきたい。まずとりあげるのは、大平学校を準備段階から一貫して支えた日本人講師の代表であり、中心人物であった佐治圭三である。

2. 佐治圭三と大平学校
(1) 経 歴

佐治圭三は、大阪女子大学の教授職を辞して1980年に5年契約で大平学校に赴任した。大学を辞職してまで中国に赴任した理由を、彼の経歴から探っておきたい。

佐治圭三は、1930年5月3日滋賀県に生まれ、1951年4月京都大学文学部国文科に入学した。卒業後1955年4月に私立大阪高等学校教諭となり、1956年滋賀県立日野高等学校への転任を経て、1967年4月には大阪外国語大学専任講師に、1971年11月同大学助教授に昇任した。その後、1974年4月大阪女子大学助教授に転じ、1976年4月に同大学教授になった。[17]

　佐治は、1979年、国際交流基金の日本語巡回指導に参加して初めて中国に赴き、現地の日本語教師と接して中国の日本語教育事情を知ることになる。中国人教師の懸命な学習ぶりに感動するとともに、中国における日本語教師の再教育の必要性を強く認識した。

　帰国後、彼は北京大学から日本人専門家として招きたいとの要請を受け、中国に行く意向を固めていたところ、大平首相の訪中で「在中華人民共和国日本語研修センター（大平学校）」が設立されることになり、国際交流基金の椎名和男からも日本側団長への就任要請が舞い込んだ。そこで、佐治は、前述の経緯から日本語研修センターの団長を引き受けることを決意した。佐治は1980年4月11日に国際交流基金「対中華人民共和国日本語教育特別計画委員会」のメンバーとなって開設準備にあたり、同年7月25日在中華人民共和国日本語研修センターの日本側主任に正式に就任した。

(2)　大平学校に赴任したきっかけ
①　中国人留学生との出会い

　佐治が初めて日本で中国人留学生に出会ったのは、1976年の春であった。それは中国から戦後初めて大阪外国語大学に派遣された国費留学生であった。国交回復直後の日本留学について、劉（1996）は以下のように述べている。「戦後、中国人の日本留学が開始されたのは、1972年の国交正常化以降のことで、73年末に外交部の職員7人が和光大学に入学したのがそのはしりである。その後、毎年10名前後の中国人留学生が、日本語習得の目的で日本へ派遣された（受け入れ大学は立教大学、創価大学、東京外国語大学および大阪外国語大学などである）[18]」。このように1970年代の少人数の日本留学は、外交官の育成が主な目的であったことが推測できる。

　当時大阪外大の非常勤講師だった佐治は、中国人男子留学生8名がいるクラスで作文の授業を担当した。彼らは日本語の理解力が高く、流暢な日本語を話し、礼儀正しく、勉強熱心であった。佐治は彼らを自宅に招いたり、本務校の大阪女子大で日本人学生との交流会を開催したりするなど、積極的に関わりを持った。このことについて、佐治の妻・芙美子は「主人は元々中国のことはあまり知らなかったが、留学生と付き合い、彼らが書いた書道のお土産をもらって喜んだりしていた。今思うと、中国人留学生に好印象を抱いたのだと思う」と語っている。

② 中国赴任のきっかけ

　1979年7月14日から9月8日まで、佐治圭三は国際交流基金の派遣する第2回日本語教育短期巡回指導講師団（6名、天沼寧団長）の一員として、初めて中国に渡った。その過程で中国の国内事情を理解するようになり、加えて20代から60代までの教師たちが、自分の講義を熱心に受講する姿に感動し、また日本図書展で手帳に小さい字で必死に書き写す姿に接する中で、市民レベルの日本語学習意欲の高さを感じた。この巡回指導での体験こそ、後に佐治の中国赴任を決意させた主要因だったといえよう。

　（最初の訪中時）帰国に際して、北京大学の人たちから客員教授として1年間来てほしいという要請を受けており、12月ごろにはほぼ本決まりになりかけていた。その状況を国際交流基金の日本研究部の椎名和男部長に伝えたところ、今、外務省情報文化局二課青木盛久課長を中心に、大平正芳首相の訪中に際して、日本語教育援助の申し出を検討中であることを告げられた。実現のためには、日本側主任としての役割を果たす人が必要なので、同じ北京に行くのなら、そちらのほうを引き受けてくれないか、という話がきて、これは、私たちの報告と訴えが実を結ぶことになるのだと思い、喜んでお引き受けすることにした。[19]

　佐治はこのような経緯で北京赴任を決意した。しかし長期赴任はそう簡単に実現できるものではなかった。妻・芙美子は当時のことについて、「北京に行く前に、主人は大阪女子大に務めていた。日本の大学は1年間なら何とか休暇は取れるが、3年から5年は無理だった。そこで辞職して50〜55歳の間は北京に滞在した」と、辞職の理由を語り、また「日本と中国との間ではかつて戦争があった。しかし大平学校は、国と国の友好

写真4-1
日本人講師と中国人スタッフの記念撮影
後列左から：佐治圭三、水野義道、上野田鶴子、今井敬子、平井勝利　前列左から：諸在明（中国側スタッフ）、野口マリ子、谷部弘子（K1より提供）

プロジェクトであり、引き受けた以上は苦労を厭わなかった。彼の性格は単純明快だったので…」と話した。

（3）大平学校の関係者から見た佐治圭三

　佐治は、求心力と指導力を兼ね備えた偉丈夫ともいうべき人物で、日本人講師からも研修生からも人望が厚く、評判がよかった。また仕事の面においても、大平学校の主任を熱心に務め、日本人若手教師の指導や心のケアなど、良きリーダーシップを発揮した。日本人講師のT4は、「佐治先生は昔から中国と個人的な関係があったわけではない。また幼いころから中国の古典が好きだったわけでもないと思う。中国との関係はやはり人との出会いからだったろうと想像する。研修生との交流や面倒を見ることをよくやっていらした。一方で厳しい面もあった」と語った。

　同じく同僚のT7は、「佐治先生は本当に疲労も厭わず、私の文法の授業の内容について教案を全部チェックしてくれた。佐治先生の仕事は、私たちを育てる部分も大きかったと思う。もっと私に力があれば先生も安心して自由にやりなさいとおっしゃったのだろうが、私はまだ若くて知識もなく、勉強しながら教えるという形だったので、本当に申し訳なかった。月に1回くらい佐治先生のお宅でご馳走になったり、レストランへ連れて行ってくださったり、気を遣ってもらい、ありがたかった」と語っている。

　しかし一方で、大平学校の5年間、佐治は自身の家族を顧みる余裕が無かったことも明らかになった。妻の芙美子は、「3人の子どもは日本のおばあちゃんに預けていた。その間、子どもは大学に進学、就職、結婚した。結婚式の1週間前に帰って初めて相手のご両親に会った」ほどだったと、子どもたちに対して親として十分なことのできなかった事実を語っている。

　T8は、「佐治先生は求心力がある方で、研修生に本当に慕われていた。奥様も非常に柔軟な方で、研修生の面倒を丁寧に見ておられた。そのため5年間で600人の研修生が、大平学校は大変良かったという感想を持った。また佐治先生の人柄があったからこそ、日本からもいろいろな方が来て、親身になって研修生を指導してくれた」と評価している。

　現場での信頼を得た佐治は、大平学校の運営に全力を注いだ。佐治を推薦した国際交流基金の椎名和男は「国際交流は人に始まり、人に終わると言われるが、まったくそのとおりだと思う。適任の人を発掘できた時、そのプロジェクトは8

割成功したと言われている。この第1次対中特別計画の成功は、まさに、人を得たことに起因している。特に、佐治主任の人柄に負うところが多い[20]」と、適任者を見つけた喜びを述べている。

　このように佐治は大平学校の大黒柱にしてキーパーソンであり、人との出会いと絆を大切にし、言語と学問以外にも他者との交流を密にしたため、大平学校の日中スタッフの一体感と協力の精神が生まれていたと言っても、決して過言ではない。

　5年間のプロジェクトの終了後も、大平学校の成果が著しかったため、日中双方の努力によって第2次5か年計画が発足した。1985年9月、新たに「北京日本学研究センター[21]」が北京外国語学院（現在の北京外国語大学）に設立された。日本側の主任は林四郎（大平学校第3期に赴任）であったが、同センターが軌道に乗るまで佐治圭三は客員教授としてさらに半年間滞在し、前後合わせて5年半北京に滞在した。佐治は任期満了後に帰国し、1986年4月に同志社女子大学短期大学部教授となり、1988年4月、大阪大学文学部日本学科教授に転任、1991年3月からは京都外国語大学外国語学部教授を務めた。留学生に日本語を教える経験が豊富だった佐治は、学術面では外国人が間違えやすい日本語の表現を研究していた。代表的な研究としては「は・が」、「のだ」の研究がある。佐治は、「誤用例の検討によって、日本語とその学習者の母国語との対照研究の問題が浮かび上がってくるのであろうし、また日本語内部の十分に解明されていない問題も浮かび上がってくるであろう[22]」と述べていた。

　大平学校での佐治は、文法の授業を担当し、「誤用例」を収集して検討する授業は人気があった。帰国後も大平学校の経験を生かし、誤用例の研究や日本語教師養成に関する著作を多数残した。例えば『外国人が間違えやすい日本語の表現の研究』（1992）[23]、『日本語教師養成シリーズ　文法』（1996）[24]などである。また日本語教育誤用例研究会の顧問、大学日本語教員養成課程研究協議会代表理事などを歴任するなど、精力的に日本語教育の発展に努めた。これらは佐治にふさわしい役職であり、大平学校の事業を推進する中で、彼は日本語教育学者として日中両国で一目置かれる存在になったことがわかる。

3. 日本人講師たちが大平学校に赴任したきっかけ

　本項では、佐治以外の日本側の講師の赴任のきっかけを、関係資料とインタビューから明らかにしていきたい。

（1）留学叶わぬ時代の中国語専攻者たち

　大平学校の長期講師陣の中で、大阪外国語大学（当時、現大阪大学外国語学部、以下大阪外大と略称）[25]中国語専攻の出身者が多いことは1つの特徴として指摘できる。大阪外大は、創立当初から「国際的実務者の養成を学則で打ち出し、募集要項の配列順では東洋語部を先に配してアジア重視の姿勢」[26]を示しており、同大学の中国語学科は、大学が大阪大学外国語学部に統合された現在も、日本における中国語教育の中心の1つである。

　佐治圭三がかつて大阪外大で教鞭を執っていたこともあり、大平学校副団長の平井勝利夫妻[27]、水野義道、野口マリ子、中川正之、大西智之[28]、沢田啓二など、主要長期講師は皆、大阪外大の出身者で固められた。

　中国語専攻だったT4は「中国に留学したかったが、私の大阪外大の学部時代は1970年代だったので中国に留学するルートがなかった。先輩の中には文革中の北京大学に留学した者もいるが、それは例外だった。そのため、私は1977年から1978年に香港に10か月留学して、1980年の卒業時に外務省関連の国際交流サービス協会[29]の求人に応募し、中国の日本大使館で仕事をすることに決まっていた」という。その時に偶然大阪外大に出講していた佐治に会った。T4によれば、「帰りに佐治先生がバス停で待っていたのを見て、僕が車でお送りした。車の中で佐治先生から、北京に行くことになったので誰か中国語のできる人を探しているところだという話を聞いた。中国に行くのだったら、講師として行く方がいいと思って、国際交流サービス協会の方を辞退した。だからまったく偶然の縁だった」と、赴任のきっかけについて話している。

　K1は、夫T5の赴任の理由について、「大阪外大時代の恩師の伊地知善継先生[30]からのお話だった。そして家族で行きなさいと言われた。私も大阪外大で中国語を学んでいたからかもしれない。団長は大阪外大（兼任）の佐治先生で、私達は大阪外大出身で大阪在住だったからかもしれない」と、大阪外大の繋がりで関係者に呼びかけていたことがわかった。

　同じく大阪外大で中国語が専攻だったT7は、「私の学生時代は中国に行くことができなかった。当時中国とは国交はなく、行けたとしても台湾か香港で、そこには行くつもりは全然無かった。とにかく中国語をもっと勉強し、中国のことをもっと知りたい、中国に行きたいという気持ちがすごく強く、このチャンスを逃したら次は無いと思った。幸い宮地裕先生[31]が、かつて外大で授業を受けたこともある佐治先生とお話を進めてくれて、私が行くことになった」と、赴任の経緯を

述べている。

　T8も、大阪外大の大学院時代に指導教授の大河内康憲[32]から声をかけられて、赴任した。T8によれば、「なかなか中国へ簡単に行けるような時期ではなかったので、声をかけてもらった時には二つ返事で行きますと答え、休学して行かせてもらった。こうして1983年に初めて中国に行った」と話した。

　以上のように、国交断絶中や国交回復後も日中の交流が少ない時に中国語を学んだ中国語専攻者たちは、当時の中国に留学することができなかったため、大平学校への赴任を待望の機会ととらえたことがわかった。

(2) 社会主義の理想に共感した中国研究者

　大平学校に赴任した講師の中には、中国語専攻者のほかに、中国の歴史や文学、文化などの研究者もいた。

　T2は、日本の漢文・中国語教育界の重鎮である藤堂明保[33]に中国語を教わった。T2は「文革期は中国に多大なダメージを与えた10年だけれども、そのころは世界的に学生運動[34]が盛んな時代で、学問の世界に閉じこもらずに、社会との接点を持つべきという文革の理想に共感した。例えば中国ではテレビで子どもたちや若い人がインタビューを受けると、照れもせずに「為人民服務（人民に奉仕する）」と言っていた。私自身、自分のために生きているが、人々のためにと素直に思えるような社会はどんな社会か、と思ってとても感銘を受けた」とその時、中国に関心をもち、中国語を学んだ動機を語っている。

　T2は、大平学校に赴任する前に中国近代史を研究していた。中国に関心が向いていたため、当初は日本語教育については専門知識がなかった。なぜ日本語教育の道に入ったかというと、「中国語をやっていた仲間と秩父（埼玉県）にボランティアに行ったから」だという。その時、旧「満洲」国（中国の東北部）からの帰国者が、秩父のある村にいた。「秩父も非常に貧しい地域なので、たくさんの満蒙開拓団を出していた。日中国交回復に中国に残留していた人々が帰国して、日本語も忘れているというので、週末にボランティアとして秩父まで出向いて、日本語を教えた時期がある」とT2は語った。

　彼らを教えているうちに「日本語を教えることは大変だなと悩み、初めて出たのが日本語教育学会の研修会だった[35]」。その研修会が終わるころに、日本語教育の教育実習にも参加した。ちょうどその時、国際交流基金の大平学校の5年のプロジェクトが始まる時と重なった。「もちろん国家プロジェクトなので、日本語

教育や日本語学の著名な先生が派遣されるわけだけれども、学校運営の場合には若手実働要員も必要なので、何人か1年単位で行ける人を探している時に、ちょうどうまく居合わせたという感じだった。だから、私はほとんどきちんと日本語を教えた経験がないまま赴任してしまった。中国語をやっていたことも多少考慮していただいたかもしれない」と、T2は赴任の経緯を語っている。

　また、T1のように自分のことを「毛派（毛沢東派）」（マオイスト）と自称する講師もいた。さらに、大学時代に学生運動に積極的に参加していたT5は、中国に行けることについて「夢の世界だった。本当に興奮した」と語っている。

　彼らは、社会主義中国に対する一種の憧れと現代中国への興味を持ち、中国語を学び始めたが、その後のめぐり合わせで日本語教育に転身していったことがわかる。

（3）国際交流基金から招かれた短期講師たち、関わり深い大学・学会・研究機関

　次に、大平学校の第1期短期派遣の講師名簿を取り上げて、その詳細を見ていこう。

表4-2　大平学校第1期短期派遣講師名簿（18名）

氏　名	派遣時の所属機関・職位	専門分野・研究テーマ
金田一春彦	上智大学教授	言語学、国語学、国語辞典などの編纂
木村宗男	早稲田大学教授	日本語教授法
国松昭	東京外国語大学教授	日本文学
山田敬三	神戸大学助教授	中国文学
浅見徹	岐阜大学教授	言語学
浅野百合子	慶應義塾大学国際センター講師	国語学（ことばの意味）
武部良明	早稲田大学教授	国語学者、文字の表記
吉沢典男	東京外国語大学教授	外来語、日本語の音声研究、音声生理学
林大	国立国語研究所所長	国語学
小川芳男	日本語教育学会会長 東京外国語大学名誉教授	英語／英語教育学、外国語教育学、 外国語としての日本語教育
長幸男	東京外国語大学教授	日本経済史
武田清子	国際基督教大学教授	日本思想史
宮地裕	大阪大学教授	国語学（現代語の文法と表現の研究）

野元菊雄	国立国語研究所日本語教育センター長	言語学、日本語教育
村木新次郎	国立国語研究所研究員	日本語学（語彙、文法）
吉田熙生	東京女子大学教授	国文学（小林秀雄、中原中也研究）
阪倉篤義	京都大学名誉教授	国文学、国語学
阪田雪子	東京外国語大学教授	日本語学、日本語教授法

注：「氏名」と「派遣時の所属機関」は国際交流基金日本語課「在中国日本語研修センター第1〜5年次報告（要旨）」（国際交流基金、1985年）により、「専門分野・研究テーマ」は筆者が調査して付け加えた。

　表4-2のように、第1期の短期講師として、著名な国語・国文学者、日本語・日本語教育学者たちが派遣されている。また、それだけでなく音声学、言語学、外国語教育学、日本の社会経済・思想史など、幅広い専門家がこのプログラムに携わっていたことがわかる。

　なお、表4-2から明らかなように、大平学校の短期講師陣やその前身の巡回指導講師団の中には、東京外国語大学の専門家が多数見られた。大平学校の第1期に限って言えば、国松昭、吉沢典男、長幸男、阪田雪子の4名以外にも、東京外国語大学教授を長年務めた金田一春彦[36]、日本語教育学会の初代会長で同大学名誉教授の小川芳男[37]が派遣されている。

　東京外国語大学の第3代学長を長年務めた小川は、もともと英語・英語教育学者として日本の外国語教育政策にも関与した専門家である。学長在任中には、国立大で初めての特設日本語学科設置と附属日本語学校の創立に尽力し、留学生のための日本語教育への貢献と知見があった。このため、東外大を退任後、1972年9月に日本語教育学会の前身である「外国人のための日本語教育学会」の会長に推挙され、1985年まで同学会の初代会長を務めた[38]。その間、大平学校が設立された初年度（1980年8月）には、開校式典への出席も兼ねて大平学校の訪問視察をしていることがわかった。

　東外大が日本語教育振興の拠点の1つとしてこのように国家プロジェクトに関与していたことは、大阪外大および同中国語学科が積極的に大平学校の長期講師の供給源を担ったのと対照的だが、いずれにしても、当時の東西2つの国立外国語大学関係者がそれぞれ大平学校への人的支援に深く関わっていたことが明らかになった。

　また、大平学校は、上記の大学のほか国立国語研究所（文化庁所管）と日本語

教育学会などの機関や研究団体
とも積極的に繋がっていた。例
えば、第1期は国立国語研究所
所長の林大（日本語教育学会第
2代会長、1985年6月～1995
年5月在任）、国立国語研究所
日本語教育センター長・野元菊
雄（日本語教育学会第3代会長、
1995年6月～1997年5月在
任）、国立国語研究所研究員・
村木新次郎などが赴任している。

写真4-2
外務省主催の訪日研修団レセプションでのスナップ
前列左：日本語教育学会初代会長・小川芳男　前列右：訪日
研修団長・中国教育部外事局副局長・王文（K1より提供）

第2期には、中堅に機会がまわり、国立国語研究所日本語教育センター第2研究
室長・上野田鶴子、第4期は、国立国語研究所研究室長・宮島達夫などが挙げら
れる。そして大平学校から戻った後、短期派遣講師の水谷修（日本語教育学第4
代会長、1997年6月～2001年5月）は、国立国語研究所の所長になるなど、
学会や組織をリードするような人物が大平学校に派遣されていたことがわかる。
また長期派遣講師の水野義道は帰国後に同研究所の研究員になるなど、大平学校
は日本語教育学会や国立国語研究所とも縁が深かった。

　その他の国語学者が大平学校に赴任するに至った経緯について、以下のインタ
ビューから、国際交流基金が積極的に根回ししていたことがわかった。T6（国
語学）は、「私は1983年当時、国際交流基金から大平学校に半年ほど行っても
らえませんかという電話をもらい、びっくりした。私でいいのですか？と答えた
ことを憶えている。中国語も知らなければ、日本語教育をやったこともない私を
推薦してくれたのは、後で渡辺実先生だったことがわかって驚いた。勤務先は国
立大学で、研究や教育のためなら、どうぞ行って下さいという感じで、帰ってき
て報告すればよかった。私はこのようにして初めて中国に行くことができた」と
語っている。

　またT3は、夫婦とも日本語教育に携わっていた。先に妻が1980～1981年
に、東北師範大学の留日予備学校に赴任したため、T3は3回ほど長春へ会いに
行ったという。赴任のきっかけは、T6と同様に、「やはり国際交流基金からの打
診だった。私の前任者はどんな人だったとか、私と一緒にどんな人が行くのかと
いう話を聞いて、強く興味を惹かれたので快諾した」と述べた。

このように、短期講師の中には国語学・日本語教育学の専門領域の学者が多く、その赴任のきっかけとなったのは、国際交流基金による積極的な人選であったが、無論関係者の推薦によるところも大きかった。

(4) 親が日中戦争体験者の事例

若手講師の中には、戦前・戦時中に親世代が中国と関わりを持っていた事例も少なくない。例えば、T1の両親は中国で出会い結婚した。T5とT7の父親は、戦時中に実際に中国に行っていた。K2は当時植民地であった台湾で育ち、敗戦後に引き揚げた、など中国との親世代からの間接的な繋がりを持つ例が多かった。

T1の両親は戦前中国の天津に住んでいた。そこで出会い、結婚し、長年中国で生活していた。敗戦後の1946年、妊娠中の母親が日本に引き揚げた。そのためT1は、両親の影響を受け自分のルーツに中国のあることを強く意識している。中国語も堪能で、生涯にわたり日中の歴史研究を行っている。

T5の妻K1は、「主人の父親は戦時中、中国に行っていた。ひどいことはしてないと思うが、やはり少しでも戦争のお詫びに中国の方に何かお役に立つことができたらいいと考え、主人が名古屋大学に在任してからは、できるだけのことをしてきた。その頃から段々交流も盛んになってきたので、中国の方のお世話をいろいろさせてもらった。中国語教室も始め、今も続いているが、日本に来られた中国の方を、非常勤講師として自分の教室で雇用したり、大学やその他の学校に紹介したりもしてきた」と、中国とのつながりを語った。T5の場合、その日中友好への意欲の根底は、日中戦争を体験した父親の影響だけでなく、本人が戦後に華僑から受けた支援にも由来していた。「当時、夫はとにかく学費でもなんでも全部自分で稼いで、実家にも仕送りをしていた。高校の時に実母を、大学の時に父を亡くし、義理のお母さんには小さい妹と弟がいたからだ。だから勉強はしたくても、できない状況だった」。その中で、T5は「私は家庭教師をした華僑の家庭で背広等全部もらった」と証言し、K1も「大阪の心斎橋の繁華街で華僑が経営する洋服店の息子さんを教えていた。割といい収入をいただき、スーツをいただくなど応援してもらった。だからその華僑の店主さんはT5の恩人だ」と付け加えた。

T7の父親は、働き盛りの頃戦争で、重慶まで派遣され、宣撫班[40]に所属し[41]「軍隊が行く前にその地域の住民に日本人は怖くないとか悪いことをしないなどと言って、相手をおとなしくさせ、食糧のありかなどの情報を集める仕事」をしてい

た。T7の父親はとても中国人が好きで尊敬していたという。それは自分が「基本的に論語など儒教で育てられていたので中国に親しみを持っていた」からである。「あのころの日本人は一般的には朝鮮人と中国人を蔑視していた」が、T7の父親は、「中国人に対しては一度もそういう差別をしたこともなく、敬意を持っていた。戦争から帰ってきた時に、長衫（単衣で丈の長い中国服）を母に縫わせて、小さなボタンも自分で作って、それで街の中を歩いていたので変な人だと思われたかもしれない。それぐらい中国が好きだった」という。T7が生まれた時には普通のサラリーマンであった父の口から、ある日、「戦争中に中国に宣撫工作に行った」こと、「日本人の兵隊はひどいことをしていたが、自分はしないで済んだ」ことを、聞かされた。T7の父親は「中国人の子どもに日本語を教えたことがある」とも語ったという。

　ちなみに、T7は4人兄弟の長女である。家は裕福ではなかったので、高校卒業時に父母から就職を勧められたが、本人は大学進学の意志が強く、「大学を出たら、職業が見つかる語学を勉強する」と言って、中国語を選択した。そこには「父の影響」もあった。「中国語を選んで私は良かったと思う。中国に対する親しみの感覚があって、ある意味必死に中国語を勉強した時期がある。中国を肌で感じたい気持ちがあったから、大平学校の求めに応じて中国に行った」。

　また父親は戦場に行ったのに、なぜ中国に対してポジティブなイメージしか残っていないのか、という筆者の質問に対して、T7は「（父は）補給ルートの川を遡って軍艦で重慶まで行ったようだ。点と線の移動で父は幸い戦場で銃弾の飛び交う場面には遭遇せず、怪我もせずに、いいイメージだけを持って終戦前に帰ってきた。終戦は横須賀の海軍工廠で迎えているので、本当に安全なところで戦時中過ごせ、運がよかったのだと思う」と、説明した。

　なおT7は大平学校の赴任中に父親を日本から招き、重慶まで旅行している。父親の旧地再遊の宿願を叶えることができたのは、大平学校への奉職の余恵であったと語っている。

　このように、長期の講師の多くは、中国語学科の出身者や中国研究者であるか、家族が中国に縁がある場合が多かった。彼らは自身の中国行きの夢を叶えるために、大平学校に赴任することを望んだが、親世代によって語られた戦争体験は、このように子ども世代に受け継がれて中国との友好活動への参加につながったのである。

(5) 戦時中の日本占領地で日本語教育に従事した事例

　ここで、筆者のインタビューしたものではないが、前述の事例ともまた異なる戦争体験のケースを付け加えたい。大平学校の第1期講師だった早稲田大学元教授の木村宗男は、戦時下の1943年9月から1946年12月までフィリピンに赴任し、マニラ市役所および比国（フィリピン）文部省で日本語教育と関連業務に従事した。その日本語教育歴について、次のように回顧している。[42]

　1942年日本政府は「『南方諸地域日本語教育並日本語普及ニ関スル件』を決定した。これを受けて、同年10月、文部省は『南方派遣日本語教育要員養成所』というものを開設し」[43]、要員の募集を開始した。木村は選考試験を受けて養成所に入った。この養成所は「所長が文部省図書局長松尾長造、主事が国語課長大岡保三、所員に図書監修官釘本久春、文部省嘱託西尾実、長沼直兄、教務が山口正」[44] などである。講習科目は日本語、日本語文法、日本語教授法以外に、「大東亜諸言語」、「大東亜近世史」、「南方民族」、「興亜精神」、「大東亜建設の理念」、「南方衛生」、「南方事情」[45] などもあった。マニラ本部で木村が携わった仕事は、主に「マニラ市役所の職員に対する授業と比国（フィリピン）文部省日本語教育課での副教材作成の手伝い」[46] であった。

　戦後に帰国した木村は、留学生のための日本語教育や日本語教材・教授法の開発、教員養成などに長年従事した。1976年1月から2月、国際交流基金派遣の巡回指導班に加わり、大洋州・東南アジアの諸国を巡った。さらに1978年6月早稲田大学友好訪華団の一員として訪中し、北京大学、上海外国語学院で日本語教授法について講演もしている。[47]

　戦時中の日本語教育経験について、木村はこれまでに書いたことがなかったという。その理由は、「現在の日本語教育とあまりに事情が違うので、参考にならないかもしれないと思うから」だった。しかし「事実を記録しておくことも必要ではないかと思い、書くことにした。戦時中に行われたような、武力を背景とした強制的な日本語教育が再び行われないように、将来への戒めともなれば」[48] と、日本語教育の出発点と目的という問題に立ち返って、その必要性を強調したのである。

　このように直接的あるいは間接的に得たさまざまな戦争体験が日本人講師の大平学校への赴任の動機づけになったといえよう。

第2節　中国での教育実践と異文化体験

　前述のように、大平学校に赴任した日本人講師は、中国人日本語教師の再教育に献身的にあたった。一方で彼らは北京で暮らし、現地での教授活動と生活体験を経ることで、彼ら自身の内面においても変化があったと考えられる。本節では、日本人講師の中国での異文化体験がどのようなものであったかを考察する。

1. 日本語教育をめぐる文化摩擦とその克服経験

（1）授　業

　中国での日本語教育の進展に伴い、研修生の教育水準を把握した日本人講師は、教育的配慮によって一方的な詰め込み教育とは異なる主体性を重視する教授法の必要性を痛感し、当時の最新の教育理念および教授法を導入し、講師各自が工夫を加え、実践した。

　初級の日本語教授法を教えていたT7は、「研修生たちは（大平学校入学以前に）日本語教育を受ける時間が十分になかったにも関わらず、教師として日本語を教えなければならない人たちが多く、悩んでいた。そういう意味ではすごくやりがいがあったし、彼らもよくついてきて、良い教育ができた」と語った。

　上級クラスを担当したT6は、国際交流基金から「文法のうち助詞と助動詞の授業を担当し、関連教科書を最初から最後まで1冊を通してやる」ことと、「それぞれの研修生が大学に戻ったら、その本で授業ができるようにする」ことを依頼された。そこでT6はプリントを作成し、研修生たちがこのプリントをコピーしてそのまま現場で使えるように準備した。

　T6のもう1つの担当授業は精読であった。T6は「（赴任前に）向こうはどれぐらい準備できているか分からなくて不安だった」が、高等学校用『現代国語』の教科書と教師用指導書を持って行った。その中で現代文を読みながら試験問題を作った。「その教科書は結果的にはちょうどよかった。そしてたくさんのプリントを配った。そのプリントをそれぞれの研修生が大学に持ち帰って使えるようにした」と語った。

　また、日本語教育の専門家T3は「文章表現」という授業を担当していた。彼は「使用教材はあまりなくて一応文章表現の本をいくつか持って行きました。それをそのまま教えるというよりも、とにかくみんなに書いてもらって、書いては

直し、書いては直しという感じでやっていました。授業の教授法は、モデルを見せて真似させる方式ではなくて、とにかくまず書いてもらってどこが問題か指摘して直す」という方法をとった。

このように、当時は日本語教育関係の教科書がまだ不足していたため、国語国文学出身の日本人講師は高校用の『現代国語』の教科書と指導書を日本語教育の領域に取り入れていた。このことから、早期の中国における日本語教育は、日本の国語教育や英語教育にも大きく影響されていたことがわかる。

(2) 教授法の行き違いをめぐり日本人講師の抱えた葛藤

日本人講師たちの懸命な努力にもかかわらず彼らの提供した教育は、中国人日本語教師たちのニーズとは、必ずしも合致していなかった。むしろ双方の行き違いや考え方の相違のために、日本人講師の心中が葛藤していた様子がインタビューを通してうかがえた。

まず第1期に赴任したT11は、日中双方の教育理念の相違について、「ある先生が当時欧米の言語理論を踏まえて、すごく新しい教育理論を取り入れて、新しい日本語教育のやり方を中国にも持って行きましょうという形で授業をされていた」と語った。しかし、当時、まだ文革時代の影響も残っていたので、研修生たちの意見も率直で、そのやり方について「中国の大学は今それを持ってこられても無理です。やっぱり文法訳読法という従来のやり方でやってきたので、自分たちは自分の大学に戻ってもすぐに新しい方法で教えることはできない」と、反対したという。T11は続けて、「それでその先生はすごくショックを受けていらっしゃいました。そういう意味では、こちらの方針は中国の実状を踏まえてやっていなかった。もっと中国の実状をしっかり理解して、中国の現状の中でどんな教授法が適切か、そういうことはあまり検討しないでいきなり日本の今進んでいるものを持って来てやりましょうというのですから、かなりぎくしゃくしたかな…」と当時を反省した。

それからT7も、教授法について同様な経験を以下のように語った。「私が日本語教育を始めたのは1970年代で、オーディオ・リンガル・メソッドが一番華やかな時代だった[49]。職場に入ってからは、先輩につきっきりでオーディオ・リンガル・メソッドのやり方や教案作りを教わった。いわゆる文法訳読法ではなくて、オーディオ・リンガル・メソッドで、短時間に濃い授業をすれば効果があることを日本で実践してきたので、何とかその教授法でやってみたが、これが中国では

ほとんど受け入れられなかった。この教え方に興味を持つ余裕は当時の中国にはまだなかった。とにかく日本語が上手になれば教えられるという考え方だった。」

研修生たちは、慣れない教授法に変えることに強い抵抗を示しただけでなく、そうした新しい理論を先入観で解釈してしまうこともしばしばあった。

T7は、今でも忘れられないことばがあるという。それは、初級クラスの研修生に言われた次のことばだった。「先生、私たちは大学でこんなふうに習っています。教師は大きなバケツの持ち主で、学生は空っぽのコップです。教師はその学生のコップを一杯にしないといけないのです。だから知識はいくらあっても足りないのです」。T7は、「当時の中国には、学生の能動的な態度を刺激する教授法は、時期尚早だった。その後、私は日本へ帰って大平学校の卒業生に同窓会で会った。その時もまだ『（先生が紹介してくださった）教授法はやっていません。とにかく学生に教える知識が欲しいです。教授法を教えている余裕はありません』と言われた。中国における日本語教育を考える時、文法とか、語彙、作文以外に、確立された日本語の教授法を授けるという点が考えられるが、その辺はなかなか育てにくかった」と日中の教育観の相違について語った。

またT4も、「佐治先生はどう感じていたか知らないが、初めの頃こっちの考えていることと、中国で出来上がっているシステムが合わず、両者の間で齟齬が生じていた」と語った。例えば、研究会は参加者一人ひとりが研究テーマを見つけ、自主研究を進め、発表し、討論するという研究討論会の方式で進められた。講師の役割は、研究過程での個別指導と進行役である。しかし、この方針を出した時、「研修生の多くはかなり失望したようであった。研究会を講師による特別講義が行われるものと期待して来た人が多かったらしい。貴重な時間なのだから、研修生の発表などではなく、先生の講義を聞かせてくれと抗議して来た研修生も、1人ではなかった。このような研修生を説得し、おそるおそるの状態で研究会が始められたのであった[50]」という。「研究会」のあり方に対する双方の理解の相違、その背後には、大学教育のあり方という、より大きな相異が存在していた。

そして、T3は自分の経験を以下のように語った。「昔の学生のよくある質問は、『先生、正しい答は何ですか？』だった。いや、正しいかどうかは簡単に言えないですよね。中国では教え方や学び方が違うなと感じました。私は『文章表現』の担当だったから、文章の構成を考えて、流れを考えて、結束性（結論までどのように持っていくか）を考えてもらいたかったが、なかなかそういうのが伝わらなくて苦労した。みんなは、一般の感想文なら書けて、日中友好の何とかかんと

140

かとかね。それは分かるのだけれど、文章の構成は全然分からない作文でした。だから夜遅くまで添削して、そのまま寝ちゃうようなこともよくありました。赤ペンで直してあげたから、『重作老师（書き直す先生、赤ペン先生）』といわれていました。本当はディスカッションもさせたかったが、みんなはあまりそれには関心が向かなくて、『これはどう思いますか？』、『先生、いいか悪いかを言ってください』のすれ違いです。研修生の考え方は、一方向で正しいか間違っているかだけを気にする。そこがなかなかうまくいかなかった点でした。」

　こうした講師たちの経験について、在中国日本語研修センター第２年次報告（要旨）では、「研修センターでは実践能力の向上と研究能力の養成を大きな柱としている。しかし、研修生の大半は『現場に即役立つ』知識の伝授を求めており、『研究能力養成』を旨とした科目について、研修生はあまり積極的ではなかった。研修生側の実践能力（絶対的な知識量の）向上志向と日本人講師のギャップをどのように埋めていくかは、今後の大きな課題であろう」とまとめている。大平学校で学んだ600名の中国人研修生たちは、選抜試験を経て採用された優れた人材であったにもかかわらず、彼らは一部のベテラン教師を除いて、概して教師としての現場経験が乏しく、日本語教育を担当することに強い不安を抱えていたことも背景にあった。

（3）教授法をめぐる摩擦はどう乗り越えられたのか

　文法の授業については、「中国での日本語教育は、文法中心の教授法が主流を占めているようである。そのため、研修生の文法に対する関心は非常に高かった」という。文法担当の講師が少ないため、「設けられた質問の時間には、質問者の行列ができるほどであった。（中略）質問数自体が多くて、一人ひとり十分な時間をかけて応対することは難しい状況」であったと、講師の予想を超える実態があった。

　この状況を改善すべく、講師たちは「研修生の熱意に応えるためにも、また文法の授業を一層充実させるためにも、文法担当の講師数を増やす必要がある。具体的には、最低３人の文法担当者を確保すること、また講師は出来るだけ長期間滞在することが望ましい」と、国際交流基金に提案した。

　T11は、「初年度は大変だった。２年目、３年目になると、いろんな経験が蓄積して伝わり、だんだん当初のような問題が無くなって行った」と語り、そのため、大平学校という事業の初年度はあまり順調ではなかったことがわかった。T11は

続けて「中国の実状をもっとわかっていれば、もうすこし違うやり方で工夫できたかもしれない。やはり当初、研修生の方たちも戸惑っただろうし、私たちも戸惑いながら、試行錯誤する時間を特に1期目で費やした。そういうことを十分にわかっていれば、もっと早い段階で、研究会や勉強会、研修生の意識を変えることはできたかもしれないが、研修生の意識が変わるまでやはり相当時間がかかった」と語り、初年度の1年間の後期になると「それをやっているうちに、すごく研究の優れた人たちが、ちゃんといい論文になるのではないかというようないい発表をどんどんするようになって来て、本当に私もすごく楽しかった。このため後期はもう少しその会を増やした。最後の方では本当に落ち着いて研究もできた。この1年間で、研修生の意識はすごく変わった」と熱く語った。

　このように、即効性を求める研修生と研究能力の育成を期待する教師の間にズレが生じたことに加え、文革の残した閉鎖的な体制も、言語教育に支障をきたしていた。また、詰め込み教育をよしとする観念がまだ根強く、研修生たちを束縛していたことがわかる。最初にショックを受けた日本人講師たちは、研修生の意見を取り入れて授業を改善した。一方、研修生たちも最初の抵抗から日本側のやり方を受け入れ、主体的に研究に取り組むようになった。日中双方は第1期から第5期まで以上のような試行錯誤を繰り返しながら、試練と葛藤を乗り越えて、大平学校ならではのよりよい日本語教員研修のコースを仕上げていった。

2. 日本人講師が経験した1980年代の中国
(1) 街並みの変化

　1980年代は中国全体が発展し始めた頃であった。当時の北京の街は現在に比べはるかに地味であった。T7は、「私がいた3年間に中国は目覚ましく発展した。私が居た頃は友誼賓館の下の道路には夜になると、羊が何十頭も鞭をパチンパチンと鳴らされながら通っていた。でも2年目ぐらいから、北京市内への動物の進入禁止の規則が出来て、代わりにトラックがバンバン入ってくるようになった。そういう時代だった」と、北京市内の変化を語った。

　同じく、T3は「ちょうど中国全体が発展し始めた頃だった。いろんなことが新しくなっていて、私が84年に行った時、中国で初めてマクドナルドができて、それも大変な騒ぎだった。近くの店もだんだん西洋風になり、北京飯店のカフェもどんどんおしゃれになって西洋風のケーキが出されるとか、変わってきたなあという感じで。国が発展するとはこういうことかと身近に感じて、とても面白かっ

142

た」と、時代の変化を肌で感じたことは、自分にとっていい経験だったと語った。

T7は、当時を思い出しながら、「友誼賓館から語言学院までマイクロバスで送迎されていた。途中、中関村[55]を通るが、そこに自由市場があり、冬になると大きなドラム缶で焼き芋を売っていた。それが美味しくて、よく運転手さんに止めてもらって買った。他の物も買って、『中間で損をするね』だから『中間（関）損（村）』なんだという冗談を言うぐらい、自由市場だけが目を引く小さな街だった。当時あったのは、金属の部品屋さんが5、6軒ぐらい。そこが今のような北京のシリコンバレーになるなんて全然予想もしていなかった。あの変わり方を自分の目で見て、時代の変わり目をまさに肌で感じることができて、いい経験をしたなあと今でも思う」と、懐かしそうに話した。

このように、改革開放初期の中国の発展ぶりを、自分の目で確かめられたことはいい体験だった、と講師たちは回想している。

写真4-3
北京の繁華街にて（K1より提供）

(2) 人々・学生たちの素朴さ・真面目さ

当時の一般の中国人は、今よりもずっと素朴であった。T3は「女性のファッションもどんどん西洋風になっていて、おしゃれな服を着るようになった。しかしそれはごく限られた一部で、まだ多くの人は人民服、人民帽だった」と、当時の人々の服装について述べている。

また金田一春彦は、当時の北京大学の学生の様子について、以下のように記している[56]。

写真4-4
1983年の北京の風景（T6より提供）

北京の町が地味なように、北京大学の学生もごく質素なもので、男も女も、青い木綿の人民服を着て、日本のかつての戦時中とあまり変わらない。彼等が持っている教科書の紙は、戦争直後の週刊誌のように粗末である。しかし、はっきりとした表情と輝かしい目つきをしている。姿勢もすこぶるよろしい。先生が教室に入って来た姿を見て挨拶をするところも、日本では見られない情景である。私は《共産主義》というものは、およそ権威というものを認めず、教師はただ知識を授ける労働者で、先生と生徒とは全く同権だと考えるものだとひとりきめていた。が、ここでは師に対する礼儀が立派に残っているところ、やはり孔子以来の礼譲の精神が残っているのであろう。

このように、当時の中国人は日本人講師から見ると素朴で礼儀正しく、真面目であったことが分かる。

（3） 文革の後遺症

1980年代の初頭は、まだ文革の名残をとどめていた時代であった。K2は次のように語っている。「王府井に行ったら、劉少奇の名誉回復の『壁新聞』をみんなで読んでいるのを見たことがある。1980年代始めの時、研修生たちも外国人には文革のことについて何も言わなかった。その後、文革を描いた小説や本、映画が出てきた。現地の人たちと信頼関係ができた頃から、みんなはしゃべり出した。親がインテリで、三角帽子をかぶせられて首から罪状を記した札をぶら下げられ[57]、相当やられたと。研修生の多くは文革中に下放され、貧民、農民の暮らしを体験させられたことも聞いた。大平学校の研修生の中の年配の人たちも文革中、牛舎に入れられ、『自己改造』させられたことなどを語るようになったと、話した。」

文革中には宗教関係の施設も被害を受けたが、当時は仏像が破壊されたまま未だ修復されてないという理由で、寺廟など見学の出来ないところがあった。文革後、寺院・教会など宗教団体が再開し、一部は修復され、外国人の参観も可能になった。しかし、「あまりに色鮮やかで、寺院のワビ、サビ、シブミに慣れた目にはまぶしすぎた」と、K2は回想している。

T7は「当時の北京の街では、ここまで外国人はうろうろしても大丈夫、この先は入ってはいけないと、立ち入れる区域とそうでない区域に分かれていた。私たちはきまりを割と守って、指定外区域に立ち入るようなことはしないようにし

ていたから、表面上の生活は知っていたが、あまり北京らしいモノを知らなかったかもしれない」と振り返った。

　このように、1980年代の初めごろ、破壊された建築や人々が負った文革の傷跡は、まだ癒えていなかった。一方、新しく修復されたものには、古いものに日本人が期待する姿がなくなっていた。

(4)「振興中国」という時代の雰囲気

　文革中は、インテリというだけで多くの人々が迫害された。「改革開放」以降は、「四つの近代化」のために知識分子の優遇政策が打ち出された。社会全体の雰囲気も一変し、軽視されていた知識人が再び重要視されるようになった。教育を重視する風潮が強まる中で、日本語教育の現場も、その動きに乗っていた。

　T8は、次のように語った。「1980年代の中国は動き始めていた。ちょうどその頃、中国をもっと立て直そうという『振興中国』というスローガンがあって、研修生も中国をどうにかしたい、というような意気込みのある者が非常に多かった。文化大革命が終わってやっと中国は元の状態に戻りつつあるという社会全体の雰囲気の中で、立役者である教師が再教育を一生懸命に受けて、自分の大学に帰ってそれを生かそうという気概を感じた」。

　またT3は「みんな一生懸命になって、いろんな新しいことをどうやって受け止めるか、個人個人の迷いもありました。とにかく、みんなで明るい未来が待っているからとがんばった雰囲気が、私は好きだな。日本の60年代、つまり高度成長の手前の時期とよく似ていて、私は懐かしい感じがして個人的には楽しみました。本当にみんな一生懸命に働いて、社会主義国家ですから、格差があまりないし、麺屋のお婆さん、お巡りさん、大学の先生たち、みんな同じような感じでした」と熱く語った。

　当時の中国の日本語教師には、来日して日本語を学ぶ機会はほとんどなかった。そこに開校したのが大平学校であり、自分の国にいながら、日本から派遣されたトップレベルの講師の授業を、丸1年受ける貴重な

写真4-5
日本人講師平井勝利と中国人小学生（少年先鋒隊員）
（K1より提供）

チャンスについては、研修生自身も自覚し、熱心に勉学していた。日本人講師も研修生の学習態度に心を打たれ、意欲をかき立たてられた。

(5) 教育現場の外でみられた日本語熱

　近代化をめざす1980年の中国においては、日本語に対する学習熱が上昇していた。大学の日本語教育の現場だけではなく、夜間学校や普通の市民たちも、日本・日本語に対して強い興味、関心を持っていた。金田一春彦は洛陽から北京へ戻る列車の中での経験に基づき、「中国の列車の中で」[58]という文章に、以下のようなエピソードを記している。ある農家の親爺さんふうの中国人がたどたどしい日本語で「アナタワァ、ニッポン人デスカァ」という。「そうだ」と答えると、「ワタシワァ、スコシィ日本語ヲォ話マスゥ」と言って、語り始めた。「あなたは日本語が上手です」と中国語で応ずると、大喜び。自分は若い時日本語を勉強した。今また、日本人が来るようになったから稽古している、と言ってポケットからザラ紙に印刷した、表紙もすり切れた日本語会話の本を取り出して見せた。さらに、自分は列車長（車掌）である、ついては、「食堂はこちらです」とか「西安が次の駅で乗り換えです」とかいう日本語を知りたい、教えてくれ、と真顔で頼んできた。」

　金田一春彦は、旅行用の「日中会話」という本を携えていたが、その中に「汽車の中で」という章がある。その列車長は読み始め、暗記しようとつとめているので、金田一はそのページだけ破り取って与えると（1冊丸ごとあげたかったが、次の日からの生活に差し支えるため）、「相好を崩して喜び、自分の部屋にとんで帰って行ったが、引き換えに中国の列車の時刻表をくれたのは私も嬉しかった。そして、中国人の間で今、いかに日本語熱が盛んになりつつあるかをはっきり見ることができた[59]」という。

　このように、当時の日本語熱は民間レベルまで浸透していたことがわかる。

写真4-6
北京の中央民族学院にて、金田一春彦と（左2）と少数民族の女性（左3）（K1より提供）

3. 中国での生活

　1980年の中国は、中国の建設のために滞在する在華外国人専門家（中国語では専家）を尊敬し、特別な待遇を与えて大事にしていた。

(1)「専家」という身分

　T7は、「日本という社会からも離れ、中国では特別扱いなので、何でもできる生活をしたのは、生まれて初めてのことだった」と語った。続けて「私たちは専門家という身分で、自由に買い物もでき、人民元も兌換券⁶⁰も両方使える身分だった。ところが同じホテルに住んでいるいわゆるビジネスマンは兌換券しか使えない。だから単価が安い小さい店では買い物ができない。そういう身分差・区別があった。専門家は中国にいいことをしに来たのだから優遇する。でもビジネスマンは中国を搾取しに来ているから、彼らからはお金を取ればいい、そういう考え方であった。同じホテルの別棟にビジネスで滞在する人たちも住んでいて交流もあったが、不自由だと結構ぶつぶつ文句を言っていた。同じ日本人でも、違う立場で住んでいるということを初めて経験して、複雑な気持ちになった」と回想した。

　T6は、「日本の外務省はofficial（公務）で我々を出している。だから渡航目的は限定されている。By order of government、つまり政府命令と、渡航先はThe People's Republic of China only（中華人民共和国に限定）ということだ。そして私達に北京語言学院の工作証（教員身分証）が給付された」と話した。

　T8は、「もちろん当時だって各学校との契約で個人的に中国へ行く教師もいた。だが、大平学校のプロジェクトはやはり国家間の教育事業で、特別扱いだった」と語った。

　彼らが当時を懐かしく語るのは、この国家間交流の一環として正式に日本の代表として現地に赴いた影響が大きいと考えられる。日中経済の大きな格差があったものの、中国社会において日本人講師は手厚く遇されていた。彼らは日本政府の派遣団として、中国では「専家（専門家）」と呼ばれる特別の地位であった。

写真4-7
当時の専門家たちの「工作証」（教員身分証）と「公務パスポート」（T6より提供）

（2）北京での暮らし

　当時日中の経済力の差が大きい中で、日本人講師は中国でどんな生活を送っていたかを見てみよう。

　T11は「私は未知の国を知りたいという意気込みで行ったから、とにかく何もかも中国のことを知るのは楽しかった。中国語を勉強するのも楽しかったし、中国の人に会うのも楽しかった。できるだけ私は人民服を着て、ファッションを真似するなど、中国スタイルをしたかった。中国人みたいに振る舞いたかった。中国語はできないけど、中国人と間違われて嬉しかった。私は体が大きいから〔日本人よりも体格のよい中国人に〕しょっちゅう間違われて、お巡りさんに怒られたりしてね…。本当に私に対しては刺激に満ちた毎日でした。北京のあの当時の空気とか、風景とか、ものすごく馴染んで、大好きだった。四季折々の変化が初めてだったから、ああ北京の秋はこうなんだ。冬はこうなんだ。春はこうなんだ、と毎日興奮して生活しているような状態でした」と当時の経験と心境を語った。

写真4-8
北京ダック店にて
前列は阪倉篤義（第1期）夫妻（K1より提供）

① 生　活

　当時日中の経済力の差が大きく流通も不自由だった中で、日本人講師は中国でどんな日常生活を送っていたかを見てみよう。

　K2によれば、「北京にいる間、朝昼晩の3食は自分で作っていた。中国の料理も美味しいが、3か月ぐらい食べ続けると飽きる。主人は時々日本人の同僚と中国人研修生たちを家に招待して、日本料理をご馳走した。昼間の私は買い物で走り回っていた。当時（北京市街の対角にある）友誼商店（外国人専用デパート）によく行った。語言学院は友誼商店行きの買い物専用バスも提供してくれた」。

　日本の食材について、K2は「娘が日本から味噌、醤油、お酢などの調味料やうどん、そうめん、インスタントラーメンなどの食材を月に1回ぐらい送ってきた。80～83年の中国では、日本の物があまりなく、4年目から外国の商品や日

本の商品がすこし買えるようになった」と話した。

K2は、助かったことに次の3つがあるという。「1つは中国の「東北米」は日本の米と変わらないほど美味しかったこと。2つ目は、日本の規格化した生産と違ってキュウリは曲がって傷だらけだが、たまごも野菜も美味しかったこと。3つ目は物価が安かったこ

写真4-9
手作りの日本料理（K1より提供）

と。主人の給料は700 〜 800元だったが、中国での生活には十分だった。日本から支給された給料は、子どもたちの日本での生活に当てた。兌換券は友誼商店で買い物をする時に使う。しかし友誼商店は充実していたけれど、自由市場より3倍ぐらい値段が高かったので、闇で兌換券を人民元に換えていた」。

インタビューからわかるように、「専家」たちには日本の給与とは別に、中国からも給料が支給されていた。当時中国人教員の平均月給は約30 〜 50元である。そのため中国政府は中国人の10 〜 20倍の手当を支給していた。このように、日本から派遣された日本語講師たちは、経済的には普通の中国人と比べて、比較的裕福で余裕のある生活を送ることが可能であったことが、調査から明らかになった。

写真4-10に示された給料は、当時の中国政府が専門家に支給した中国側の俸給である。K2のインタビューから明らかなように日本国際交流基金は、日本円での俸給を別途支給していた。

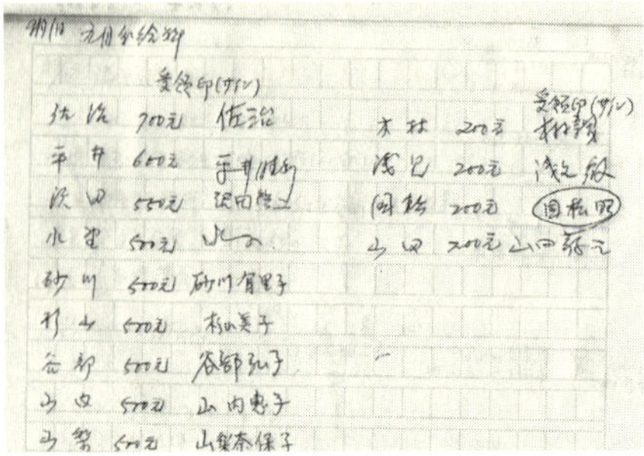

優遇にもかかわらず、日中の生活の違いに違和感を抱く日本人講師もいた。T3は、「日本人の先生方はやっぱり中国の生活になじむ人といつまでも慣れない人がいました。本当に慣れない人は、あれがない、これがない、何か壊れたとかずっと文句を言いました。私は、それなら別に直せばいいじゃ

写真4-10
当時の給料受領のサイン（T5より提供）

ない、そんなもんだろう？と思っていました」。

②　講師の家族の経験

　長期滞在の日本人講師の家族だったK2は、次のように語る。「6年間北京に住んでいたので、中国語での日常会話ができるようになった。きちんと教科書を使っての教室での勉強ではなく、生活の中で覚えていた。例えば"多少钱？""没有"など。その頃の中国人はみんな純真で、中国での生活は楽しかった。生活は不便だったが、みんなやさしかった。最初は中国語ができなくて、お金の勘定も良く分からなかったため、買い物の時、お金を全部出して、必要な分を取ってもらっていた」。

　なお、英語教員だったK2は、「日本人学校で英語を教えさせてもらった。当時の日本人学校は外交官と企業の駐在員の子どもを対象にした大使館の付属機関で三里屯[61]にあった。また、外貿学院（現在対外経済貿易大学）でも日本語会話を教える機会をもらった。私は歌や音楽が好きで、授業では日本の歌を教え、みんなに喜ばれた」と、振り返った。このように、日本人講師の家族への配慮もあったことがわかる。

③　病　気

　医療の面においては、T7は「8月の末に北京に着いたら、すぐに気管支炎になった。日本は湿度が高いが、中国は乾燥しているので気管をやられた。私は外国での生活は初めてだった。そんなこともあって、ホテルの診療所は利用したが、大きな病気になったら、大使館の医師もいたので安心だった。また肝炎にもなった。1年目の末か2年目の初めだった。なぜか冬になると北京では肝炎が流行し、ホテルの従業員が肝炎になって感染したらしい。私もだんだん熱が出て、調べてもらったら擬似肝炎だった。しばらくホテルのレストランでは食事をしない方がいいと言われた。それで、みんなが私のところに来てご飯を食べていた。私も肝炎かもしれないのに…」と、語った。

　日本人の講師たちは、大陸性気候に慣れず、健康面にも影響が出ていた。また、渡航前の準備なども膨大で、北京に着いたら授業準備のために無理を重ね、身体を壊す講師たちも続出した。偉丈夫の佐治も、長い北京生活で、実は持病の糖尿病を再発させていたりした。

④ 服　装

　当時中国では人民服姿が多く、人々はほとんど同じ格好をしていた。質素な生活条件の中、佐治および竹中は率先して人民服と布靴を購入し、現地の生活に合わせた服装をしていた。K2によると、「当時中国人の皆さんは人民服、人民帽、布靴に黒い腕カバーをして地味な格好だった。主人もすぐに人民服、人民帽、布靴などを町で買い揃えて、中国の生活に合わせた。生活習慣の違うのが珍しくて楽しんでいた。他の先生も人民服になる方も少なくなかった。もちろん全員ではなく、きちんとした背広の先生もおられた。3年目（1982年）からは、周囲にもスカートやスーツ姿なども見られるようになった」。

　T8は「その後も時々中国に行くが、当時は非常に素朴、純朴だった。当時人々は紺色の人民服で、もちろん、私も紺色の人民服をずっと着ていた」と、語った。

　T6は、「竹中先生はずっと人民服の恰好だった。当時仕事は、背広ではできないので、私は人民服を買った。（人民服に付けてある北京語言学院のバッジを見せ）、これが赤地に白だと、北京語言学院のスタッフ。白地に赤だと、学生。だから、旅行でもこういう格好だった」と語った。

写真4-11と4-12
当時北京で着ていた服および北京語言学院のバッジ（T6より提供）

　T6は続けて、「面白いことがあった。友誼賓館にはフランス人やアメリカ人などの外国人がいっぱい来ていたが、私たちは人民服姿だったので、完全に中国の服務員（ホテルのスタッフ）のように見えたらしい。荷物を運んでくれと言われ、フランス語もできないし、面倒くさいから言われるまま運んでやった」と語った。

写真4-13
人民服とダウンジャケット
左は中国側のスタッフ弁公室主任唐徳明
（K1より提供）

（3）旅　行

　晩餐会や、小旅行、家庭（中国の先生宅）に招かれたりした際、日本人講師たちは家族で参加していた。「われわれ日本人スタッフは、当時の教育部外事局長の李滔先生や、専家処の葉啓平先生などの絶えざる配慮にあずかり、京劇の観劇や国内旅行の招待を受けて、多くの得がたい想い出を持つことができた[62]」と、佐治は述べている。

　日本人専門家は、中国での仕事以外の旅行や余暇活動を楽しむことができた。中国側が彼らの要望に応えできるだけ支援を行ったためである。

　佐治圭三と妻および娘が、8月4日〜8月18日（1981年筆者推測）、中国国内を回った記録が残っている。昆明、桂林、杭州、無錫、上海等の観光目的の旅である。

　K2は「当時の中国ですから、よかった。語言学院の諸先生、孫先生、周先生にお世話になった。便宜をはかってもらい、（5年間で）チベットと安徽省以外は全部行くことができた。半分は中国政府の招待で、半分は私費だった。大平学校の研修生は全国から集まってきたので、どこへ行っても地元に戻った研修生がいる。いつも「来てください」と言われて、案内してもらえた」と、研修生たちの温かな歓迎についても話した。

　T7は「小旅行で地方に行った時、私たちが何かを見ていると、周りの人たちが「あ、中国語しゃべった」とか、言いながら取り巻く、そんな時代だった」と、当時外国人がまだ少なく珍しがられていた状況を語った。

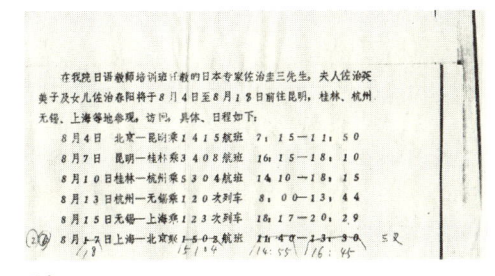

写真4-14
佐治圭三の家族旅行のスケジュール（T5より提供）

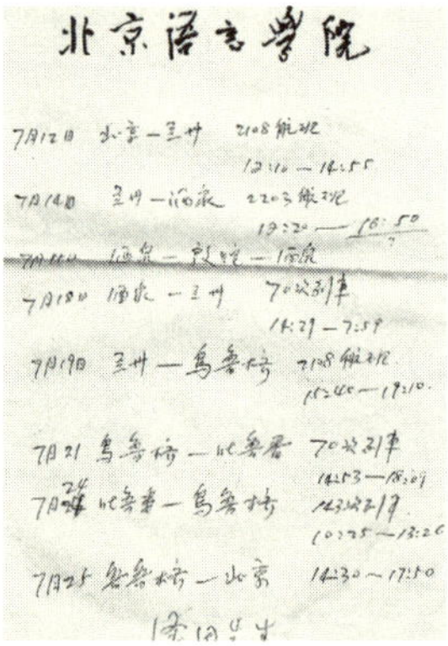

写真4-15
中国国内旅行の日程表、北京～蘭州
～敦煌～酒泉～ウルムチ（T5より
提供）

T6は、「学期末の旅行を楽しみにしていた。というのは、その時代、自由に中国を旅することはできなかったからだ。メーデーの休みに私は太原に行った。7月に帰国するまで、10日間を利用して私は中国の西部を回った。まずウルムチに飛行機で行き、ウルムチから汽車で敦煌の柳園まで来て、敦煌からまた飛行機で蘭州まで来て、寄り道して帰ってきた」と旅行の話をした（**写真4-15**参照）。

またT6は、引き続き「（中国では）『慌てない、焦らない』これは竹中先生に教えてもらった。日本では普通だと思っていることがそうはいかない。1983年に蘭州から帰る時に3〜4日間も飛行機が来なかった。毎日飛行場に確かめに行っているのに、いつ来るかも分からない。だが、いいこともあった。他に毎日来ているイギリス人と友達になった」と、旅のアクシデントについて語った。このように空の便の発着が大幅に遅れ、状況も把握できないことは多かった。

当時、中国を個人旅行するのは容易ではなかった。「目的地が外国人に開放されているかどうかを確認する必要がある。北京郊外でも『ここから先は無許可の外国人は立ち入りを禁ず』の札が随所に見られる。軍関係の施設がある所とかコンビナートなどは例外なく許可がいる[63]」。

旅行にも煩雑な手続きが必要である。「まず、旅行申請書を所属工作単位（勤務先）へ出して印をもらい、パスポートと共に公安局（警視庁）へ提示し、外国人旅行証をもらう[64]」。しかし、大平学校に赴任した日本人講師は専家という特例扱いだったので、参加したのは「工作単位（職場）または専家局（外国から招いた専門家を取りしきる役所）が主催する旅行で、

写真4-16
新疆の旅（トルファン駅頭）（K1より提供）

この場合は行く先々に公文書がまわり、つつがない旅路が保証され」ていた。[65] 専門家への優遇は、政治面だけではなく経済面にもあった。列車に乗る場合、寝台車には「軟臥」（グリーン寝台、2段ベッドの1等車）と「硬臥」（3段ベッドの2等車）がある。「1等車の場合、飛行機料金と同様に外国人および華僑料金は中国人料金の2倍以上であるが、専家（外国人専門家）には中国人料金が適用された」。[66]

当時は交通網がまだ整備されておらず、一般のレベルで自由に中国国内を旅行するには、各種自治体の許可、場所によっては政府の許可を得ることが必要であった。旅行者の立場に立った管理システムは、この頃にはまだ中国全土に行き渡っておらず、書類上の手続き等、様々な困難が個人旅行を阻んでいた。

写真4-17
新疆の砂漠を体験（K1より提供）

　このように、日本人講師は異国の地に滞在していたため、校外での生活体験を通して、すなわちそこで生活している人々からも学んでいた。先に挙げたように、彼らは旅行を通し、その土地の人の生きる風土を知ることができた。中国の地で日本語教育実践に携わることによって、中国人日本語教師と直接接触する機会だけではなく、実際に自分の体験と現地の「人民大衆」との交流を通して、中国・中国人を理解することができたのである。

第3節　日本人講師にとっての大平学校の意義

1. 日本語教育の実践と成長の場

（1）教育実践の場

　大平学校は、日本人講師に中国で日本語を教える実践の場を提供した。大平学校の中国人研修生600名と長期、短期合わせて100名を越すといわれる日本人講師の中には、当時の日中を代表する一流の人物が揃っており、お互いに影響しあった。両国から案を出し合って行われたこの取り組みは、日本語教育関係者だ

けではなく、外務省、国際交流基金、日本大使館、中国教育部、中国大使館教育処などの行政部門からも大きな関心を集め、両国の教育協力・交流を深めた。しかもその交流は5年間で終わるものではなく、大平学校を起点として現在まで継続している。

　研修生たちは、当時の時代背景の中でさまざまな経験や体験を通じて日本語を学んできた。彼らは、中国全体の多くの日本語教師の中から選ばれた精鋭集団であったが、中国側の意図としては、大平学校での取り組みは、研修の定員枠を辺鄙な地域にも特別に与えるものでもあり、研修生の経歴は多様であった。そのため、開校当初の彼らの日本語のレベルは一様ではなかった。

　当時の研修生のレベルの差について、T4は、以下のように語った。「当時ロシア語から日本語に転向してきたばかりの研修生もいて、レベルの違いは大きかった。また戦前の日本の女学校で学んだ人も入っていて、そういう方の日本語運用能力はかなり高かった。若い時から習得したのと、成人になってから習得したのとではまるで違っていた」。

　また講義の内容と目標について、T2は「口頭表現と文章表現を身につけることを目標にした。日本人講師の中には、文法研究や語彙研究など様々な分野の先生がいた。研修生の中には、ベテランの先生でも日本人と話したことがない人がいた。なので要するに、技能を高めること、読み、書き、話し、聞く基礎力の獲得を目標とした」と話した。

　当時は、成績によって「甲乙丙丁」という4つのクラス分けをし、クラス分けには、日本人講師たちは関与しなかった。例えば、甲は最優秀クラスであり、上海、北京、大連、天津といった大都市の日本語教育が盛んな地域の大きな大学から来た研修生が多数入った。中には小学校3年から日本語を学んできたという研修生もいるなど、甲クラスには若い研修生が多く、年配の教員は乙または丙、丁クラスに入っていた。そのためこのようなクラス分けによって中には、プライドが傷つくなどのストレスを抱えた研修生たちもいたという。

　そこで、教える側にはどの研修生にも自信を持たせ、生き生きと学ばせる配慮が求められた。日常の学習と実践で得られた学びや思いを蓄積し、問題を発見し、解決する能力を形成することが必要であった。

(2) 若い日本人講師の成長

　大平学校は、中国人研修生だけではなく、教える側の日本人講師にとっても大

きな成長の場となった。特に当時20代、30代の若い教師にとっては、ベテラン講師たちから様々な指導や教授法などを学ぶことのできる貴重な機会であった。ベテラン講師の事前の授業準備の時間のかけ方、内容の緻密さ、研修生に何を教えるかねらいを一貫して追求すること、教えた後の反省、受講者の反応など、授業に臨むためのきめ細かな要点と配慮については、大いに学ぶものがあった。

　T4は、「まだ20代後半で中国語の勉強もできたし、佐治先生からも指導していただき、いろいろな日本人の先生たちと接する機会があった」と語り、また「先生の間でも、東京外大の国松先生は、人柄が良くて人気があった。それから、NHKの竹内先生は長年アナウンサーをされていたが、録音をお願いした時、全部アクセントなどの印をつけて読み上げていた。金田一先生もご自分の講義の前に資料室でよく準備されていた。プロのアナウンサーもベテランの先生も、そこまで準備するのだということを、若い時に近くで見て衝撃を受けた」と語った。

　T2は、「実は私たちも初めての経験で教師に教えるわけだ。日常いろんな雑用をこなすほかに、授業も持って教壇に立たなければならない。私たち若い教師も日本のベテランの先生から教えてもらったり、研修会に参加したりしていた。勤務を終えて宿舎に戻ってからも、他の先生からいろんなことを教えてもらった。大平学校が開校して何週間か経ってから、研修生の代表と佐治先生、中国側の主任が集まって意見交換会をした。その時1人の研修生が『私たちには時間がないです。もっとちゃんと教えてほしい』と、泣きながら訴えていた。この方は40代で、これまで勉強したくてもできなかったので、こういうチャンスを十分に利用したいと学習意欲を見せた。佐治先生も熱くなって、そのため、私たち若い者（日本人若手講師）が『しっかりやれ』と叱られた。それで1年経った頃、ある先生が帰国される時に私たち若手にこう言われた。『若い日本人の先生たちも成長しました』と。最初の1年は大変だった。授業でどう教えたらいいか、どう答えたらいいか、必死だった」と語った。

　T11は「私自身が毎日テストされていたという感じだった。その時、やっぱり佐治先生、浅見先生などの偉い先生が心配だから、私たちの授業を見に来るわけで、そういう目上のベテランの先生方の怖い指導が入ったことと、研修生たちが自分の下手な教え方でもきちんと聞いてくれて、ものすごく励まされたことで、本当にいい勉強になりました。あと、担当したのは4つのクラスだったんですね。だから甲乙丙丁で同じ授業を4回も繰り返す。ほとんど1回目で失敗して、2回目は改善して、3回目は一番よくできて、4回目で慣れるかなぜかまた失敗する

みたいな感じでした。反復しながら改善する経験ができたから、教え方の非常にいいトレーニングになりました。佐治先生からのご指導も入っていましたし、真剣勝負です。だから毎日夜遅くまで準備していました」と語った。

T4は、自分の成長について「1つは視野が広がったこと、それは人間の成長とか、教育にもたらす効果があった。結局教師の魅力は本人次第だ。その魅力とは自分の経験だけではなく人の経験も吸収できる能力があって、常に新しい知識を吸収し、自分が成長し続けることだと思う。大平学校では自分がこれまで持っているものの上に、新しい知識、方法を勉強し、自分に合えば取り入れていくことができた」と語った。

中国語専攻のT8は、当時日本から来ていた大物日本人講師が気さくだったと語る。「例えば日本語教育の水谷修先生とか、金田一春彦先生とか、3か月サイクルでいらしたが、お会いしたら本当に気さくで、身構えて授業をするのではなくて、研修生とも本当に1対1で丁寧に指導をなさっていた。あのプロジェクトが成功したのは、偉い先生方の親しみやすい人柄もあったのではないだろうか。本当に丁寧に指導をなさっていたという印象である」。

また、T8は続けて、「私自身にとって、あれは人生の転機で、日本語の世界に接することができた。もちろん、長期滞在の先生の中には中国語の文法を専門にしていて、日中の文法の対照研究を授業でやっておられた方がいたが、それ以外にまさに日本語、日本語学を専門にしておられた方々が次々にいらした。身近に先生方と接することで、自分にも日本語の文法に対する興味が湧いてきた」と語った。

当時の日本では、日本語教育を専門とする教師がまだ少なく、もともと日本語の専門ではない国語学・言語学・文学・外国語教育学などの専門家が、日本語教育を担当していた。大平学校に赴任した日本人講師は、必ずしも日本語や日本語教育の専門ではなく、中国語や中国研究の専攻者も多数いた。ゆえに日本語教育専攻ではなかった若手講師は、大平学校で教えることによって、本格的な日本語教育の実地研修を受けていたことになる。

自分にとっての日本語教育と研究の出発点となった大平学校についてT11は、「やはり仕事の面、研究の面で自分の力量のなさをそこで徹底的に思い知らされた。だからその後のバネになったかな。それが自分もっと勉強しなきゃだめだし、もっとやらなきゃいけないことは山ほどある、という感じで、帰国してから研究することへの動機付けにもなった」と語った。当時の若手講師は、大平学校での

試練を通して、自分の力不足を認識し、将来の努力すべき方向が見えた。そして中国の教育現場で受けた刺激を学びと研究の原動力とし、彼らは今や日本での著名な日本語教育や言語教育の専門家となっている。

このように、若い日本人講師たちは学問に対する態度、生き方などをベテラン教師から学んだ。一流の研究者と非常に近い距離でふれあい、他の日本人講師と直接に交流することもできた。そのため、大平学校は佐治や金田一などが教鞭を執って、中国における日本語教育を推進しただけではなく、同僚の日本人講師の指導もして、次世代の日本語教育専門家を育成するという大きな役割も果たしたと言える。

2. ネットワークの形成

日本人講師と中国人研修生たちは大平学校で知り合い、その教育活動を通して日本人講師間、そして講師と研修生間、研修生と研修生間に信頼関係が生まれ、仲間意識を高めた。また、それぞれの地に戻ってからも、横の繋がりは維持されてきた。こうして国境や年齢を越えて作られた巨大なネットワークは、その後現在まで続き、相互にとって貴重な財産となっている。

(1) 日本人講師同士の交流

大平学校での人と人とのつながりは、日本人講師たちのその後の人生や進路にも大きく影響していた。

T2は日本人講師間の関係性について、以下のように語った。「ヨーロッパで日本語を教えてきた先生たちは短期で中国へ来て、授業は日本語で行うので大丈夫だが、生活面での不安は確かにあった。中国語ができないということで、1人で外に出るのはたいへんだった。今のように地下鉄などの交通手段はなかった。そのため逆に私たち長期派遣講師を頼りにされて、日本では考えられないほど親しいお付き合いができた。毎回食堂で共に食事をしたからではあったが、日本では絶対そんなことはあり得ない。若い私たちも大家の先生たちと親密な関係になることができた」。

大平学校で3年間講師として務めた中で、本人が一番大きな収穫だったと感じたことは何だったのだろう、という質問に対して、T7は「やはり勉強したことだと思う。日本語教育法も懸命に学んだ。それから、中国語、中国文化、中国人を中から見ることができた。それらはとてもありがたかった。それから日本にい

たら会えないようなすごい先生方、奥津先生[67]、金田一先生、いま東大にいらっしゃる尾上先生[68]などと、日常的にお付き合いができた。日本の専門家との人脈ができ、勉強ができた。中国に赴任した経験は本当に貴重だった」と語った。

　また、K2は「私の人生の中の最良の時期だった。困難もいろいろあったが、結果はよかった。日本の超一流の先生たちとお近づきになることができた。食事を共にして語り合うなど、その時中国に居たからこそできたわけで、この経験は私の人生の財産となっている」と話した。

　T4は、「授業以外に休みの日も、先生がたに付き添うといった日常の交流があった。その時しか味わえなかった経験である。講師の方が国を離れて大平学校に来ると、個人的な生活もあまりない上に、ことばも分からないということで、よく声をかけられた。日本人の講師同士も中国人の研修生同士も深い交流ができた」と語った。

　このように、大平学校は日本人講師同士にとっての交流の場となり、互いの繋がりはその後もつづき、それぞれの人生に影響を与えていった。

　T7の場合は、文部科学省が全国の大学に一斉に留学生センターを設立した際に「大平学校の豊かな経験をその場に役立ててほしい」と、声をかけられ、大学留学生センターに就職できた。「本当に大平学校のご縁である。もし大平学校の経験がなければ、私を大学に誘ってもらえなかったかもしれない。その点は大平学校あっての私である」と語る。T7のように、何人かの若手講師は、大平学校の赴任の経験や人脈から大学に職を得ることができ、日本語教育領域で教授にまで成長している。

　T8は、大平学校での収穫について「人脈が広がったということがある。中国での体験、日本からいらした先生との交流、見るもの、聞くもの、自分にとって刺激が盛り沢山だった。幸いにして、日本に帰ってから大学院を修了し、その時の経験を活かせて今がある」と語った。当時まだ大学院生だったT8は、その後学問に専念し、現在も大学教授として活躍している。

(2)　日本人講師と中国人学者とのつながり

　研修生の1期から5期までの間に、年齢層は徐々に縮まっていった。第1期は25歳前後の若者から50歳前後の年配者までが同じ宿舎に住んでいたために、互いに交流ができた。また、そこに高齢の日本人講師も交じり、20代から70代までが世代を越え、国境を越えて交流することができた。5年間のプロジェクトが

終了した後も、各地に散らばった日本人講師と中国人研修生たちとの交流は今も
なお続いている。研修生はこのような経験・つながりを通して、研究活動に参加
し、お互いの研究能力を高め合った。

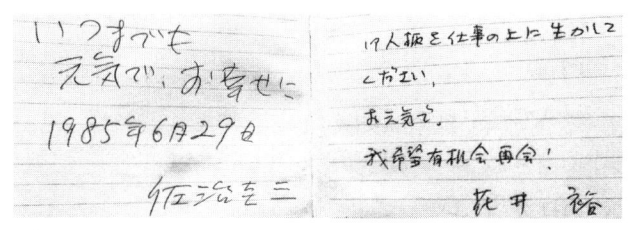

写真4-18
1年間の研修が終わり、互いに交わした祝福の言葉（E8より提供）

　T2は、「2006年から北京日本学研究センターで1年間教鞭を執った。大平学
校出身でもあるセンター主任の徐一平先生、また曹大峰先生などがいた。その後
もうちの大学は北師大と毎年交流を行っている。（机にある教科書を1冊指して）
李姐莉とこの教科書を共同編纂したのでよく連絡する。大平学校当時のこともよ
く話題となる」と、教育・研究面での交流が継続していることについて話した。

　E1は、「日中で共同研究をすることは日本の学者にもいい刺激を与えた。日中
の言語比較、対照研究の分野でも成果を上げた」と語っている。

　大平学校第3期および2006年北京日本学研究センターで1年間を教えたT6は、
「2012年重慶のシンポジウムで講演したら、突然、2人が私のところに来て、
「大平学校の出身者です。帰国の前にもう1回会いましょう」と言われた。だか
ら1980年代から現在までずっと大平学校との関係が繋がっていることになる」
と語った。

　T3は、「私は日本語教育関係なので、修了生たちとはその後もよく会うほうだ。
これまでに何回も修了生の先生方の所属大学に呼ばれて講義をしているし、一緒
に本を企画したり、共同研究も実施したこともある。その先生の教え子が私のと
ころに留学に来るとか、こういうことも何回もあった」と語っている。

　第3期に赴任したT10は、「4期の時、上海外国語学院の王宏さんから頼まれ
て3か月上海に教えに行った。その間、北京に遊びに行った時、佐治さんが講演
をしてくれと言うので大平学校でも講演をした。だから4期の人たちのことも知
っている」と語った。その後、T10は、大連外国語学院出国人員培訓部に日本側
の責任者として派遣された。T10は続けて、「大連では大平学校の卒業生がたく

さんいる。だから空港までみんなが迎えに来てくれた。中国側の先生はほとんど大平学校の卒業生なので、仕事も楽だった。一番ありがたいのはどこへ行っても大平学校の卒業生に合えることだ」と話した。

このように、大学の関係者はその後、学会や研究会、シンポジウム、同窓会などで再会したこともあれば、日本留学に行って、指導を受ける師弟関係を続ける場合もある。また、研修生の成長に伴い、共同研究や教材開発、共同事業などで一緒に仕事をするようになっていった。大平学校での絆は、このようにその後もいろんな形で継続していたことが明らかになった。

しかもこのネットワークは大平学校に限定されたものではなく、同時代の中国赴日本国留学生予備学校（第2章を参照、東北師範大学）と大連外国語学院出国人員培訓部とも関連していることもわかった。

3. 異文化体験から得たもの

(1) 日本人講師のゆるぎない中国観の確立

日本人講師たちは大平学校に赴任する前に、それぞれの中国観を抱いていた。実際に中国の土地を踏み中国の風景を自分の目で見たことによって、かつての中国観には変化が生じ、さらに中国人研修生に出会って彼らと交流することによって、その中国観はより多角的かつ鮮明なものになったことが、インタビューからは確認された。

T8は「私の中では今でも中国のことというと、1983年から1985年のことである。この2年半は、若い大学院生として非常に大きな刺激を受けた時期であり、中国も非常にいい時期だったという気がする。みんな一生懸命勉強するし、純朴だった。だから非常に印象が深い」という。すなわちT8にとって当時の中国の雰囲気、また研修生の勉学に打ち込む姿勢は、その後の中国また中国人全体の印象を左右するものであった。この第一印象は、のちのちまで中国に対する見方や感情に影響したといってよい。

日本語教育専攻のT3も同じ感想を抱いた。彼は「1つは中国に対する見方が、ある程度しっかりできたこと。（修了生は）ああいう先生たちですから、これからもその勢いで中国も発展するだろうなと思ったし、今後中国からたくさんの学生が来るから、ちゃんと中国語をやらないとだめだ、行く前からやっていたけれど、もっとしっかりやらないといけないと思いました。対照研究は専門ではなかったけれど、気を配ってやるようになり、そういう論文も読むようになった。と

にかく、これからは中国の世界だと思った」と語った。

　さらに、その当時の印象は研修生たちと継続的な交流によって、揺るぎないものと化している。例えば、T4は「今でも研修生との付き合いが続いており、その付き合いは自分自身が中国を見る時の1つの窓口となっている。その窓口を通した中国との関係は今も全然変わらないので、日中関係がぎくしゃくしても自分の考えは揺さぶられない。そういう見方ができるのは大きいと思う」と語っている。

（2）国際感覚の涵養

　60年代の「高度成長期」から70年代の「経済大国化」と80年代の「国際国家化[71]」を背景として、日本語普及に当たり日本人講師たちも積極的になっていった。さて大平学校の経験は、講師たちにとっては、前述の中国観の確立のほかに、彼らの内面においてどのような変化を及ぼしたのだろうか。

　T6は、「中国で3か月暮らしてみたことは、異文化理解を肌で理解するフィールドだった。異文化交流の原則は、どちらかが正しいと思ったらだめ、だからどっちも正しい。どっちがいい、どっちが悪いと比べたら、そこに不幸が始まる。簡単に中国に対する理解が深まったとか、深まらなかったとかは言えない。それを越えて私は『行ってそこで確かめない場合は、意見を言わない（偏見をもたない）』と決めている。もう1つは、歴史をもっともっと勉強しなければならないと思う」と、異文化体験を相対化し歴史に学ぶことの重要性を語った。

　T6はその後、大学の学長になり、ユニセフのような国際組織でも活躍し、中国以外の国々とも交流をしているが、「大平学校は自分にとって異文化理解の原点である」と断言した。大平学校および中国での異文化体験は、T6に重要な影響を与えた。3か月という短い期間ではあったが、異文化を持つ人々を尊重し、文化には優劣がないという価値観が芽生え、形成されたという。

　またT8は、「相手が自分を対等で扱ってくれるかどうかということが大切だ。言葉の上手さだけじゃなくて、ものの考え方として、対等に扱ってくれるかどうかということだと思う。また相手の気持ちを本当に理解できるかどうか。そういうふうになれたらいいと思う」と、対等に付き合うことの大切さについて述べた。

（3）その後の若手人材の育成にかける想い

　大平学校時代の美しい思い出が心に残った日本人講師たちは、日本に帰国して

162

からも、各自の教育現場で、一貫して日中友好の想いを胸に、次世代の育成にあたっていた。

T8は、「私も自分で学生に中国語を教える時に、何とかして中国のいいところを見せたいという思いがある。表面的にはマイナスな情報がいろいろとメディアを通じて流れているが、その中にもいい部分がいっぱいあるのだと私は思っていて、それをどうやって見せてやればいいのかが課題だ。中国のいい面を知って、自分も中国へ行きたいと思ってくれる学生が増えてくると、民間レベルで日中の交流がうまくいくのだろうと思う。そこの部分が今はまだ欠けている。大学教育の中でも夏休みを使った語学研修があるが、今は中国に行きたがる学生が少ない。実際に中国に行くと、自分たちのルーツを探れる部分がいっぱい中国に残っているのだが…」と、語った。

どんな若手人材を育成すべきかについて、T8はさらに次のように語る。「中国側にも日本通といえる人材を育てなければならない。やはり心と心が通じ合うかどうかが大切だ。だから、規則はこうだと杓子定規では通じない部分がある。規則はあるが、何か知ってもらおうと思ったら、規則を曲げてでもということもありうる。そうすると、その懸け橋となるのはことばができて双方の気持ちのわかる日本通、中国通だと思う。相手のものの考え方に通じていることが大切という気がする。たとえば日本語が流暢であったり、日本の政治経済・伝統文化に精通していたりするだけでなく、日本人はこういう時に普通こういうふうに考えますよ、という相手の気持ちを読み取れるような人材を多く育てることが大切だ。このような人たちが中心になってこそ日中関係はスムーズに運ぶことができる」。

T8が語ったように、大平学校の関係者からは、自分たちの経験を活かして日中両国の友好交流のために若手を育成したい、という強い意思がひしひしと伝わってくる。育成すべき人材は、言語を究める者ではなく、言語とともに日本人ひいては国際交流における相手国の人々の、物の考え方や価値観も理解できる「通人」であると強調している。

以上本章をふりかえると、大平学校に派遣された日本人講師の特徴は「優れた日本語教師」「優れた研究者」「優れた人間」という3つの要素から成り立っていたことが指摘されよう。インタビューから明らかになったように、彼らは大平学校での取り組みを通して、彼らの専門である日本語教育法を、中国において実地検証することができたわけで、それは彼らのその後の教育者・研究者としての方

向性を定め、人生を通しての大きな成果に結びついた。

　またここには中国政府の強い意向があったことも推測できる。大平学校の教授陣の招聘の際に、日本側に優秀な人材の派遣を要請し、学問だけではなく人格者を迎え入れたい旨を伝え、日本側もこれに応えてすぐれた教育者・研究者を送り出した。そのチャンスを得た、縁のあった彼らは、人生や青春をかけて大平学校で働いた。それが1980年代に優れた中国人日本語教師が中国全土に育って広がっていき、その後の日本留学が隆盛する遠因にもなったといえよう。

　一方、大平学校というプロジェクトは必ずしも順風満帆ではなかったことが日本人講師の語りからうかがえた。特に初期には日本側が作った机上のプランを中国の教育の実状にそのまま当てはめることは問題となり、研修生たちは一部の授業のやり方に対して抵抗を見せた。ショックを受けた日本人講師たちは、研修生の意見を取り入れて授業の改善を試みた。双方のコミュニケーションと努力により、研修生たちは最初の抵抗から日本側のやり方を受け入れ、主体的になり研究に取り込むようになった。日本人講師も研修生たちの変化のプロセスをみて教師として学ぶことがあり、やり甲斐を感じた。すなわち、日中双方は第1期から第5期まで試行錯誤を繰り返しながら、試練と葛藤を乗り越えて、大平学校をよりよい研修のプランを仕上げていったことが考察を通して明らかになった。

　さらに、インタビューに応じた日本人協力者の大部分は、中国での生活および大平学校での教授経験を通して、実際の中国や中国人に好意を寄せていたことが明白で、彼らは中国で丁重に待遇される中で、中国への信頼感をゆるぎなきものとし、相手の文化への理解を深めた。彼らは帰国後、日中友好や大学の国際化を促進する主要人物として活躍した。それには大平学校での体験が一役買っていたと言っても過言ではない。

　大平学校の目的は中国人教師の再教育を通して、日本語教育のレベルを向上させることであったが、その副産物として、教鞭を執った若手日本人講師を成長させ、相互のネットワーク形成にも大きな役割を果たした。当時の若手講師は、大平学校での試練を通して、自分の力不足を痛感し、将来への努力すべき方向が見えた。そして中国の教育現場で受けた刺激をその後の学びと研究の原動力としてさらに努力し、彼らは今や日本では著名な日本語教育や言語教育の専門家となっている。このような当初の意図を超えた価値が生み出されたことについても大いに評価すべきであろう。

1 シィー・ディー・アイ編『日本語教育および日本語普及活動の現状と課題』総合研究開発機構、1985年、15頁。

2 佐治圭三「中国研修生の燃えるまなざし：第1次対中国特別事業」『国際交流』44号、1987年、45 〜 47頁。その他に、北京市内の大学客員教授、北京に滞在中の教師なども講義に参加し、合計91名（延べ120名）の日本人が大平学校の教壇に立っている。

3 大阪外国語大学中国語学科・同修士課程を修了後、大分大学を経て名古屋大学に在任中、副団長として赴任。帰国後、名古屋大学教授。専攻は中国語音声学。

4 大阪外国語大学中国語科卒業後赴任、その後大阪大学修士課程、国立国語研究所研究員を経て、現在京都工芸繊維大学准教授。研究分野は日中対照言語学。

5 広島大学卒、大阪外国語大学院生時代に赴任。現在帝塚山大学教授。専攻は中国語文法。

6 早稲田大学文学部卒、日中学院中国語講師を経て赴任。現在早稲田大学教授。研究分野は旧「満洲・満洲国」教育史、中国近代史。

7 埼玉大学教養学部卒、赴任帰国後、筑波大学修士課程修了、国際交流基金日本語国際センターを経て現在東京学芸大学留学生センター教授。研究分野は日本語学、日本語教育学。

8 大阪外国語大学・同大学院修了後、大平学校赴任を経て、神戸大留学生センター教授。研究分野は日本語教育学。

9 国際基督教大学で日本文学を専攻。大阪外国語大学大学院で日本語学を専攻。修士課程の時に大平学校第1期に赴任。大学院修了後、神戸大学、筑波大学を経て、現在筑波大学名誉教授。専門分野は日本語教育学。

10 日本の言語学者・国語学者。国語辞典の編纂、日本語の方言におけるアクセント研究で著名。東京外国語大学に長年在任後、上智大教授。ちなみに父親の金田一京助（東京帝大教授）はアイヌ語研究で著名な言語学者。

11 東京大学文学修士、専攻は日本文学。33年間東京外大に在任し、1996年より杏林大学教授。2007年中国東華大学を訪問時、「国松文庫」を設置し、蔵書を寄贈。

12 国学院大学文学部卒業。国立国語研究所を経て、東京外国語大学教授。専攻は、日本語学・音声言語病理学。医学博士。NHK放送用語委員、「話し方教室」「ことばの一分メモ」講師等を務める。ことばに関する書籍や辞書の著作・編集に数多く携わる。

13 東京大学国文科卒。東京女子大学助教授、教授、千葉大学教授、大妻女子大学教授を経て1992年城西国際大学教授。小林秀雄、中原中也の研究・作品解説で知られる。

14 お茶の水女子大学国文科卒。1977年、同大学院人文科学研究科博士課程中退。2003年、「中国女文字研究」でお茶の水女子大学より博士号（人文科学）取得。文教大学教授を務め、2009年に退職。日本語学・日本語教育専攻。

15 その他に国立国語研究所研究員、NHKアナウンサー、評論家、大学院生などが含まれている。

16 国際交流基金日本語課「在中国日本語研修センター第1 〜 5年次報告（要旨）」、国際交流基金、1983年、1985年。他の資料は年代未詳。

17 佐治圭三先生略歴・著作一覧、佐治圭三教授古稀記念論文集編集委員会編『日本と中国ことばの梯（かけはし）：佐治圭三教授古稀記念論文集』、くろしお出版、2000年、iii〜iv頁。

18 劉志明「中国における『日本語の国際化』：中国日本語観調査より」『国際協力論集』4 (1)、神戸大学大学院国際協力研究科、1996年、141 〜 142頁。

19 佐治圭三、前掲論文、1987年、45 〜 46頁。

20 椎名和男「日本語研修センター開校」北京語言学院日語教師培訓班編『紀念文集：日語教師培訓班的五年（記念文集：大平学校の五年）』国際交流基金、1987年、24頁。

21 時代の発展とともに、教師研修より正式な修士課程が必要となってきた。時代の要請に応えるため、「北京日本学研究センター」は教師研修を継続する一方、正式な学歴教育を始めた。その後、博士課程も開設し、日本学研究の拠点として、現在でも大きな影響力を持っている。第5章で詳述する。

22　佐治圭三『中国人の日本語作文に見られる誤用例集』国際交流基金、1980年、1頁。

23　佐治圭三『外国人が間違えやすい日本語の表現の研究』ひつじ書房、1992年。

24　佐治圭三『日本語教師養成シリーズ 文法』東京法令出版、凡人社（発売）、1996年。

25　1921年に大阪の実業家・林蝶子女史（1873-1945）が「大阪に国際人を育てる学校を」という理念のもとに、学校設置資金として私財100万円を国家に寄付し大阪外国語学校が設立された。1949年大阪外国語大学が設置され、2007年、大阪大学と統合し大阪大学外国語学部が発足した。大学ホームページ外国語学部沿革　http://www.sfs.osaka-u.ac.jp/outlines/history.html（2014年4月30日最終閲覧）。

26　高杉英一・阿部武司・菅真城編著『大阪大学の歴史』大阪大学出版会、2009年、192頁。

27　大阪外大外国語学部卒業、同大学大学院修士課程修了、中国語学専攻。2008年神戸大学博士（学術）学位取得。広島大学（講師、助教授）を経て神戸大学（教授）に就任、退官後立命館大学特別招聘教授になり、立命館孔子学院院長などを務める。

28　大阪外大文学修士、天理大学国際学部教授を経て、現在同大学非常勤講師として中国語教育に従事。

29　第3章で述べたように、大平学校の訪日研修事業が外務省に依頼されていた。

30　1977年から5年間、大阪外国語大学学長を務めて退職してから、関西大学文学部教授に就任、さらに流通科学大学副学長等を歴任された。2000年12月に「日本における中国語教育に貢献した功績」で中国政府から「第1回中国語文化友誼賞」を贈られた。

31　国語学者、大阪大学名誉教授。京都大学国文科卒、宮地裕は大平学校の設立メンバーの1人である。

32　大河内康憲、1932年京都に生まれ。大阪外国語大学教授、関西地区日中対照研究学会や日本中国語学会理事長などを務め、現代中国語文法研究の代表者である。

33　藤堂明保は、京帝国大学支那哲学支那文学科を1938年卒業後、外務省研究員として北京へ留学。戦後、旧制一高教授を経て、1951～1970年に東京大学に専任、のち助教授をへて、1972年より早稲田大学客員教授、1976年より日中学院長を務める。この間1971年より7年間NHKテレビ中国語講座を担当。1985年没。文学博士。著書に「中国語音韻論」（1957、江南書院。改訂版1980, 光生館）、「漢字語源辞典」（1965、学燈社）、「学研漢和大辞典」（1980、学習研究社）、「漢字の過去と未来」（1962、岩波書店）など多数。藤堂明保・相原茂著『新訂中国語概論』著者紹介より引用、大修館書店、2005年（第5刷）。

34　学生運動は、昭和30年代においては、日米安保条約反対闘争などをめぐって過激化したが、40年代になると、政治闘争に加えて大学の管理運営や学費値上げなど学園問題を取り上げ、一般学生を巻き込む形で大学内における紛争が頻発するようになり、44年1月の東京大学安田講堂事件の前後から、大学紛争は全国に拡大し、過激化、長期化した。このころ、欧米諸国においても、ベトナム反戦運動等を契機として、学生運動が多発したが、これらは戦後に生まれ育った学生、大学の大衆化、新左翼の台頭など共通する背景を有しており、我が国の学園紛争もこのような国際的な時代の流れの中にあったと言われている。文部科学省ホームページ　http://www.mext.go.jp/b_menu/hakusho/html/others/detail/1318395.htm（2014年4月30日最終閲覧）

35　日本語教育学会は、日本語教育に関係している教師や研究者の団体として、昭和37（1962）年に「外国人のための日本語教育学会」という名称で発足し（小川芳男が初代会長）、昭和52（1977）年に、外務省・文部省共管の公益法人となり、平成25年4月1日公益社団法人に移行した。　http://www.nkg.or.jp/guide/g-enkaku.htm（2014年7月18日最終閲覧）

36　東京大学卒業。専修大学を経て、東京外国語大学教授に就任。1985年より学長に就任。退官後、多摩大大学院教授等を歴任、1985～1989年、東京外国語大学第7代学長。経済学者。　http://www.tufs.ac.jp/common/archives/3rd.html 東京外国語大学ホームページ歴代校長・学長一覧（2017年2月28日最終閲覧）。

37　東京外国語学校英語科卒業。高田高等女学院・米沢高等工業学校を経て、東京外国語学校

着任、岩崎民平学長の片腕として教務補導部長、語学研究所初代所長を歴任後、学長就任。NHKラジオ「基礎英語」を担当。　http://www.tufs.ac.jp/common/archives/3rd.html 東京外国語大学ホームページ歴代校長・学長一覧（2017年2月28日最終閲覧）。

38　注34参照。

39　国語学者、国文学者、国語構文論。1948年、京都大学文学部卒業。1962年、「国語構文論」で文学博士（京都大学）。大阪女子大学助教授、京都大学教養部助教授、教授、1985年退官、名誉教授、上智大学教授、1997年退任。1983年4月〜7月、第3期短期講師として大平学校に赴任。

40　重慶は中国四大直轄市のひとつで、内陸部四川省にある。1937年に首都であった南京が日本軍に占領されると、国民政府は重慶に首都機能を移転させたため、戦時中は日本軍による爆撃の対象ともなった。

41　宣撫班は満洲事変以降占領地政策のために組織された陸軍所属の住民工作部隊のことである。日本の目的や方針を住民に示し、治安の維持を図ることが目的である。

42　早稲田大学語学教育研究所編『木村宗男先生記念論文集』早稲田大学語学教育研究所、1982年、245頁。

43　木村宗男「日本語教育の変遷の中で」早稲田大学語学教育研究所編『木村宗男先生記念論文集』、1982年、238頁。

44　同上。

45　同上。

46　同上、241頁

47　同上、245頁。

48　同上、237頁。

49　オーディオ・リンガル・アプローチ（Audio-Lingual Approach）は行動主義心理学および1930年ごろから60年代までのアメリカの構造主義言語学の影響を受けた教授法である。ミシガン大学のフリーズ（C.C.Fries）によって提唱された。この指導法は音声および会話能力養成を重視した教授法であり、口頭練習が多い。文型などの説明は最小限に止める。木村宗男・阪田雪子・窪田富男・川本喬『日本語教授法』桜楓社、1989年、53〜54頁。

50　砂川有里子「対中国日本語研修センター報告書」、国際交流基金に提出資料、1981年10月18日、7頁。

51　国際交流基金日本語課「在中国日本語研修センター第2年次報告（要旨）1981年9月1日〜1982年7月10日」1985年2月22日。

52　砂川有里子、前掲資料、1981年10月18日、5頁。

53　砂川有里子、前掲資料、1981年10月18日、6頁。

54　砂川有里子、前掲資料、1981年10月18日、6〜7頁。

55　中関村は北京市西北郊の海淀区の一角を占める地区である。大平学校の時代は自由市場のあった小さな町が、現在ではIT企業が集中する一大エリアに生まれ変わった。

56　金田一春彦「中国人と日本語」『日本語セミナー』筑摩書房、1982年、229頁。

57　文革中、罪を着せられた人々が大衆の前で、批判される時の格好。

58　金田一春彦、前掲書、1982年、248〜249頁。

59　金田一春彦、前掲書、1982年、249頁。

60　兌換券は外貨兌換券のことを指す。外貨の集中管理と外貨のヤミ市場取り締まりを目的として、1980年4月1日から使用。外国人は中国銀行および指定の交換所で外貨を外貨兌換券に換えて買い物をしなければならなかった。藤堂明保・辻康吾・曽紹徳・堀内克明編『最新中国情報事典』小学館、1980年、744頁。

61　北京にある各国大使館が集中している地域。

62　佐治圭三、前掲論文、『国際交流』44号、1987年、47頁。

63　小原紅「北京だより1 旅へ」『書斎の窓』No.329、11・12月合併号、1983年、23頁。

64　同上。

65 小原紅、前掲資料、23 〜 24頁。

66 小原紅、前掲資料、24頁。

67 奥津敬一郎、国語学者、東京都立大学教授。

68 尾上圭介、国語学者、東京大学教授、2012年定年退職。専門は日本語文法論。

69 大平学校の5年間のプロジェクトが終了後、日中政府の合意により第2次5か年計画が始まり、北京日本学研究センターが設立された。そこで、日本語教師研修以外に修士課程が設けられ、大平学校の精神および人脈が継承され、今日まで続いている（次章で詳述）。

70 大平学校の第1期生、湖南大学教授。

71 山口幸二「日本語教育の歴史」玉村文郎編『日本語学を学ぶ人のために』世界思想社、1992年、301頁。

第 5 章
大平学校と研修生のその後

　前章まででみたとおり、大平学校は1985年7月までの5年間で累計600名の修了生を送り出した。彼らはその後どのように中国における日本語教育の改革に影響を与え、また日中教育文化交流に寄与したのだろうか？そこで本章では、主に以下の3つの課題を設定して考察を加えていくことにしたい。

　（1）大平学校自体は1985年以降、どのような形で継承されていったのか。

　（2）当時の600名の研修生たちは現在、どこで何をしているのか。

　（3）大平学校が、個々の研修生の仕事や人生に与えた影響はどのようなものか。

　中国の経済成長や時代の変化に伴い、日本語教育の課題と需要も変化しつつある。大平学校の設立当初には、日本語人材の緊急な養成のための日本語教師の再教育が重点であったが、次第により高度な人材育成、すなわち研究的指導者の養成が求められるようになった。そのため5年間の研修プロジェクトの終了後、日中両国の合意により同事業は発展的に継承され、大学院主体の高等教育機関へと改組・昇格することになったのである。具体的にいうと、1985年9月から第2次5か年計画が始まり、大平学校は北京語言学院から北京外国語学院へ移設され、「北京日本学研究センター」として再出発した。そこでは教員研修も行う一方、日本学の研究拠点として修士課程、後に博士課程を含む大学院が開設されることとなった。

　大平学校が昇格し再出発したのと同じように、各期の修了生たちもまたその後それぞれの新しい門出を迎えた。修了生たちのその後の活躍や人生を追跡していくにあたり、ここではインタビュー調査結果を、（1）北京、上海、天津など中国国内で勤務する修了生、（2）東京、大阪、広島など日本各地で活動する修了生、（3）教育研究活動から離れた修了生、の3つのグループに分けて分析する。

　彼らによって、大平学校の事績がいかに継承され、日中教育文化交流に寄与したのかを修了生の立場から追跡すると共に、修了生の個々人の人生において、大平学校はどんな意義があったのかを、ライフストーリーを通して検証することも本章の主要な課題である。

第1節　大平学校のその後

1.修了生への追跡調査

　1985年、国際交流基金はこの事業の効果を検証するため、大平学校の修了生に対して追跡訪問調査[1]を行った。中国側スタッフとして北京語言学院の沈国威（大平学校第3期生、現在関西大学教授）もこの調査に同行した。そこでは、日本語教育現場に戻った修了生本人の感想と意見だけでなく、彼らが所属する各大学の日本語科主任・副主任（当該大学の日本語教育責任者）の意見も併せて聴取し、検討している。以下にその内容を紹介しておく。

（1）大平学校の授業に対する評価

　修了生は大平学校の教授法、文法、文学の授業について高い評価をし、自分で授業をする上でこれを参考としていると述べていた。各授業について寄せられた感想や意見は次のとおりである[2]。

　A.教授法

　　① 日本語のみで教える方法をやってみて、できるという確信をもった。

　　② 聞く、話すに重点をおいた授業ができるようになった。

　　③ 研修前は読解で大体の意味を教えるだけだった。日本人の物の考え方などはわからなかったが、今は自信を持って教えられる。

　　④ 授業の方法がわかってきて、授業に自信がついた。

　　⑤ 実物や視覚教材を使う授業をできるだけ行っている。

　　⑥ 知らず知らずに、センターの先生の真似をしている。

　　⑦ 授業の下準備の方法が分かったので、実行している。

　B.文法

　　① 助詞・助動詞・アスペクトなどについて正しく教えられるようになった。

　　② 宿題を直す時、誤りについての判断を下し、説明できるようになった。

　　③ 類似表現を文法の点から比較して説明できるようになった。

　C.文学

　　① 文学作品について、文章の意味を教えるだけでなく、日本人の考え方を説明することができるようになった。

　　② 以前は表面的に訳すだけだったが、今はなぜそう訳すかを説明できるよ

うになった。

　以上の「教授法」に関する感想から見ると、日本語の教授方法は大平学校修了後明らかに改善され、豊かなものになったようである。また、修了生たちは自分の教育現場で意識的にあるいは無意識に「大平学校モデル」を実践し、教育現場を改善しようとしていたことがわかる。

　「文法」については、中国人日本語学習者にとって助詞や助動詞の使い分け、類似表現の区別は難関であるが、これらについて学生に説明できるようになったとあるので、これも大平学校の授業や資料から学んだ成果と言えよう。

　さらに「文学」について注目したいのは、「日本人の考え」と「なぜそう訳すか」という表現である。それまで日本人と接したことが少なく、日本人の考え方・感じ方を理解せずに文学作品を勉強し教えていたため「表面的に訳すだけ」になってしまった。大平学校での1年間は日本語の知識を得ただけではなく、日本人講師と密に接し、日常的にコミュニケーションができたため、日本人の表現・行動を観察し、思考様式を理解できるようになった。また、1か月の訪日研修が日本に対するイメージをより具体化し、日本事情を教える上での自信や日本文学のより深い理解へと繋がったと考えられる。

(2) 日本人講師と講義への感想

　研修生たちは大平学校では日本語教育法を教わっただけでなく、ゼミ形式の講義や公開講座、資料の収集と利用方法などの研究方法も学んでいる。

　A.大平学校の講師
　　① センターの先生方は、学科だけでなく、教師の在り方について身をもって示して下さった。
　　② 研修生を平等に扱い、どんな時でも質問に応じて、親切に答えて下さった。
　　③ 授業以外の研究会でも、献身的に指導して下さった。
　B.講義
　　① 選択科目制はいいことだ。
　　② 公開講座はむずかしい時もあるが、視野を広げるのにいい。公開講座も回を追ってわかるようになった。
　　③ 研究会がよかった。ここで習ったことが帰校後の研究に繋がった。
　このように、大平学校に赴任した講師の献身的な仕事ぶりは、ロールモデルとしての役割を果たし、研修生たちの姿勢を変えた。それまでの中国における日本

語教育では経験できなかった活動によって研究意識が芽生え、修了生たちは自主
的に研究するようになったのである。

（3）研究に関する成果

　追跡調査からわかった研究面での成果は以下があった。

　　① センターで、文法を帰納的に研究することを学んだ。

　　② 初級程度の教材についても、研究の対象とするようになった。

　　③ 論文を書く時の資料の集め方、整理の方法を学んだ。

　　④ 論文を書いて、雑誌に発表した。

　　⑤ センターでもらった資料を使って研究できるようになった。研修前だっ
　　　 たら、資料をもらっても、うまく利用できなかったと思う。

　　⑥ 中国人の敬語の誤用について論文（約6,000字）を書いた（近く刊行予定）。

　このように、大平学校で研究の手法を学び、自分の大学にない教科書や参考書
籍などをもらうことで、各教育現場に戻った後、その延長線上で研究活動を続け
ることが可能となった。研修生は、研究会・公開講座で研究の面白さと必要性に
ついて認識し、研究に関する基礎知識を学び、その後の研究活動を自主的に展開
していた。そのため大平学校は、中国における日本語教育の研究者の育成にも大
きな役割を果たしたと言えよう。

（4）所属機関からの評価

　国際交流基金の同調査は、前述のように修了生だけでなく、彼らの所属機関の
日本語科主任・副主任の意見も聴取している。その中には、次のような意見があ
る。

　　① 研修修了者は、帰校後、教育・研究に意欲的になった。

　　② 彼らはよく研究し、論文を書いて発表することも多い。

　　③ 帰校後、研修報告会を開き、未参加者とも経験を共有している。

　　④ 1年間の在日研修の経験者から見ても、センターの研修はうらやましい
　　　 かぎりだ。できるだけ多くの者にこの研修を受けさせたい。

　　⑤ 現在、中国では、教授方法の研究はあまり行われていない。このセンタ
　　　 ーの修了者によって、教授法を考える動きが出てくるように思われる。

　このように、各大学の責任者は、大平学校の研修に対して満足していることが
うかがえる。修了生たちは自分の体験を他の教師にも伝え、積極的に授業研究に

取り組んでいる。また当時の日本語教育の分野では研究活動が少なかったが、大平学校で研修を受けることで研究に対する関心と行動を促した。特に1年間の在日研修の経験者の「センターの研修はうらやましいかぎりだ」という評価にも注目すべきである。大平学校では、極めて優秀な日本語教育の専門家から集中的に教育を受けることが可能だったので、在日研修よりも魅力的であった。

2. 北京日本学研究センター

　1985年に大平学校が5年間のプロジェクトが終了するのに先立ち、日中両国政府は大平学校の存続について正式に協議している。中国側の認識では、大学院を設立して必要な教員と資料を配備し、日本語・日本研究を進展させることが緊急の課題であった。そのため、中国における日本語・日本研究、日本との学術交流に携わる人材の養成を目的として、中華人民共和国政府教育部は日本側の国際交流基金との間の協定を結び同年に新たに「北京日本学研究センター」が設立にこぎつけた。国際交流基金では北京日本学研究センター事業に対して日本から長期・短期をあわせた各分野の専門家を派遣するほか、在籍する院生の訪日研究への招聘、図書資料の購入寄贈、研究活動支援等に関する運営協力を実施している。[3]

　その後1990年から北京大学にも「現代日本研究コース」[4]が開設され、現代日本の行政・経済・産業・社会などの理解、および諸制度・政策形成過程の研究を目的とする「現代日本講座」[5]が運営されている。

(1) 北京日本学研究センターの設立

　まず、その設立の背景として中国における日本語学習者と教師の急増の実状があった。大平学校が創設された1980年に比べ、1985年には中国の日本語教師は、1,600人[6]以上に倍増しており、研修の機会を望む教師はますます増えていた。したがって「当初の5か年計画のみでは研修を受けられない教師が多く残される結果となり、中国側から日本語研修センターを存続させ、研修を継続してほしいと以前から強い要望」[7]が伝えられていた。「対中国日本語研修特別計画」の研修事業は、「中国政府当局の厚意と強い支持の下に、中国人日本語教師から非常に歓迎され、『大平学校』は中国の関係者の間ではだれ一人知らぬ者もいないだけではなく、『大平学校』で勉強し、研鑽を積むことが中国人日本語教師の重要な目標となって今日に至っている」[8]という状況であった。

　また中国側は、教師の質を向上させ後進の指導に当たることができる指導的人

材を育成するために、大学院制度の整備を重要な目標とした。「大学院制度は当面修士課程の新規設置であるが、中国側は北京外国語学院に設ける予定で目下準備を進めており、我が国外務省及び国際交流基金に対し、正式に第2次計画案を提出し、日本人専門教授の派遣を中心に援助を強く要請してきた[9]」。この時、新規計画が提出され、大平学校の事業は、形を変えて継続することが定められた。

　北京語言学院は、元来、外国人留学生のための中国語教育に重点を置いている教育機関のため、よりふさわしい候補地としていくつかの大学を検討した結果、北京外国語学院に決まったという。

写真5-1
北京日本学研究センターの建物の外観（B1より提供）

　北京日本学研究センターの設立に先立つ1985年3月、国際交流基金は源了圓（東北大学教授）を代表とする訪中代表団を派遣した。メンバーは「副団長・林四郎（早稲田大学）、以下、十時厳周（慶應義塾大学）、平岡敏夫（筑波大学）、藤野幸雄（図書館情報大学）、飯田経夫（名古屋大学）、福田秀一（国文学研究資料館）、椎名和男（国際交流基金）[10]」という各分野の専門家である。

　協議における中国側の主な参加者は、「王福祥（北京外国語学院院長）、李徳（北京日本学研究センター中国側主任）、陳海良（同副主任）、葉啓平（国家教育委員会外事局アジアアフリカ処副処長）[11]」などである。教育体制が異なる日中双方は、大学院修士課程の教育方針・専攻内容・カリキュラム等に関して、2日間にわたって交渉を重ねた。

　その結果、第2次対中国特別事業は、①小規模の日本語教師の研修を継続させること、②大学院修士課程の設置、③日本語研究図書資料センターの設立という3本柱になった。

　第1の日本語教師研修については、「研修の年限は大平学校と同じく1年間とし、そのうち1か月は日本に招聘して研究を行う。研修生の規模は30人（1クラス）に減らし、派遣講師は長期派遣講師5名と短期派遣講師3名（毎年）[12]」とされた。

　第2の大学院修士課程については、「言語・文学コースと社会・文化コースに
分かれて、各コース15名ずつ、計30人（1期）である。修業年限は2年間（う
ち6か月間は日本に招聘して論文指導などを行う。ただし招聘は1986年度か
ら）[13]」であった。日本からの派遣講師については、「1985年度は長期派遣講師7
名で、短期派遣講師は1名であった。1986年度は長期派遣講師が同じく7名で、
短期派遣講師は8名まで増えた[14]」。授業の役割分担については、政治、経済、哲
学、日本史、英語などは中国側で担当し、他の専門科目は日本側で担当した。

　ここでは特に修士課程の社会・文化コースに注目したい。一般に中国人の日本
語専攻者は学習に専念し「日本語の暗記力・実践力が強い」が、その反面「研究
力に欠け、日本事情にも疎い」という弱みがあった[15]。それまでの日本語教育は言
語学・文学を重視し、それなりの研究を積み重ねてきた。しかし社会・文化に関
する図書は少なく、院生たちのこの方面の基礎知識も不足していた。大平学校の
受講生たちは、「これまで日本語の学習に全力を傾けていた関係上、社会科学の
基礎知識をもっていないということから、日本人講師たちの教授の過程において
種々の困難があった[16]」。そのため、「言語・文学」コースの外に「社会・文化」コ
ースが設置されたのである。

　第3の日本語教材については、国際交流基金からは、派遣講師用教材、大学院
生・研修生用教材、日本研究図書資料センター用資料等が寄贈された。「これに
より本第2次計画において本格的な日本語・日本研究者を養成するのみならず、
中国における中核的な資料センターとして将来にわたる日本研究の発展を期する
ものとする[17]」とされた。

　このように、優れた日中の教授陣のもとでの日本の大学への短期留学を含む修
士課程が設けられた。高度な専門教育ときめ細かな指導、短期留学という当時他
の大学院で考えられない恵まれた教育プログラムは、ただちに大きな反響を呼び、
全国から難関を突破した秀才が集まったのである。中には大平学校の修了後再び
北京日本学研究センターに入り直した者さえいた。さらに大平学校修了生の教え
子が受験して進学したケースも多々ある。1995年から博士課程が設立され、
2008年から専門分野は日本語、日本語教育、日本文学、日本社会、日本文化の
5専攻となった。2013年までに修士593名、博士26名が学位を取得している[18]。

(2) 北京日本学研究センターにおける教師教育

　北京日本学研究センターにおける教師教育は、今日まで事業が継続している。

いくつかの段階に分けて概観しておく。

①　日本語教員研修の重視（1985 〜 2000 年）

　この時期は、大平学校の延長として教員研修が実施された。曹大峰等は日本語の教員研修を重視したこの時期について、以下のようにまとめている。1985年から1995年の10年間は大平学校と同じく各期1年間の研修を実施し、それには1か月の訪日研修も含まれていた。募集人数は年間30名とされた。一方、「1996年から2000年の5年間は、研修期間を半年（1か月の訪日研修を含む）と短縮し、参加者も年間20人まで減少した。このように、1985年から2000年の15年間、15期395名の日本語教師が研修を受けた[19]」という。しかもこの段階での研修生は主に「地方の大学の日本語教師や日本語専攻以外の日本語教師[20]」であったという。

②　在職日本語修士課程（2001 〜 2004 年）

　中国国内の日本語教師を取り巻く状況の変化により、在職研修よりも学位取得を目的とした正規の学歴教育が求められるようになった。その結果、日本語教員研修は終了し、2001年から、代わりに「在職修士課程」が設置された。

　参加者は大卒で日本語教師になった人であり、1年目に北京日本学研究センターで専門科目について学び、その後2年間で修士論文を作成し学位が授与されることとなった。2001年から2005年までに4期のプロジェクトが実施され、各期8名で計32名が参加、最終的に23名が修士号を取得した[21]。学位を取得できなかったのは、主に第2外国語としての英語の試験に合格できなかった者であった。というのも、中国では「在職修士課程」修了の必要条件として英語の試験が課され、日本語教師にとって長年触れていない英語は難関であったためである。

③　修士課程―日本言語・日本語教育専攻（2005 〜 2007 年）

　学位取得の要件としての英語試験があったため、応募人数は横ばい状態になり、在職日本語修士課程へのニーズが減少し始めた。そこで、2005年からは、在職日本語修士課程を日本語教育修士課程へと方向転換した。募集対象は大学での教職経験のない日本語専攻の学部卒業生であった。この場合、専攻は、言語学と日本語教育学から成っていた。3分の1の学生は日本語教育学を専攻として選択した。3年間32名の修了生の中で、18名が大学に日本語教師として就任するか博

士課程に進学している。[22]

④ 修士課程―日本語教育専攻（2008年～現在）

2008年には日本語教育専攻が独立し、日本語教育の実践および研究を目指す院生を募集した。2012年までに5期22名が入学したが、その中で4名が修了後日本語教育以外の分野に進んだ。[23] その原因として、大学における日本語教師の供給がこの頃飽和状態に転じ、修了生の就職難になったことが考えられる。

このように、北京日本学研究センターの教師教育は、中国における日本語教師のニーズおよび中国社会の変化に対応しながら、改組・再編されていったのである。

(3) 北京日本学研究センターと大平学校の相違点

北京日本学研究センター（以下「日研センター」と略称）の詳細については、小熊旭・川島真（2012）などの論文や、徐一平・曹大峰編集の著書、論文などに譲り、ここでは日研センターと大平学校との相違点についての分析を試みる。

① 専門化・正規化

大平学校はその後の日研センターに継承された部分もあれば、そうでない部分もある。日研センターの設立を契機に、時代や学習者の資質とニーズに合わせて、日本語教育学から本格的な日本学研究者養成に向けて課程内容が充実されていった。

大平学校での研修と日研センターの修士課程の双方を経験したA6は、その違いについて以下のように述べている。「大平学校は日本語研修を目的として、研修の60％の時間は聞く・話す・読む・書くという基礎能力の習得に費やされ、大学の授業の延長のようだった。一方、日研センターの修士課程は、それとは違って、授業の開設は厳しく吟味され、学問も体系化していた」。

② 日本主導型から中国主導型へ

第3次5か年計画期（1996～2000年）に、日研センターは新たな模索を始める。すなわち博士課程を設置することにより、それまで全て日本側に任せていた講義を、中国側の講師も担当するようにしたことである。こうして、事業は日本主導型から日中共同型へと転換したのである。

　その背景には「バブル経済の崩壊、アジア通貨危機などもあって、日本政府の財政に問題が生じたばかりか、メディアなどで中国脅威論が広がったため、対中国ODAの必要性が議論され始めた[24]」ことがあった。また「国際交流基金にアジアセンターが設立されるなど、日本国内でも対アジア交流（対中国だけではなくアジアの交流）を活発にし、信頼醸成に努めるべきだという声があった[25]」のである。このような日本国内の変化により、国際交流基金は対中国事業の予算を削減せざるを得ず、派遣講師数の削減、訪日研修の短縮など支援規模を大幅に縮小した。「大平学校設立当初は2億円、北京日本学研究センター設立当初の時代には3億円前後あった年間予算も、いまや数千万円規模に縮小[26]」された。ただし、このような日本側予算削減の背景には、中国が経済発展を遂げ、中国人研究者の育成・成長に伴い、「中国主導型の基礎はすでに出来ていると判断[27]」されたこともあった。

　表5-1に見るとおり、日研センターでは講師の構成も設立当初から大きく変化している。大平学校では日本人講師が全面的に教育事業に携わっており、中国人スタッフは補助役にとどまっていた。一方、日研センターでは、設置当初は日本人講師がメインであったが、2001年以降は中国人講師がメインに逆転している。日研センターの発展に伴い、中国人講師が増加したのである。

表5-1　北京日本学研究センター日中講師構成の変化

	1985〜1990年	1991〜2000年	2001〜2011年
日本側派遣講師	32名	30名	12名
中国側専任講師	3名	7名	14名
客員教授（中国人）	3名	3名	6名

注：曹大峰「日研中心教育合作及教学成効研究（日研センターの教育協力および教育効果の研究）[28]」により、筆者作成。

　さらに、中国人講師の中には大平学校の出身者が大きな割合を占めている。例えば、曹大峰（第1期生）、徐一平（第2期生）、郭連友（第3期生）、譙燕（第5期生）などが指導教授を務めている。大平学校や日研センターで育成した人材が、成長して中堅となり、すでに重要な役割を果たしていることは明らかである。

③ 半永久化と図書資料の充実化

　1999年7月に日本の小渕恵三首相（当時）が中国を訪問した時、その前年に江澤民国家主席（当時）が訪日の際に提案した33の協力項目の1つとして、日本政府「文化無償援助」の形で、日研センターの拡大事業に協力することが提案された。2001年8月3日の両国政府交換公文によって、日研センターの新築プロジェクトが正式に決定された。これにより日中友好のシンボルとして、日研センターの専用建築が北京外国語大学（北京外国語学院の後身）内に建てられ、2003年竣工した。[29]

　また日研センター図書館には、日本学研究のための全国屈指の蔵書があり、日本語学習者や日本学研究者が活用している。蔵書は13万冊で、そのうち日本語図書は10万冊、中国語図書は3万冊である。その他、日本語の学術誌64種類、日本語の新聞4種類、日本の各大学および研究機関の紀要50種類以上、中国語の学術誌110種類以上がある。[30] 大平文庫、[31]孫平化文庫、[32]高碕文庫、[33]小孫文庫、[34]徳川文庫[35]など、個人名義のコレクションも5つある。この新築の専用棟および図書館の蔵書は、その後も長期間にわたり、中国の日本学研究に重要な役割を果たしている。

　このように、大平学校はその後、北京日本学研究センターに継承発展され、今日まで中国における日本語教育および日本学研究の人材育成に影響を及ぼしていることがわかった。

写真5-2
北京日本学研究センター図書館の風景（B1より提供）

第2節　修了生たちと中国における日本語教育の質的変化

1.大平学校の修了生の現状

　前述のように、研修生たちは大平学校の収穫を踏まえて、それぞれ再出発した。修了生たちの大部分は派遣校に大平学校で学んだことを持ち帰り、各自の教育現場でそれを生かしながら成長し続けていた。その中、1980年代から1990年代にかけて来日した者も数多くいた。彼らの一部は日本で学位を取得して中国に帰国し、日本語教育の中堅となった。一方、諸事情により日本に残った者も少なくない。修了後30何年が経った今、修了生たちの状況を**表5-2**にまとめてみた。

表5-2　大平学校の修了生の状況（2010年）

名簿記載者 588名	連絡先あり 326名 (勤務先、住所、メール)	中国在住 225名	大学に在職　216名	教　授	128名
				准教授	73名
				講　師	6名
				その他	9名
			中学・高校に在職　2名	教　師	2名
			その他　7名	政府機関	2名
				企　業	5名
		日本在住 97名	大　学　28名	教　授	11名
				准教授	3名
				講　師	14名
			中・高・日本語学校	教　師	4名
			その他（企業に在職など）		7名
			職業未詳		58名
		その他 4名	アメリカ在住	職業未詳	2名
			シンガポール在住	大学講師	1名
			居住地未詳		1名
	消息未詳　262名（名簿に氏名の記載のみで、他の情報なし）				

注：大平学校と北京日本学研究センター同窓会名簿（1980～2009年）に基づき、大平学校時代の600人のデータを抽出して、筆者が作成。

　2010年時点の統計**表5-2**に見るとおり、消息が確認できる卒業生のうち、「中国在住」の225名の中の216名が、教育と研究の現場で教授や准教授として活

躍している。当然のこととはいえ、大平学校の創設目的をまさに実現している数値といえよう。中には大学の管理職や政府部門の責任ある地位にある者もいる。例えば李薇（第1期生・中国社会科学院日本研究所所長）、曲維（第3期生・元遼寧師範大学副学長）や譚晶華（第3期生・元上海外国語大学副学長）、唐磊（第5期生・元人民教育出版社副社長）などが挙げられる。

　また日本での専任の大学教員のポストを得難い状況においても、張麟声（第1期生・大阪府立大学教授）、沈国威（第3期生・関西大学教授）、王曙光（第4期生・拓殖大学教授）、盧濤（第5期生・広島大学教授）など、かつての大平学校の卒業生が日本の大学を拠点に後進を育成し、国際的な研究活動を展開している例がある。

　無論、莫邦富（第1期生）のようにジャーナリストに転向した例や、教育以外のビジネス分野で目覚ましく活躍している修了生もいる。

2. 大平学校が研修生に与えた影響

(1) 日本語教育研究の基礎訓練

　これまで見てきたように、大平学校という研修事業を通して、中国における日本語教育は確実に基礎を固めていき、改革開放以来の新しい日本語教育は「大平学校モデル」によって確立されたと言える。それを調査協力者からのインタビューで確かめてみよう。

　まず、教授法と教育内容について、E1は、「当時、ある日本人講師がNHKの内容を使って、ヒアリングの授業を行った。そのあと、皆がその内容をダビングして自分の大学に戻り、同じやり方で自分の学生を教えた。大平学校の授業は、基礎から上級まで、ヒアリングとビデオの授業もあり、その後の1980年代中国の大学における日本語教育は、ほとんどが大平学校でのスタイルを採用し、当時の日本人講師の教授法・教材を取り入れた。そしてそれは現在に引き継がれている」と語っている。

　次に学問研究についてみると、従来の中国の外国語教育は即効性と暗記が最も重視され、試験問題も穴埋め式が多かった。そのため、研修生たちは、記憶力は高いが、研究能力は低かった。しかし論文を著述するには、模倣ではなく、科学的な手法で新しいものを生み出す力が重要である。ゆえに大平学校では、論文・レポートを書くことによって、研究能力を高めることが求められた。E8は、「以前は先生が一方的に教える詰め込み教育を受けてきたので、何の疑問もなく自分も

そのように教えていた。大平学校に来てから、ゼミ、発表、ディスカッションなどを初めて体験し、その後の自分の授業に取り入れて実践した」と、振り返った。

　さらに、教育方法の継承についてみると、D2は、「大平学校で最新の知識を学び、最新の資料をもらったので、再び教育現場に戻った時には、教え方などは変化していた。少なくとも、自分が大学時代に教わったものとは明らかに違って、大平学校方式で学生を教えるようになった。私の教え子の中には北京日本学研究センターの修士課程に入った者もいる。1クラスから6名が受験し、5名が合格した。おそらく自分も知らないうちに大平学校の良さを語っていたかもしれない。自分も間接に大平学校の影響を自分の学生に伝え、影響力は代々広がっていった」と語っている。

（2）研修生同士のネットワーク作り

　研修生にとって、大平学校で構築された人的ネットワークは貴重な財産となった。日本人講師と中国人研修生の間だけでなく、中国全土の中国人日本語教師の間にネットワークが形成され、同窓会や共同研究などを通して、交流を深め、関係性を築いた。

　A1は、「大平学校の1年間で、自分がこれからどの道でどのように歩んでいくのか見えてきて、実力の基礎を固めることができた。大学新卒で教師になった頃の我々は、自分が今いる大学しか見えていなかったが、大平学校に入ったら、全国の大学の教師と出会うことができた。ここで、互いの日本語のレベル差を認識した。1年間の努力でトップレベルに入れ、達成感が得られた」と振り返った。続けて、人的ネットワークの構築の重要性について、「ネットワークという点からみて、大平学校は自分の人生を本当に支えてくれた。当時の仲間たちは、お互いに支え合いながら今日まで歩んできた」と、高く評価している。

　またD3は、「1年間仕事場から離れて研修した後、各自の仕事先に戻った。研修生の間は利害関係があまりないので人間関係は非常によく、その1年を大切にし、楽しむことができた。同窓生とは、研修後もよく連絡を取り合い、仕事などで助け合った」と語った。そしてD4は、「中国における日本語教育の世界で活躍しているのは、ほとんど大平学校出身者たちである。互いに大平学校の出身者として親しみを感じている」と語った。

　全国の大学から選抜された教師が一時期教育現場を離れ、1か所、すなわち大平学校に集まり集中訓練を受ける。その1年間に、他の研修生に触発されながら

の共同研修を積み重ねる中で、その後の協力関係への基盤が形成されたのである。

(3) 人生のロールモデルを得たこと

　1980年代後半以降の中国の日本語教育の普及と向上の主要な担い手となったのは、大平学校を修了した教師たちである。彼らは大平学校時代で日本人講師のあり方を人生の目標として、努力してきたという。

　A1は、「国際交流基金が派遣してきた日本人講師は、人間的にも学問的にもみな素晴らしい方だった。我々の模範として人生の方向性を導いてくれた。研修生たちは知識面だけでなく、認識面まで変化が起きた。それゆえ、大平学校では教師として、研究者として、人間として成長することができた」と、語っている。

　C2は、「日本人の学者の風格、真面目な態度、誠実に学問を研鑽し学術を追究する精神に深く影響された。我々はまだそこには程遠く、努力する必要もあるが、追いつく自信もあった。当時は何とも思わなかったが、その後の行動に確かに影響が出ている。これは教育の力だと思う」。

　同じく、日本人講師の人間性の影響を受けたというE3は、「私たちのリスニング能力を高めるため、竹中先生は、毎週日曜日に課外授業を設けて下さった。1回も休まずに行ったのでそれは『マラソン』と名付けられた。丸1日の授業は体力との勝負だった。そんな日本人講師の献身的な精神に感動し、われわれも真剣に学んだし、竹中先生は私の目指す教師像となった。今、自分は日本の大学で教員になり、恩返しの気持ちで日本人学生を教えている」と語った。

(4) 大平学校への評価に見る影響

　C2は、「第1に、莫邦富の（大平学校は）"ODA援助の中で、最も成果のあったプロジェクト"という評価に賛成したい。ただし、すべての成果を対GDP比で測る訳にはいかない。人材育成はなんといっても長い時間をかけないと効果が出ないので。第2に、研究の方法を教えてくれた。読解力と思考力も育んでくれた。それも高く評価したいと思う。第3に、国際交流基金が派遣した優秀な講師団は、人間性にしても学問にしても我々の良きロールモデルとなり、人生を導く存在となった。人材育成は、国や民族にとっての長期にわたる大任である」と、長期的展望に立つ人材育成の重要性を語った。

　D3は、以下のように大平学校を評価した。「大平学校は日本側から言うと『親日派』、中国の角度から『知日派』を育て、研修生の日本に対する理解を深めた。

（私たちは）客観的に外国・外国人を見ることができるようになった。なので、世評だけではその信念は揺さぶられない。大平学校で学んだ後、大部分の研修生は1年又は半年の留学や研修機会を得て日本に行き、実際の見聞から日本の長所と短所を理解した。外国語を学ぶことによって自分の国、相手の国を客観視することができる。その意味で、大平学校は民間外交の役割も果たしたと言っていいかと思う」。

　このように、大平学校の研修は1年間でしかなかったが、新しい道を研修生の目の前に示した。日本語と日本語教育に対するイメージも変わり、コミュニケーションの道具から学問的探究の手段もしくは対象ともなった。学問研究の手法も大平学校で学び、これは修了生の人生に大きな影響を与えていた。大平学校で出会った優れた仲間もまた人生のロールモデルもしくは切磋琢磨しあう関係になったと言える。

　大平学校の研修修了生は、以上のように、その後職場に戻るかしばらく日本に留学して帰国し、そのまま中国での日本語教育に従事した場合が多い。そして彼らは中国における日本語教育の中核的存在として、それを支えてきた。では、大平学校のプロジェクト終了後、中国の日本語教育にはどのような変化が生じたかを見ていこう。

3. 中国における日本語教育のその後の展開
（1）中国における日本語教育改革への修了生の参与

　大平学校の修了生はすでに見たとおり、中国の大学管理職、中国日本語教育学会長、政府教育部の高等教育外国語専攻教学指導委員会日本語専攻指導委員会（以下「指導委員会」と略称）委員などのハイレベルな部署にもついており、全体として中国の日本語教育分野の主力軍を形成している。ちなみに中国の高等教育での日本語教育政策形成に関わる組織は、民間系と政府系の2つあり、上記の中国日本語教育学会（中国語名称：中国日語教学研究会）[36]と指導委員会である。以下それにかかわる修了生・関係者を見てみよう。

　1982年2月、中国の日本語教育関係者の学会である「中国日語教学研究会（和名：中国日本語教育学会）」創立大会が大連外国語学院において行われ、佐治圭三が日本国語学会・日本語教育学会のメッセージを託されて出席し、記念講演も行った。

表5-3　中国日本語教育学会の歴代大会と会長

	開催年月日と場所	会 長	会長所属	備 考
第1回	1982年2月5日～10日、大連外国語学院	劉振瀛[37]	北京大学	
第2回	1987年11月12日～15日、無錫	王　宏[38]	上海外国語大学	
第3回	1991年8月18日～19日、大連外国語学院	劉耀武[39]	黒竜江大学	
第4回	1995年8月21日～23日、洛陽外国語学院	胡振平[40]	洛陽外国語学院	第1期生
第5回	1999年7月23日～25日、吉林大学	胡振平	洛陽外国語学院	第1期生
第6回	2003年8月15日～16日、吉林大学	宿久高[41]	吉林大学	第4期生
第7回	2007年8月2日～5日、天津外国語大学	修　剛[42]	天津外国語大学	
第8回	2012年5月25日～27日、天津外国語大学	徐一平[43]	北京日本学研究センター	第2期生
第9回	2016年6月26日、広東外国語外貿大学	周異夫[44]	吉林大学	

注：修剛・李運博『中国日語教育概覧』[45]より、筆者作成。

　このように、全国規模の学会もでき、それまで交流が少なかった大学間のネットワークが形成されるようになった（**表5-3**を参照）。修了生が会長として関わるのは、1990年代後半からのことであるが、大平学校の影響の強さは表からも見てとれる。

　C2によれば、「学会は民間組織であるのに対して、指導委員会は半官半民の組織である。後者は主に教育政策の策定への助言、日本語教育シラバスの作成、中国大学日本語専攻検定試験（4級・8級）の実施指導に当たっている」。指導委員会の歴代の委員長・主任は、以下**表5-4**のとおりである。

表5-4　教育部高等教育外国語専攻教学指導委員会の
日本語専攻指導委員会の歴代委員長・主任

任 期	氏 名	職 務	所 属	備 考
準備期	孫宗光[46]	組長[47]（委員長）	北京大学	前述松本亀次郎の学生
第1回（1992～1997）	厳安生[48]	組長（委員長）	北京外国語大学	元北京日本学研究センター主任
第2、3、4回（1997～2011）	譚晶華[49]	組長（委員長）主任委員	上海外国語大学	大平学校第3期生
第5回（2011～現在）	修　剛	組長（委員長）主任委員	天津外国語大学	元天津外国語大学学長

注：修剛・李運博『中国日語教育概覧』[50]より、筆者作成。

　なお、表5-3と5-4には取り上げていないが、日本語教育学会の歴代副会長や中国教育部指導員会の委員の中にも、大平学校および日研センターの出身者が多数を占め、重要な役割を果たしている。さらには、初等中等教育における日本語教育のシラバスや教科書の編纂出版は、中国教育部直属の人民教育出版社で行っているが、そこで長年重責を担ってきたのは唐磊（大平学校第5期生）である。

　このように大平学校の出身者は、その後の中国における各段階の日本語教育の発展と深く関わっていることがわかる。

（2）日本語教科書の開発

　前述したように、1970年代の中国では正式な日本語教科書がほとんどなく、ガリ版の手書きの教材が多く使われていた。こういった教科書は「革命性」が強調され、中国式の日本語や英語から翻訳した不自然な日本語が教えられるなどの問題点があった。1980年代に入ると、日本で編纂された日本語教科書を参考に、中国国内で編纂し直したものが多い。しかし、1980年代の日本で出版された日本語教科書のほとんどは、学習者の母国語に留意して作成されていなかった。教科書に掲載されている風俗や習慣なども、学習者の現地のものと異なり、興味を引きつけるものではなかった[51]。この状況から脱却するため、中国の各大学では、中国人学習者に適した教科書を作成しようという動きが盛んになり、国際交流基金も、これに対する刊行助成を行っている。中国側が独自に開発した中国式の日本語教材から日中協力による共同開発へと転換した。例えば、社会人や日本語専攻学生以外の学習者向けのテキストとして、『中日交流・標準日本語』[52]という教科書が1988年に出版されたが、同書の中国側編者の1人は前述した大平学校第5期生の唐磊である。日本側の編者としては、大平学校の関係者だった佐治圭三、宮地裕、水野義道、水野（野口）マリ子や大阪府立大学教授・張麟声（大平学校第1期生・日研センター第1期生）などが参画している。北京の中央テレビ局では、1989年秋からこの教科書を使ってテレビ講座を開始した[53]。しかも、テレビ講座を担当したのは徐一平（大平学校第2期生・元北京日本学研究センター主任、教授）であった。この教科書は1,000万部を超える中国の日本語教科書のベストセラーとなっている。

　また、1990年代に出た中国の大学の日本語専攻で最も広く使用されているテキストは『新編日語』[54]である。同教材の編者の1人は、大平学校第1期生の陳小芬である。

　2000年以降、高等教育における日本語専攻の領域では、国際交流基金と中国高等出版社が協力して、新しい教科書の編集および普及に取り組んでいる。曹大峰（大平学校第1期生・北京日本学研究センター教授）編集の『基礎日本語』シリーズの教科書は、北京、天津等の大学で使用されている。これらの教科書の編者の中には大平学校の修了生も多く見られる。

　このように、大平学校の修了生の影響は、教科書編纂の分野でも広範囲におよぶものがあることが明らかになった。

(3)　研究の深化と学術誌への投稿

　大平学校での研究指導を受けた結果、修了生の多くは研究論文を書くことができるようになった。大平学校の日本人講師だったT8は、以下のように述べている。「それまでの中国の大学では、ただただ日本語を教えればいいという感じがあった。しかし、大平学校ではきちんと論文を書かないとだめということで、どうやって研究をするのかを多くの者が学んで自分の大学に帰った。それは中国の日本語教育と研究にとって非常に大きな役割を果たした。つまり日本で採用されている啓発式の教育の仕方とか学び方について1年間研修を受けた者が、その後日本語科の主任になった。そして彼らが研究を牽引したからである」と、語っている。

　また研修を受けて以来、自主的に論文を書くようになったD3は、以下のように語った。「大学卒業以来、初めて書いた論文は、大平学校時代に書いたレポートだった。研修後、大学に戻り、大学の学報（研究紀要）に投稿したところ掲載された。大平学校で学んでいた時に、自分も研究したいという気持ちになった。もし大平学校での経験がなかったら、その後もあくまでも昇進のための論文執筆ということになっていたかもしれない。しかし大平学校時代はそうした昇進のことは一切考えていなかった。ただ啓発され、純粋に何かを書きたいだけだった」。

　中国における日本語教育研究分野で指導的役割を果たしている学術誌に『日語学習与研究』がある。この雑誌は1979年の創刊以来、北京対外貿易経済大学内編集委員会が編集・発行しているが、大平学校の当初から深く関わっていた。大平学校の佐治主任が「できるだけ講師の先生方には、同誌に論文を寄せてくださるようお願いし、研修生にも投稿を勧めて、センター関係者のかなりの数の論文が載るようになり、現在でもセンター修了生の論文がいつも何篇かは載っているのを見ることができる」ようになったからである。こうして大平学校の研修生も

投稿して来た同誌は現在、中国における日本語教育研究上もっとも重要な学術誌となっている。また、現在同誌の審査委員の半分以上は大平学校出身者である。

（4）地方での「大平学校モデル」の再現

　教育の質を高めるために、教師教育は重要である。しかし中国の教師教育の国内格差により、日本語教育の質には今もなおばらつきがある。例えば、西部の大学では日本語教育の基礎が弱く、日本語教師のレベルの低さが問題になっている。ここでも国際交流基金の巡回指導や「大平学校モデル」は、問題を解決する上で参考になっている。

　C2は、地域間の格差を埋めるための努力をどのようにしているかについて、次のように語っている。「現在中国における地域間の経済格差を見ると、東部沿海地域と西部内陸部の間の差が大きい。西部の日本語教師にとって、北京や上海に行って研修や学会などに参加することは極めて困難である。そこで、我々の方が、地方を巡回して無償で研修を行っている。これまで、新疆、貴州、広西、甘粛、黒竜江で研修会を開催し、効果がかなりあった。今年（2013年夏、筆者注）は6年目になり、今度は雲南の昆明に行く予定で、専門家を招いて集中講義を行う。講師の中には、大平学校の出身者も多数いる。そこでは知識を教えるだけでなく、研究法についても伝授する。これも大平学校を参考にしているからである。我々が若手教員の時、このように教育されたので、このモデルを伝承していきたいと思う。政府教育部の支持もあり、専門家の講義謝金は、指導委員会が負担する。宿泊および交通費は現地の大学の負担である。できるだけ現地の人に迷惑をかけないように、数日間だけの講義をする。このやり方は、大平学校からの啓発のおかげである」。

　以上の調査結果からは、中国における日本語教育の人材育成に大平学校方式がいかに大きな役割を果たしてきたかを知ることができよう。

第3節　日本で活躍している大平学校の修了生たち

1.日本留学と大平学校
　中国の改革開放政策の深化に伴って経済発展が進み、人々の考え方も変わり始

めた。「中国の特色ある社会主義」というスローガンのもと、1990年代には市場経済が導入され、沿海部の深圳、珠海などの経済特別地区では日進月歩の発展がみられた。この時期、国有企業の従業員や大学教員などは、収入が少ないため、外資系企業などに転職する者が増えた。当時「出国」、「下海（ビジネスに転じる）」などといった言葉がはやり、海外留学とビジネス領域へ人材が移動するブームが引き起こされた。

　大平学校の修了生たちは、特に日本への訪問経験があり、日本語もできるという有利な条件を備えていた。彼らはかつて社会主義計画経済のもとで、専攻や職業の選択の自由が与えられなかった世代である。そこで一部の日本語教師たちは、日本留学を通して、かつて実現できなかった理想と夢をかなえようと、改めて人生の選択を行ったのである。

(1)　日本留学のきっかけとなった大平学校

　大平学校での1年間のあと、毎年、修了者の中から選抜されて国費で日本留学する者が出て来た。例えば、第1期生の張麟声（大阪府立大学教授）、曹大峰（北京日本学研究センター教授）、第2期生の徐一平（北京日本学研究センター教授）、張平（桜美林大学教授）、第3期生の沈国威（関西大学教授）、第4期生の許慈恵（上海外国語大学教授）、第5期生の高偉建（国際交流基金日本語国際センター専任講師）などである。

　大平学校草創期の対中国日本語特別計画実施委員会の委員で、大平学校の講義を数回担当したことのある大阪大学教授の宮地裕は、第1期の張麟声、第2期の張麗華、第3期の戴宝玉を日本政府（文部省）の国費留学生として大阪大学文学部に迎え、指導した。この3名の留学生との交流について宮地は以下のように記している。「1人の教師と1人の学生として、ともに学問の道に精励することは、私の人生の1つの大きな喜びである。さらに、それぞれの分はあるが、人間と人間とのささやかな心の通いあいがあるとすれば、これは人生最上の喜びというべきものである。この人生の大きな喜び、最上の喜びを感じさせてくれた留学生たちのなかに、この3人の中国人留学生があることは、まことにうれしいことである[57]」。

　以上の選抜以外に、C5は、「日本人派遣講師団の教授が強く推す学生がいれば、直接教授の推薦で審査を受けて国費をもらって来日できた者もいる」という。大平学校の研修生の中には何人かこうしたルートで日本留学を図った者がいる。

1984年までは国費留学は1年間だけの滞在許可だったが、1985年には国の方針が変わり、「博士課程に進学することが許可されたので学業を継続できた。1年遅れて留学して来たが、そのために意外なチャンスをつかまえた」と、C5は述べている。時代とともに国費留学生に対する厳しい規制がやや緩和されたのである。

D2は、大平学校の研修を受けてから職場に戻り、国内で3年間勤務した。3年目にかつて大平学校で教えを受けた奥津敬一郎教授（日本語学・言語学）から、日本で院生にならないかという誘いがあり、日本で学問をしたいという思いがあったため、留学を決意した。来日後は、その奥津教授の研究室に入って博士号まで取得でき、現在は日本国内で教授として後進の指導に当たっている。

また、日中間の教育交流が盛んになるにつれ、各大学の交換留学生、短期研修員、客員研究員、客員教授といった形で、短期あるいは長期で日本に滞在できるようになった。その中で、さらに日本滞在を延長して、進学したり、中国の大学を辞職して日本の企業に就職した場合もあれば、国際結婚したり、日本に帰化した場合などもある。

E8は1989年に国費で1年間交換留学生として来日した。その後、続けて修士課程に進学するために帰国せず私費留学を決めた。留学の件について大平学校時代の恩師と相談したら、「裕福ではないので、金銭的な援助はできないが、必要だったら、保証人にはなると言ってくれ、感動した」と述べた。また「余談だが、留学中の指導教授はかつて大連外国語学院出国人員培訓部（第2章既出）に赴任した経験があった。そこで直接に教わった訳ではないが、私が大平学校の出身だと聞いて、信用し受け入れてくれた」という。

大平学校での経験が留学に及ぼした影響について、B4は「大平学校は私の人生を変えた。もし大平学校がなければ、身近に日本人と接触する機会はなく、日本に近づき、日本社会に入ることもなかっただろう」と述べている。

C2によれば、「日本に残った人たちには諸々の事情があった。例えば、子どもの教育、就職などであり、一概にその成否は評価できない」という。C2には日本国に帰化した大平学校の同窓がいるが、その人が変えなくて済む名前までなぜ日本名にしたのかを聞いたところ、「日本社会は外国人に対してまだまだ閉鎖的である。自分は帰るつもりがないから、職場で昇進することを期待し、受け入れてもらいやすいように名前も変えた」という答えがあったという。

B5はT5に世話になった。「私は大平学校の研修生の中でT5先生に一番恩恵を受けたと思う」と、感謝の気持ちを抑えることができないといった口調で語った。

T5は、B5本人だけではなく、B5の息子の留学に際しても保証人となり、しかも指導教授を紹介し、息子の将来への道を開いてくれたという。ちなみにB5の子息は、日本の名門大学で医学博士号を取得し、現在、日本で開業医として活躍している。

　以上のように、日本留学を果たした修了生の一部は、日本で広く学び、帰国してからは、中国における日本語教育を牽引する貢献を見せている。その一方で、帰国せずにそのまま日本に残った修了生たちは、日中教育文化交流を別の形で促進し、日中両国の関係強化に浅からぬ役割を果たしているといえる。

(2) 居場所としての大平学校

　前述のように、大平学校修了後、一部の修了生とかつての日本人講師との交流は、さらに深められていた。日本人講師の中には、修了生の日本留学や日本での生活、進学や就職などまで世話をしていたケースが少なくない。例えばK2は、「中国の研修生たちとは永遠の友情を続けている。日本に留学してきた場合は、できる限り助けてきた」と語った。一方、修了生のB4からも、留学中に病気になって入院した時「佐治先生の奥様がパジャマなどを持って見舞いに来て下さった。私たちを自分の子どものように面倒をみてくれた」と裏付ける発言もあった。このように、佐治夫妻や竹中を始め日本人講師たちは、大平学校が終わっても引き続き日本に留学してきた修了生には、親身の世話をしていた。大平学校の研修はわずか1年間であったが、その後の交流は途切れず、場合によってはさらに深く行われていたことが明らかになった。

　大平学校の関係者のネットワークは、日中双方にとって互いに必要ある場合には惜しみなく支え合う拠り所としての意味もあった。1985年以降、日本と中国の間で行き来が頻繁になり、佐治を中心に交流会や同窓会などを開くことで、大平学校の関係者は、1つの輪になり、1つの共同体意識が高まり、そこが精神的な居場所となっていたことを、証言から拾ってみたい。

　E8は、「大平学校に赴任した日本人講師は、大平学校出身者に対して格別に面倒を見てくれた。その関係性は"友達以上親族未満"という感覚」と、大平学校の教師と研修生との信頼関係について語っている。またビジネスに転身したE8は、「勤め先が中国に工場を建設することになって、中国によく出張していた。最も多い時期には、年に20回ぐらい往来した。あるとき機上で1人の中国人と会話を交したら、その人も大平学校の出身であることがわかり、親近感が俄然湧

いた。大平学校の同窓には知らず知らずのうちにある種の連帯感が生じていたようだ」と、何期生かを問わずに存在する大平学校の連帯意識について述べた。

B4は、「その後、私費留学で日本に来て、どん底から努力した。大平学校在学当時の国の代表としての来日とは雲泥の差があった。そう感じた理由は2つある。1つは大平学校時代とは日本のイメージが違っていたことである。も

写真5-3
大平学校の同窓会（1999年3月14日）
後列左から：平井勝利、工藤力男、平井和子（平井勝利夫人）、佐治美美子（佐治圭三夫人）、佐治圭三、張国祥、朱春躍、前田薫子　前列左から：竹中憲一、李志華、水野（野口）マリ子、谷部弘子、小野米一、李力　（K1より提供）

う1つは身分が政府派遣の代表団のメンバーから普通の私費留学生になったことだった。しかし、来日してからすでに24年間が経ち、日本社会をさらに深く認識することができたことは確かだ」と、身分の相異による境遇の差と、どん底から日本社会で生き抜いて来た感慨を語った。

当時、日中の経済格差が大きかったため、私費留学の生活上の苦労は並大抵ではなかった。中国での大学教師の仕事を辞めてまでの日本留学は、勇気が必要であるだけではなく、経済力および家族のサポートが必要である。そこで、来日後のB4は、大平学校のかつての教師たちに支援を求めた。B4は「誰か中国から来たと知ったら、佐治先生は必ず自宅に招いてご馳走する。佐治先生の70歳の誕生日会（古希祝い）、京都外大の同窓会、ほかに十数年前には東京でも1度集まり、私は大阪から遠路参加した。佐治先生がいるから、大平学校同窓は1つの大きな輪のようなもので、とても暖かい家族のような存在だった。文化交流というだけではなく、精神、心の居場所の感覚だった」と、大平学校の意味について語った。

このように、日本留学した大平学校の修了生たちは、居場所のない時には昔の繋がりを頼り、佐治を中心に交流し、互いに助け合っていた。留学生活の中で欠けていたアットホームな雰囲気と感情、彼らはこれをかつての大平学校の恩師に求めていた。そのプロセスの中で、自分の居場所を確認して日本で奮闘する元気

をもらうなど、大平学校に対する特殊な感情が生成していたことが推測できる。

　ここで付記しておくが、前述のように、中国国内の修了生たちは観光案内や共同研究、招へい講演などの形で恩師たちに自分なりに恩返しをしていた。日本で就職した修了生たちは連絡を取り合って年を取った日本人講師のお世話をすることもある。大地震の時、修了生E5は神戸で1人暮らしをしているT9を心配して駆けつけて手伝った。T9は、「彼が来てくれて、働いてくれて、本当に感謝している。今も何かあったら、とても頼りになります」と熱く語った。

2. 日本での活動

　大平学校の修了生たちは、日本の各分野でも活躍している。知名度の高い人物としては作家・ジャーナリストの莫邦富がいる。彼以外にも、教育、経済などの領域で顕著な成果を上げている人もいる。1990年代の初め頃に博士号を取得した修了生の一部は、日本の大学の国際化を背景に、大学教員に正規採用された。

　一方で、日系企業による中国投資が盛んになったため、パイプ役となる留学経験者が必要となったので、修士課程修了後に日本の企業に就職した者もいた。日本の大学、高校で常勤又は非常勤の中国語講師になり、語学教育に携わる者も多い。さらに元修了生で中国大陸から帰国した旧「満洲国」の残留孤児の支援事業に携わったケースもある。以下、具体的に見ていこう。

（1）教育と研究の分野

　大平学校の研修後、日本の大学で博士学位を取得した者の中には、その後日本の広島大学、関西大学、拓殖大学、大阪府立大学、茨城大学、札幌大学、共立女子大学などに教授として在職した人たちがいる。専門分野は言語学、国文学、教育学、経済学、異文化コミュニケーションなどである。

　C2は博士学位を取得後、日本の大学に採用されて助教授となった。その経緯は「大学院の時、よく学会発表していたので、ある程度の業績があった。自分が書いた論文が注目されて、運がよかった」と語った。

　同じく教授になったA6は、学問の道を振り返り、大平学校の1年間を以下のように再評価した。「大平学校は私の学問の歩みの出発点であり、自分の人生にとって重要な意味がある。しかし、本格的に学問の道へと進んだのは日本に来てからである。学問の深さからすると、日本での学びと仕事はさらに重要だったと思う。ただし、大平学校での経験が人生にいいきっかけを与えてくれて、以後の

学問の基礎が築かれたことは間違いない」。

　このように、日本の大学に勤め、現在でも教育と研究の分野で活躍している者も多い。同時に、彼らは中国の学術・教育界とも密接な関係を保ちながら、学会発表、共同研究、集中講義、留学生の派遣・受け入れなどで、日中両国の教育文化学術交流に貢献している。

（2）ビジネスの分野

　修士課程の修了後に日本企業に就職したE8は、その理由について「修士課程を修了してから、進路について考えた。自分と夫の2人とも私費留学生だったため、経済状況を考えて取捨選択の結果、自分が進学を諦めて日本の会社に就職した」と語った。このように、経済状況に恵まれない私費留学生にとって、収入の保証が何より大事だったので留学から日本での就職・定住へと生活の基盤を移行させる場合もあった。

　また、E3は、「当時日本では就職しやすかった」と述べ、「大平学校で日本語の基礎を築いてもらったことに感謝している」と大平学校での経験が就職に有利だったことを語った。

　就職したり定住したりすることに迷い、日本と中国を行き来した者もいる。国費留学の後、出身大学に戻るが、2年後に辞職し、再来日して大手商社に就職した者もいる。

　以下はB2の事例である。最初1人で来日し、翌年3歳の子どもを祖父母に預けて妻も来日した。妻は大学受験を突破して大学に入った。B2は1回帰国して大学に戻ったが、自分の将来と家族のことを考えて再来日して就職し、しばらく夫婦2人で日本で生活していた。その後、小学校3年生になった子どもを呼び寄せて日本で小、中、高校に通わせ、アメリカの短大にも留学させた。その間、2人目の子どもが生まれ、小学校1年になるまでずっと日本で育てた。妻の親が重病になったのをきっかけに、17年間住んだ日本を後にして家族で帰国した。妻は両親の会社を継ぎ、B2は日本の企業から派遣されて中国S市の支社長になり、後に独立して縫製会社を立ち上げた。

　大学教員を辞めた理由について、B2は「日本に来てから日本語教育を辞めようと思った。大学を離れた理由は、教師が多すぎて待遇もよくなかったからだ。それに、日本語講師の社会的地位と経済的地位は高いとはいえなかった」と述べた。B2は、日本の大手企業で十数年間勤めた。「当時の中国は、外資導入のため

に日本側に、中国に進出して合弁会社を作ることを盛んに持ちかけた。合弁会社の中には必ず中国人留学経験者がいて、つなぎ役を務めていた。私たちは中国の改革開放に多少の貢献をしたと思う」と語った。

このように、大平学校の設立当初の目的とは違うものの、一部の修了生は日本語能力を活かし、ビジネスの懸け橋として、日中経済交流の促進に寄与していることがわかった。

(3) 中国語教育への転換・中国帰国者への支援

日本語教育という専攻は、日本では意外にも他に応用が利かない。来日しても進学や就職の選択の範囲が限られてしまう難点がある。博士学位を取得していない場合は、中国語非常勤講師の仕事に就いて、大学や高校、中国語教室などで中国語教育に携わっている場合が多い。

E8は、「留学で来日したある友人の専攻が、（母語の）中国語と聞いて不思議に思っていた。せっかく日本に来たのに、なぜ中国語を学ぶのだろうか。しかし、これはとても賢い選択だと今ではやっとわかった。自分は万葉仮名という狭い研究テーマを選んでしまったため、つぶしが効かなかった。日本と中国の就職状況が違うから、その後日本の大学で正規採用されたのは日本語教育に一番近い言語学専攻の人たちで、他の大部分の人は方向転換して、中国語の非常勤講師に就く場合が多かった」と述べた。

A2は、「中国東北部（旧「満洲」）からの帰国者援助機構が帰国者が日本での生活を成り立たせるための中国語教室を作った。当時中国語教室はまだ少なかった。大学教師の経験もあるので、そこでアルバイトを始めた。そのうち中堅的存在となり、教材作りの仕事を任され、就労ビザを取得した」。

なお上記のE8は「修士課程修了後、日本の会社に7年間勤めた。40歳の時、このまま企業労働者として生きていくかどうか迷いがあった。その後、偶然の機会に中国語非常勤講師という仕事に出会い、現在まで続けている。また、中国からの帰国者（残留孤児）に日本語を10年間教えた。毎週日曜日2時間、『生活日本語』を教えていた。自分の日本語教育の知識がこのように役に立って大変楽しかった」と、自分の歩みを振り返った。

このように、中国人日本語教師の中には、日本では自分の専門（日本語・日本語教育）が必ずしも活かせないことに気づいた者もいる。そこで日本での就職事情を視野に入れて専攻を変えたケースもあれば、語学力を生かして、中国語の非

常勤講師や中国からの帰国者支援などの仕事に就いた者もいる。これは、同時代の理工系学部出身留学生のキャリア形成とは大きく異なる点である。[58]

（4）見果てぬ夢、それもまた人生

日本語教師の枠に元来おさまり切れず、来日の末、自分探しを続けた者もいる。A2はもともと教師志望ではなく、文芸、特に映画制作の道に進みたいと考えていた。大学を卒業後日本語教師が不足していたため、自分の夢を諦め、仕方なく大学教師の職に就いた。その後紆余曲折があって、30代でようやく私費で来日した。A2は「我々は国と人々の将来を真剣に考えて悩んだ世代である。社会を改造したい。ただ、四人組時代のような恐怖時代があるような社会に対して自分は思うところがあり、どうしても海外に出たかった。外の空気を吸って視界を広げ、何とかして国を救う道を探したいと思った」と、熱く語る。[59]

彼は当時の心境を、魯迅の詩「自嘲」になぞらえて、「報国無門東に向かい、正果修まらず利益を求め、小楼に躱け進みて一統をなし、その東南西北風を管せん」（国を憂えてもその門戸は見つからない、東に向かい何かを思い海外（日本）に出る／救う道が見つからないまま現実に溺れる／我が小さな部屋に閉じこもり、風が東西南北どちらに吹こうと我は感知せず）（原文中国語、引用者翻訳）と、表現していた。[60]

このように、A2は国を文芸で救う夢を大きく持って海外に出た。しかし、自分の力だけで現実を変えることはとても難しく、諦めて個人の生活を考えることにした。現在は、かつての夢と現実の間で葛藤しつつも、日本に長期滞在するライフコースを辿っている。これもまたひとつの人生であろう。

1980年代前半に大平学校で学んだ研修生たちは、社会主義の計画経済体制の中で、自分の人生を自分で選ぶ自由が与えられていなかった。改革開放政策の進展に伴い、それが徐々に許されるようになったが、中国の政治風土に束縛されたくない場合には、夢を実現するために海外に出た者もある。A2の場合には、その後、就職先の帰国者サポートのための中国語学校が閉校し、職を失い、今、大学の中国語非常勤講師になっている。

このように、日本に来ている大平学校の修了生には、順調に活躍している人もいれば、夢をいったん諦め現実と折り合いをつけて日々を生きている人もいるなど、多様な進路のあったことがわかった。そしていずれの場合にも大平学校が、彼らの人生への転機を与えていたことが確認された。

　日本に来ている卒業生、特にその後ビジネスに転身した者の場合は、おそらく訪日研修の影響が相当大きかったように感じられた。その初来日で感じた日中の差異が衝撃的で、自分の人生について考え直し、やがて意を決して、中国を離れ、新たな人生を始めた。彼らは、留学生活を支えてくれた大平学校時代の恩師や仲間たちとの、今に至るまでの絆について語っていた。このように、大平学校を修了した後、違う道を歩むことになった人々のその後の軌跡は興味深いものがある。

　以上にみたように、大平学校は5年のプロジェクト期間を満了し、北京日本学研究センターへと昇格し、日本学研究の拠点（大学院）として再出発したが、大平学校の修了生たちのその後をみると、大学へ職場復帰した者は、各大学で中核的存在として日本語教育の責任を負っていた。一方日本留学を果たした人々は、それぞれの強みを生かしてさまざまに活動していた。彼等の場合は、大平学校の所期の目的を超えて、日中教育文化交流のさまざまな局面で独自の役割を果たしていた。

　インタビュー調査でわかったことは、中国在住グループの語りの主な内容は、日本語の教授法や研究など、日本語・日本語教育関係の話題が占める割合が大きかったという点がある。日本語教育研究に人生の目標を見出せたためであろう。それに対して、日本在住者、特にその後、経済分野などで活躍している場合には、大平学校時代の訪日研修の影響が大きかったことが判明した。彼らは中国を離れて日本で自分の人生について考え直し、新たな人生に挑戦した。このため、日本での留学生活を支えてくれた大平学校時代の恩師や仲間たちとの絆についても熱く語ることが多かった。なお、調査に応じてくれたすべての修了生にとって、大平学校は今でも彼らの遅れて来た青春の象徴として、輝いていることがうかがえた。

　最後に課題を指摘しておきたい。現在大平学校の関係者は定年近くになるか、すでに定年退職した者も少なくない。第2期生のB3が「自分の人生は、中国での日本語教育の発展と同じ軌跡を辿っている。1970年代の日中国交正常化に伴い、自分も20代で日本語を学び、教師になり、ずっと上り坂だった。定年退職時にピークを迎え、現在は日中関係が悪化し、中国における日本語教育も下り坂にさしかかっていると思う」と語るような、日中関係の陰りをどうするかという問題である。これを別の角度からT7は、「佐治先生が種を播いて今はその花が咲き、実を結んで、修了生が活躍しているのはありがたい。当時の中国政府の配慮や支持もありがたい。今から思えば、日中政府蜜月時代の"共同努力"の賜物で、大

人の付き合いができる日中間でこそ、大平学校が存在できた。ただし、当時できていたことは、現在では到底不可能だ。これを土台にして次世代が新しい時代を拓いてほしいが…」と述べている。大平学校から35年後の現在から日中教育文化交流関係をどう展望するか、それに対して大平学校の経験からどんな示唆が得られるのかについては、終章で、考察してみたい。

1　C5によると、「1985年の冬休み（中国の春節をはさんで、1月中旬から2月中旬までの1か月）に中国東北地方のハルビン、長春、瀋陽、大連などの大学を回り」、大平学校の修了生に対して追跡調査を行った。

2　国際交流基金日本語課「在中国日本語研修センター修了生追跡調査報告」、年代未詳。国際交流基金より提供。以下修了生の意見や感想は、同史料より引用する。

3　国際交流基金日本研究部「事業概観（北京外国語大学と北京大学）」『国際交流』国際交流基金、2002年9月、97頁。

4　小熊旭・川島真『「大平学校」とは何か（1980年）：日中知的交流事業の紆余曲折』園田茂人編『日中関係史1972-2012 Ⅲ社会・文化』東京大学出版会、2012年、68頁。1990年に始まる第2次5か年計画では、新たに現代日本研究コースを北京大学内に設置し、現代日本に関する正確な知識と専門的知見を備えた中国人専門家の養成を目的として、修士号取得者および同等の学力を有する若手実務家20名を対象に1年間（半月の訪日研修を含む）の研修を行うこととなった。2005年以降の北京日本学研究センター第5次3か年計画により、「北京大学現代日本研究センター」と改称し、受講生を北京大学の博士課程の学生のみとし、受講生の専攻は法学、経済、国際関係など多岐にわたっている。

5　国際交流基金日本研究部、前掲資料、2002年9月、97頁。

6　国際交流基金「対中国特別事業計画：対中国日本語教育特別計画（5か年計画）の経緯および新規計画」、年代不詳、国際交流基金により提供。

7　同上。

8　同上。

9　同上。

10　源了圓「中国に築く日本学の礎」『国際交流』44号、国際交流基金、1987年、48頁。

11　同上。

12　国際交流基金「対中国特別事業計画：第2次対中国特別事業計画（概要）」、年代不詳、国際交流基金により提供。

13　同上。

14　同上。

15　王宏「中国における日本語教育概観」上野田鶴子編『日本語教育の現状と課題』、明治書院、1991年、35頁。

16　源了圓、前掲論文、1987年、49頁。

17　国際交流基金、前掲資料、「対中国特別事業計画：第2次対中国特別事業計画（概要）」。

18　曹大峰「日研中心教育合作及教学成効研究（日研センターの教育協力および教育効果の研究）」徐一平・曹大峰編『中日教育合作実践与成効研究：以「大平班」和北京日本学研究中心為例（中日教育協力の実践と効果に関する研究：大平学校と北京日本学研究センターを例に）』学苑出版社、2013年、204頁。

19　曹大峰・朱桂栄・篠崎摂子「教師研修与教師教育課程建設研究（教師研修および教師教育コース建設研究）」徐一平・曹大峰編、同上書、2013年、94頁。

20 曹大峰・朱桂栄・篠崎摂子、同上論文、2013年、95頁。

21 曹大峰・朱桂栄・篠崎摂子、前掲論文、2013年、96頁。

22 曹大峰・朱桂栄・篠崎摂子、前掲論文、2013年、97頁。

23 曹大峰・朱桂栄・篠崎摂子、前掲論文、2013年、98頁。

24 小熊旭・川島真、前掲論文、2012年、71頁。

25 小熊旭・川島真、前掲論文、2012年、70頁。

26 小熊旭・川島真、前掲論文、2012年、78頁。

27 竹中信夫「我的回憶：北京日本学研究中心日方合作研究（私の思い出：北京日本学研究センター日本側共同研究）」徐一平・曹大峰編、前掲書、2013年、47頁。

28 曹大峰、前掲論文、2013年、202頁。

29 徐一平「文化交流の現場から 対中国特別事業／北京日本学研究センター（特集 国際交流基金設立30周年記念 地球的多文化共生の時代を迎えて）―（拡大する文化交流、越境する文化交流）」『国際交流』25（1）国際交流基金、2002年9月、97頁。

30 北京日本学研究センター図書館　http://www.bjryzx.org/tsg/show.asp?id=126（2014年7月20日最終閲覧）下記の個人文庫についての説明も同サイトを参照した。

31 大平正芳記念財団の助成金で設立された。

32 孫平化は元中国日本友好協会会会長である。1992年11月3日、日中国交正常化20周年に際して、勲一等瑞宝章を叙勲した。これを記念して、茨城県日中友好協会が孫平化文庫を寄贈した。

33 高碕達之助は政治家・実業家である。1962年、中華人民共和国を訪問。廖承志との間で日中総合貿易（LT貿易）に関する覚え書きに調印した。

34 小孫靖が寄贈。小孫靖は講談社編集者であった。

35 徳川宗賢が寄贈。徳川宗賢は学習院大学教授・日本国語学会代表理事などを務めた。

36 中国における日本語教育および研究の学術団体である。中国外国語教学研究会に所属している。中国日語教学研究会ホームページ、http://211.68.208.44/ryyjh/、2014年10月18日最終閲覧。

37 1941年日本の東京高等師範学校を卒業、北京師範大学日本文学科教授、北京大学東方語言文学科教授などを務めた。翻訳代表作『吾輩は猫である』など。

38 台湾に生まれ、抗日戦争と解放戦争に参加。1960年より日本語教育に従事、上海外国語学院日本語学科初任学科長。

39 1925年生まれ、黒竜江大学外国語学院副院長、教授、黒竜江大学現代語言学研究所所長などを歴任した。

40 1940年生まれ、1962年洛陽外国語学院を卒業。洛陽外国語学院日本学研究センター主任、教授を務めた。

41 吉林大学外国語学院院長・教授、中国中日比較文学学会副会長などを歴任。代表作『日本中世文学史』など。

42 1957年生まれ、天津外国語大学学長・教授を務め、現在天津市人民代表大会法制委員会副主任。2017年日本外務大臣賞を受賞。

43 1956年生まれ、北京外国語大学日本語学部教授、北京日本学研究センター主任、教授などを務める。2017年日本外務大臣賞を受賞。

44 1987年長春外国語学校を卒業し、吉林大学に入学。1994年に同大学修士課程修了後同大学に就任、現在、吉林大学外国語学院院長・教授を務める。

45 修剛・李運博『中国日語教育概覧』外語教学与研究出版社、2011年、2～4頁。第9回の情報は筆者により加えた。

46 1926年江蘇省生まれ、戦時中の1943年日本東京東亜高等学校に留学、戦後1945年北京大学文学院日本文学専攻に入学。北京大学東方語言文学学科教授、日本文化研究所所長などを歴任した。代表作『基礎日語』、『日語』、『中央放送大学日語基礎』など。

47 外国語専攻教学指導委員会の中に英語組、日本語組などがあり、中国語では「組長」と呼

称、日本語の「委員長」にあたる。

48　1979 〜 1981年、国費留学生として東京大学に留学、1989年同大学から博士学位を取得。
　　著書『日本留学精神史：近代中国知識人の軌跡』（岩波書店、1991年）は大仏次郎賞
　　（1992年）、アジア太平洋賞大賞（1993年）を受賞した。1992 〜 1994年北京外国語大学
　　日本語学部長、1994 〜 2000年北京日本学研究センター主任教授などを歴任し、2015年
　　には日本国政府による「旭日中綬章」を受賞。

49　1951年生まれ、元上海外国語大学副学長、中国日本文学研究会会長、上海翻訳家協会主席
　　などを務め、長年日本文学の研究と翻訳に携わっている。代表作『日本近代文学名作鑑賞』
　　など。

50　修剛・李運博、前掲書、2011年、21頁。

51　シィー・ディー・アイ編『日本語教育および日本語普及活動の現状と課題』総合研究開発
　　機構、1985年、14頁。

52　1985年12月13日に中国人民教育出版社と日本の光村図書出版が協力編纂に合意し、
　　1988年7月に『中日交流・標準日本語』（第1版）初級・中級各2冊が人民出版社より出版
　　された。17年後の2005年には、『新版中日交流・標準日本語』も出版され、現在も大平学
　　校の関係者多数を含めた編集委員が編集している。

53　王宏、前掲論文、1991年、36頁。

54　周平・陳小芬『新編日語』上海外語教育出版社、1993年〜 1995年。

55　高等教育「十一五（第11次5か年計画期）」国家レベル教材・「高等教育における日本語専
　　攻基礎段階教科書シリーズ」、高等教育出版社、2011年。このシリーズは基礎日本語、ヒ
　　アリング、作文などから構成されている。伝統的な一方的な知識伝授から学習者の主体性
　　を育成することへと編集方針が変わっている。

56　佐治圭三「中国研修生の燃えるまなざし：第1次対中国特別事業」『国際交流』44号、
　　1987年、46 〜 47頁。

57　宮地裕「所感」『紀念文集：日語教師培訓班的五年（記念文集：大平学校の五年）』、国際交
　　流基金、1987年、33 〜 34頁。

58　理工系の学生は専門性があるため、日本を足場として、その後アメリカに渡った場合が多
　　い。日本で企業に就職した者も多い。王雪萍『改革・開放期中国における留学生派遣政策：
　　日本への派遣学部留学生を中心に』（博士論文：慶應義塾大学大学院政策・メディア研究科
　　2006年を参照）

59　中国の文革を主導した「江青、張春橋、姚文元、王洪文」の4名のことを指している。

60　A2の詩の原文 "报国无门掉头东，正果未修利已求，躲进小楼成一统，管它东南西北风"。

終　章

第1節　各章の概要とまとめ

　本書の目的は、戦後、特に1978年日中平和友好条約が締結されてから現在に至るまでの40年にわたり、「在中華人民共和国日本語研修センター」（大平学校）が、日中の教育文化交流に与えた影響と意義を明らかにしていこうとするものである。

　以下、各章各節の概要を記す。

　序章では、本研究の研究課題や先行研究の検討、本研究の研究方法と研究視角そして本書の構成について述べた。第1節では、まず大平学校はどのような経緯で設立され、そこでどんな教育活動が行われ、そしてどんな影響があったかという問いを立てた。これらの問いと同時に、大平学校で教え、学んだ個々人の「言語人生」（言語をめぐるライフストーリー）に注目することも、本書のもう1つのテーマとして立てることとした。次に、第2節では大平学校に関する先行研究を年代順に「広報期」、「沈静期」、「評価期」という3つの段階に分けて整理した上で、本研究にとっての示唆となる評価について述べた。

　第3節では、本研究の研究方法として、大平学校については、その全容がこれまでは明らかにされていなかったため、まず、第1次資料を発掘し、それに基づきながら実証的に論を進めることの必要性を述べた。さらに個々人の生涯に与える外国語教育の影響を考察することで生涯学習の視点から言語と人生を究明するために、インタビューの手法を用いてライフストーリーに依拠する方針について述べた。そして、①歴史の視点を取り入れて、近代における日中100年の教育文化交流史を踏まえたうえで、戦後の大平学校の設立経緯を中心として考察すること、②言語／外国語教育政策の視点から、日中政府間の文化交流協定により誕生した大平学校の特性を分析すること、③大平学校における異文化体験を考察すること、④生涯学習としての言語教育の意味を明らかにすること、という4点の

研究視角について説明した。最後に、第4節では本書の構成について述べた。

　第1章では、中国における言語／外国語教育の歴史および現状について整理することによって、大平学校の誕生の土壌および背景を明らかにしようとした。第1節では、中国における言語／外国語教育のあり方を問う先行研究を「言語政策と言語計画」、「海外の言語政策」、「地域性・民族性」という3つの角度から概説した。第2節では中国における外国語教育の歴史についてまとめた。第3節では、中国における日本語教育に焦点を当て、戦前における中国人への日本語教育について論じた上で、戦後中国（中華人民共和国）における日本語教育の変遷を閉鎖期・発展期・躍進期・転換期の4期に分け、まとめた。

　その結果は以下のとおりである。①外国語教育は国家の安全、国家レベルの開発と情報化に密接に関連しているため、中国でも諸外国のように、外国語を専門に扱う政府機関の設置、外国語教育の法整備の必要性があることについて確認した。そのうち看過されやすい少数民族の言語教育の問題の複雑さと深刻さを先行研究では認識し、民族性と地域性を生かした外国語教育の多様化が求められていることを論じた。②中国における外国語教育の歴史は、当時の時局や社会環境に影響されながら、中国が如何に外国と付き合い、近代化を実現してきたかという模索と努力のプロセスでもあることがわかった。特に、新中国の建国後、ロシア語一辺倒の時期から、文革中における鎖国状態、さらに改革開放期における資本主義諸国への関心の高まりという時代変化とともに外国語学習政策が変化してきたことを検証した。③言語／外国語教育は、国家の発展や国際社会への参加における重要な指標であり、その政策を策定する場合、長期の効果を考えた上で、その国の発展の実際状況に基づいた相応しい政策を採用しなければならないということが明らかになった。

　第2章では、1980年代における日中両国政府の協力による中国での日本語教育普及活動および日中の経済、教育文化交流事業の展開について、その歴史的・社会的背景から考察し、大平学校誕生の前史を明らかにした。第1節では、大平学校の設立以前（主に文革期）の中国における日本語教育の実例について考察した。第2節では、国際交流基金の日本語・日本語教育普及活動や大平学校の出発点となる日本語巡回指導と、大平学校より1年先に開設されたもう1つの日中共同事業の中国赴日本国留学生予備学校（吉林省長春市・東北師範大学内）について論じた。第3節では大平正芳内閣時の日中の協力の背景について論述し、大平首相の戦前・戦時下の経歴と大平学校との関係についても検討した。

　その結果、大平学校の設立の背景・経緯は、以下の4点にまとめることができた。①「四つの近代化」を実現するため、日本をモデルとして学び、中国側における日本語教育の必要性が生じたこと。②日本側が、海外における日本語普及の一環として、在中国日本語研修センター（大平学校）の設立に可能性を見出したこと。③国際交流基金による中国での日本語巡回指導の実施と同時期に設立された中国赴日本国留学生予備学校が、日中の日本語教育界の交流を実現させ、大平学校成立への道を開いたこと。④歴史的経緯から見ると、大平正芳個人の戦時下の中国における経歴が、戦後における彼の対中外交戦略に影響を与えたこと。彼はいわゆる「楕円の哲学」のもと「環太平洋連帯構想」を提唱し、アジア太平洋地域の全体のバランスの中で中国を重視し、「四つの近代化」に積極的な支援を行おうとしたこと。その一環としてODAによって実現されたのが、大平学校であったこと。

　第3章では、大平学校の設立準備や具体的な教育活動、訪日研修について述べた。第1節では、対中国日本語研修特別計画およびその合意事項に基づく日中双方の大平学校の設立準備過程について述べた。第2節では大平学校の教育活動の実態について、教育理念と授業内容・カリキュラム・教授法・教材・試験、そして研修生たちの学びの回想を通して、当時の研修の具体像を再現した。第3節では大平学校の訪日研修を取り上げ、1980年代における日中教育文化交流の一端を明らかにし、その影響および役割を明らかにした。

　その結果、まず、大平学校での教育活動については、文革期に十分な養成教育を受けることのできなかった日本語教師の再教育を中心とし、研修生は全国各地の大学や研究機関から選抜されたこと、また、日本側は優れた講師陣を派遣し、中国現地の教師・スタッフと互いに協力し合い、教育活動を行っていたこと、さらに大平学校は日中双方の努力によってすぐれた教育実践の場となっていたこと、を実証した。

　次に、1か月の訪日研修を通して、研修生は日本を実地に理解すると同時に自国の問題点に気づき、客観的に両国を見ることが出来るようになったこと、また、社会主義と資本主義という体制の違いがありながらも、日本人講師と受け入れ団体、中国人研修生が相互理解に努めていたことが明らかにされた。

　第4章では、大平学校にかかわった日本人講師、関係者の大平学校での経験について取り上げ、彼らにとって、この大平学校が如何なる意義を有したのかをインタビューに基づき考察した。第1節では、大平学校に至るまでの教師の経歴や

赴任するきっかけと原因を探った。第2節では、大平学校での教育実践と異文化体験まで踏み込んで記述した。第3節では、総括として日本人講師の人生における大平学校時代の意義を考察した。

　その結果、第1に、大平学校に派遣された日本人講師は、「優れた日本語教師」であり、「優れた研究者」であり、「優れた人間」という3つの要素から成り立っていることがわかった。そして彼らの専門である日本語教育の内容・方法を中国で実地検証していたことも明らかとなった。第2に、日中の教育関係者における交流のネットワークが大きく広がったことがわかった。大平学校の中国人研修生600名と100名を越すといわれる日本人講師の中には、当時の日中を代表する一流の人物が揃っており、双方影響しあう相乗効果があった。第3に、明らかになったのは、日本人講師の中国観、世界観もこの大平学校時代を通じて構築もしくは再構築されたことである。大部分の関係者は実際の中国や中国人に好意を寄せており、彼らは帰国後に、日中友好活動を支えるアクターとしても活躍した。大平学校での異文化間教育体験は、日本での国際理解教育や各大学の国際化にも影響を与えたと言えよう。第4に、大平学校の事業開始時には意図していなかった効果として、日本人若手講師の学びと成長があり、彼らにとってのネットワーク形成がその後の日中友好のアクターの供給につながったということが、明らかになった。

　第5章では、大平学校と研修生のその後について調査し考察した。第1節では、大平学校の後継機関として北京日本学研究センターが発足し、そこが日本語教師の研修機関としてのみならず、大学院にまで発展したことについて触れた。第2節は、修了生たちは各自の教育現場で中堅教師として大平学校モデルを継承したこと、彼らの活躍により中国における日本語教育に質的な変化があったことについて論じた。第3節は、日本に定着した大平学校の研修生たちの動向についての調査と考察である。

　以上を通じて大平学校は中国人日本語教師に専門性開発の機会を与え、日本語教育の抜本的な改革を遂行できる人材養成に成功していたことが明らかとなった。このため、「大平学校」という名称は全国に広がり、日本語教育のブランドとなった。大平学校は中国の日本語・日本研究のエリートを育成し、政策レベルでも個人レベルでも日本語教育と日中教育文化交流の進展に寄与していた。また大平学校の後身である「北京日本学研究センター」も、中国の日本語教育の発展に貢献していることが明らかとなった。大平学校の修了生は現在、日中両国で教育現

場、経済分野で活躍している人もいれば、当初の夢とは異なる方向に進んだ人もいる。大平学校は各人の人生の転機であったが、その体験・経験をその後の人生にどう生かしていったかは、それぞれであった。

　以上、見てきたように、本研究は、図6-1のように、大平学校の設立前史、大平学校の開設期間中、大平学校のその後という時期区分を横軸とし、マクロレベルの社会環境および教育活動とミクロレベルの個々人の学びや変化を縦軸としながら、その織りなす諸相を描き出すことができたと考える。

図6-1　本研究の構成図

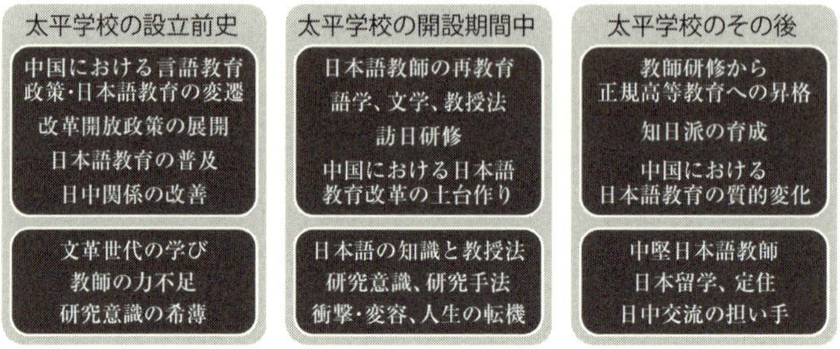

太平学校の設立前史	太平学校の開設期間中	太平学校のその後
中国における言語教育政策・日本語教育の変遷　改革開放政策の展開　日本語教育の普及　日中関係の改善	日本語教師の再教育　語学、文学、教授法　訪日研修　中国における日本語教育改革の土台作り	教師研修から正規高等教育への昇格　知日派の育成　中国における日本語教育の質的変化
文革世代の学び　教師の力不足　研究意識の希薄	日本語の知識と教授法　研究意識、研究手法　衝撃・変容、人生の転機	中堅日本語教師　日本留学、定住　日中交流の担い手

　まず、図6-1を横軸に沿ってみると、本書では、大平学校の設立前史、大平学校の開設期間中そして大平学校の終了後の3つの時期区分で論じてきたことが示されている。また、各時期において、マクロな社会状況や教育活動（図の上段）とミクロの個人の学びや変化（図の下段）を分けて考察した。すなわち、社会環境や言語政策、教育活動は、個々人の人生に大きな影響を与えていることを描いたつもりである。

　次に、図の下段を大平学校の開設前とその後を比較してみると、力不足の教員が研修を通して成長し中堅教師になり、自ら改革を行い、中国における日本語教育に尽力したこと、このため上段のように中国における日本語教育全体に根本的な変化があったこと、が示されている。一方、図には示されていないが、第4章で述べたように若手日本人講師も中国での実践を通して、日本語教育の専門家として成長した。

　研修生と日本人講師はこの貴重なチャンスを掴み、その後さらに人生の転機を迎え、日中教育文化交流もしくは経済関係や友好活動の懸け橋として活躍していた。すなわち、大平学校は日本語教育に留まらず、日中教育文化経済交流の人材

育成、日中友好を促進することにも大きな役割を果たしたことも示されている。

第2節　大平学校の特質と意義、そして示唆

　大平学校は、戦後中国最初の、かつ世界で展開された最大規模の日本語教師研修プログラムである。研修を通して、中国人日本語教師たちは日本語能力を高め、教育者としての資質を強化した。また大平学校での経験は、彼らのキャリアアップ、自信、価値観の変容に繋がった。いうまでもなく、これは一人ひとりへの教育効果に限らず、中国の日本語教育および日本学研究全体の底上げを実現した重大なプロジェクトだと評価されるべきであろう。そこから育まれた人材は、日本語教育界にとどまらず、日中間の言論界や実業界にも進出し、今日でも活躍を見せており、さまざまな分野とレベルにおける貢献が見出される。

1. 大平学校の特質

　大平学校は、日中政府間の合意により設立された国家間の教育事業である。両国政府が日中間の一大プロジェクトとして位置づけ、日本側は外務省や国際交流基金がこれをバックアップした。そこでは、当時の日本語教育界を代表する最高レベルの専門家や最新の教材、優れたリソースなどが提供され、短期集中の密度の濃い研修プログラムが用意された。学習意欲に満ちた研修生たちは、この比類なき学習環境のもとで、勉学に専念できたのである。一方、中国政府は本プロジェクトを重視し、日本側への絶大な信頼と支持を寄せ、政府教育部門関係者および北京語言学院の中国人スタッフも全面的に実施に協力した。1980年代初頭は日中の人的交流が少なかったため、同プロジェクトは日中の人的交流に道を開くものとして中国で高く評価されていた。中国国家教育委員会副主任（当時。現中国教育部副部長、すなわち教育副大臣に相当）の彭珮雲は、大平学校について「中日友好の結晶」だと評した。したがって、政府間の信頼と協力関係に基づく質の充実こそが大平学校の最も根本的な特質であるといえる。

　この特質のほかに、日中教育文化交流史上の比類なき成功プロジェクトである大平学校には、他にもいくつかの特徴もしくは成功要因が指摘できる。

　第1に、佐治をはじめ、日本側派遣講師の献身的教育活動のあったことである。国家首脳レベルの熱意はあっても、現場の教育担当者の責任感と仕事ぶりが確か

でなければ、目標は達成されない。日本側派遣講師個々人が行った献身的な指導、また彼らによって作られた効果的なチームワークこそが、大平学校を成功に導いたといえる。

第2に、研修生たちの側の努力のあったことが挙げられる。難関を突破し、全国から選ばれた優秀な研修生たちは、文革中に抑圧されていた学習意欲を喚起され、互いに切磋しながら、研修の貴重な機会を最大限に活かして知識を更新し、研究能力を鍛えていった。日中双方のニーズに合致した大平学校という教育システムは、その後の中核的役割を果たすことで、中国の日本語教育発展の土台と成り得た。

第3には、大平学校というプロジェクトは「相互作用型」の異文化間教育のモデルであり、改革開放期における先駆的事例だったということがある。大平学校は、文革後、すなわち改革開放初期の中国における日本語教育の発展や学術成果の交流、日本語教師の日本に対する認識と理解の上での重要なルートとなり、大平学校での研修生たちの経験は、日本文化に対する「開眼」だったと言っても過言ではない。逆に、異文化を理解すると同時に、自文化への反省も促され、自文化への理解も深めることになった。顔と顔の見える交流が初めて実現され、相互理解を促したのである。

第4には、大平学校関係者のネットワーク作りが挙げられる。日本人講師や中国人研修生たちはその後の同窓会や研究会などで第1期から第5期の人脈がつながり、親交を深めた。彼らは日中交流を担う現地の人材を育成し、今日にもつながる堅固な人的ネットワークを構築するに至っている。

2. 大平学校の意義

(1) 中国における日本語教育モデルの確立

これまで見てきたように、大平学校設立前の中国は、文革で大きな社会変動が起き、日本語教育は打撃を受け、中断を余儀なくされていた。文革後の中国では、日本語教育のシラバスがなく、日本からのオリジナル教材もほとんどなく、何より日本語教育の専門的な訓練を受けた教師が少ない、という空白に近い状況であった。日本語教師の研修は急務で、それを解決したのが大平学校であった。

大平学校で再教育を受けた中国人日本語教師たちは、日本語・日本文学・日本社会に関する知識や教授法を伝授され、日本語教師としての専門性を高めることが出来た。中国の従来の外国語教育は、即効性と暗記が重視されていたため、当

時の教師たちは大学教員としての研究能力までは訓練されていなかった。しかし、研修生たちは大平学校でのゼミや公開講座などを通して意識を高め、レポートや論文を書く訓練を通じて研究手法を学び、次第に基礎的な研究能力を身につけていった。大平学校は、1980年代の中国における日本語教員研修のモデルとして、最新の知識を獲得し研究能力まで育てる場を提供し、その後の日本語教育の質的向上に大いに貢献した。本事業を通して、中国における日本語教育は後日の発展のための基礎を着実に固めていった。大平学校は中国の日本語教育および研究のリーダーを育成し、政策レベルでも個人レベルでも、日本語教育と日中教育文化交流を大きく前進させた。改革開放後の中国における新しい日本語教育システムの基本的なあり方は、大平学校でこそ確立されたといえよう。また、大平学校モデルは中国における日本語教育の展開に大きな役割を果たしただけではなく、国際交流基金が中国以外の国で日本語教育を推進する際にもモデルともなるなど、極めて重要な意義をもったといえよう。

(2) 日中友好の人材作り

　日中両国政府の主導によるこのプロジェクトの目指したものは、突き詰めれば資質の高い人材の養成および確保である。日本を知り、日本に好感を抱く実力ある人材の活躍は、結果的に戦後両国の友好交流に大きく寄与したことは容易に想像できる。「四つの近代化」を達成するために、日本の経済成長の裏面にある経験を学ぶべく、日本語・日本文化に通じる人材を養成する中国側のニーズに対して、日本側には、将来のために知日派中国人を育成したいという思惑が当然あったと考えられる。

　大平学校の日本人講師や中国人研修生の中には、幼少期に直接戦争を体験し、また親世代が戦争に参加したり、被害に遭った人もいた。日本の軍事支配と日中戦争という負の歴史は、次世代に大きな影響を与えていた。大平学校に赴任した日本人講師の多くは過去の戦争を反省し、日中平和友好のために邁進する志があった。日本の先進文化を学ぼうとする研修生たちの懸命な姿勢を感じ取った日本人講師たちは、中国の未来を背負って立つ彼らを助けたいという意欲が沸き上がった。研修生たちも日本人講師の献身的な努力や訪日研修の時に出会った人々に感動し、中日友好に貢献する意欲が湧き起こった。大平学校が順調に歩みを進めることができたのは、1980年代には、肌で感じられるような日中平和友好の雰囲気と日中の相互理解を願う多くの熱い思いがあったからである。

　大平学校に赴任した国松昭は、日中友好について以下のような自分なりの定義をしている。「日中友好ということがよく言われるが、それは観念としての友好が先立つものではありえない。日本人の一個人と、中国人の一個人が、共通の目的を目指しての時間を共有し、その中から理解と連帯感が生まれること、そして、その集積の結果こそが真の日中友好になりうるのだ」。国松のことばは、大平学校での経験は、国の壁や世代を超えて、ただただ人間と人間が、共に机を並べ共に努力し、友好関係を培ったことを指していると思われる。

　大平正芳は、日中友好のムードに沸く最中でも、「国と国との関係において最も大切なのは、国民の心と心の間に結ばれた強固な信頼であり、国民の間の相互理解の増進を図る1つの有力な手段が言語である」と、述べていた。このことはその後の事業の進展をみれば、正鵠を射ていたことがわかる。

(3)「学び合う共同体」の構築

　共同体という言葉は多様な意味で用いられているが、その要素として「場の共有、相互交渉・コミュニケーション、文化の共有、連帯の絆」の4つが重要である。大平学校は、研修生たちの学習と生活が展開する場であり、そこでの諸活動は日本人講師と中国人研修生の間で繰り広げられる相互交渉であり、異文化コミュニケーションであった。その諸活動は日中のさまざまな文化を取り込み、大平学校に特有な文化と連帯の絆を育んだ。大平学校は、理想的な学び合いの場となった。

　しかし、大平学校にも無視できない失敗経験があった。当時の日本でのアメリカ由来の最新の言語教育メソッドや、学ぶ側の主体性を重視する教育理念をそのまま中国に持ち込むことで、初期の研修生たちを立ち往生させていたことが、当事者の記録やインタビューからはわかった。当初の大平学校での教育実践は、必ずしも順調に進まず、研修生の抵抗にあうという現実にショックを受けた日本人講師たちは、研修生の意見を取り入れて授業配分や教育方法を彼等の実情に合わせながら改善しようとした。日中双方は試行錯誤を繰り返しながら、第1期から第5期までの間に、カリキュラム、教材・教授方法を、研修生のニーズと今後の発展方向の双方に合うものに練りあげた。特に、教育も文化も政治も違う先進諸国のやり方を一方的に推奨するのではなく、文化や教育システムは異なるとしても、人間の基本的な考え方は共通しているところに立脚して、中国の外国語教育の実際にあわせた創意工夫をするなど、若手とベテラン講師がそれぞれの持ち味

を活かして改善のために協働する姿を見て、研修生たちは、当初の抵抗を捨て、日本側のやり方を受け入れるようになっただけでなく、自ら主体性を発揮して、自分の選んだ研究テーマにも取り組むようになったのである。学び合う共同体の形成にとって、以上の日中双方の摩擦の克服は、とりわけ重要な意味をもったことが推察できた。

　また、事業終了後も大平学校の関係者同士の緊密なネットワークが保持されてきたことも学び合う共同体の後日談として重要である。例えば、修了生が研究者として訪日した際には、必ずかつての恩師を訪問していたし、日本人講師の側もその後何回もかつての教え子のつてで、訪中して講義・講演をしたり、学会シンポジウムに参加するなどの機会に恵まれた。このように彼等は日本で、中国で、協力しあい旧交を温め、深めていたことがわかった。特に、1985年以降日中間の往来が頻繁になると、佐治圭三を中心に大平学校のネットワークを活かした研究交流会や同窓会などが日本と中国で開かれた。それらの機会は、特に日本で苦労している修了生にとっては得難い心の居場所となっていた。いつ修了したかにかかわらず、大平学校出身者同士という連帯意識が彼等を支え、講師と修了生の間の信頼関係も、仲間、時には家族のような関係へと変化していったからである。

　大平学校という場は、一人ひとりが日本・中国社会や日本・中国文化と積極的に関わることへの橋渡しの場であった。大平学校は日中間の異なる文化の中で教育活動を展開し、異文化交流を通して人間的な相互理解を促進した。そして相互作用の中で生じた価値の葛藤から、文化の融合へと向かい、新しい価値創造へと発展していったことを、本書では実証的に考察した。

　図6-2は、大平学校ではどのように日中の日本語教育の専門家同士の「学び合う共同体」が構築されたかを示したものである。この共同体の要素として、①大平学校の講師と研修生たちは積極的かつ協力的に教育実践に参加していること、②信頼と連携を育むネットワークを構築していること、③研修生たちには自信と心のよりどころを提供できていることが挙げられる。

　大平学校は、日中教育文化交流のあり方に1つの方向性を示した。すなわち、①領域の共通する日中の専門家たちが同じ空間に集まり、学びの活動を行ったこと、②そこで異文化間のコミュニケーションを通して知恵や経験を交換し、葛藤を乗り越え、互いに学び合えたこと、③深い交流を通して先入観が崩れ、相互の価値観の違いを認め、新しい教育観・中国観・日本観を確立させたこと、④ネットワーク作りを通して、互いに信頼と協働関係を築き、連帯の絆を育んだことが

示されている。

　この一連のプロセスを通して、自信と誇りを持って、大平学校という集団の文化を共有し、共同体の意識を高める「学び合う共同体」が構築され、日中教育文化交流の良い循環になり、社会全体および日中関係に良質の影響を与えていくことを図6-2は示している。

図6-2　大平学校での「学び合う共同体」の構築

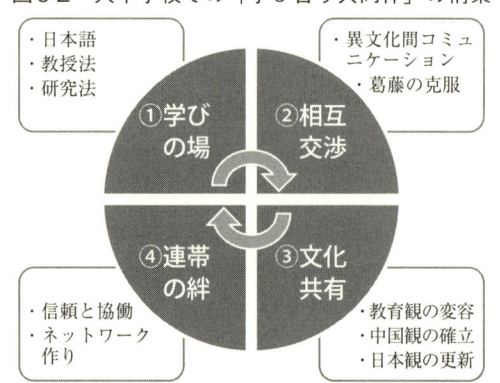

3.大平学校の示唆

　本書では、大平学校の事例研究を経て、言語教育、特に外国語教育の存在価値は、単なる語学の修得のためだけではなく、学習者の人間形成、自己実現にも資すること、また他人を尊重し、異文化を理解する態度、共に協力し合う姿勢を養う上で重要な役割を果たしていることを明らかにしようとしてきた。大平学校の修了生や講師たちは大平学校時代を人生の宝物として心に刻み、各自の教育現場に戻ってからは日中友好の担い手として、力を発揮し、日中教育文化交流を促進したことも検証した。大平学校研究から得られた示唆を、以下では2点にまとめてみたい。

（1）言語／外国語教育および異文化コミュニケーションへの示唆

　グローバル化した世界の中で、母語と外国語教育を含めた言語教育の可能性は無限である。母語・母国語と外国語を学ぶことによって自国・自文化と異国・異文化を客観視する能力と観察・分析する能力が養成されていく。異文化との接触・衝突・比較を通して自国・自文化を改めて観察することにより、再解釈や思

い込みの修正が行われ、新たな視点で自文化を捉えることが可能となる。すなわち、外国語を学ぶ意味は、外国語と出会うと同時に、自文化と新たに出会う契機になることと言えよう。外国語の学習者には、外国語を学ぶことによって違った世界、文化に触れたい、「違った人々と交流したいという願いの裏には、違った自分になりたい、自分を変えたい」という変身願望が多少なりともあるだろう。外国語を学び、「新しいまなざしを手に入れることによって、現状を離脱した新しい『私』に変身する可能性が与えられる」のである。

　また「相互理解と寛容性、アイデンティティと文化的差異を尊重する心を育てること」、つまり互いの文化を認め、考え方の違いや生活様式などを理解し、認め合うことは重要である。言語学習を通して、文化や価値観・考え方の違いを理解し、相手の良さを認められるようになる。その結果、異文化に対して多面的・多角的な物の見方や考え方ができるようになるだけではなく、文化の違う相手に自分の考えや気持ちを伝える異文化コミュニケーションの方法を知ることで、広い視野で物事を見つめられるようになる。

　そのため、今日においても、異文化コミュニケーションや言語／外国語教育に携わる教師には、明確な哲学を持ち、自国と目標言語の国の歴史を認識し、世界平和の懸け橋となる資質を持ち、教育現場で信頼される人間性が求められている。特に異なる文化背景を持つ学習者の教育に携わる教師は、伝統的知識の伝授以外に異文化を伝える使者としての役割も果たしている。文化をどのように学習者の内面にまで伝え、影響を与えるのか、そこに教師の資質が問われていると言えよう。

　人間の普遍性は、民族や国家が違っても共通している。体制や価値観の違いを越え、人間と歴史・社会を深層的・複眼的に見ることによって、異文化の人たちはお互いに尊敬し合い、理解し合える。また、多様な言語と文化に接触することによって、人間の持つ包容力も培われて互いの国・文化・人の理解につながっていく。さらには異質の存在とマイノリティの存在を差別なく、平等に扱うことができる側面もあるだろう。人びとは言語を通して互いに理解し合い尊重し合うこともでき、それが多民族・多元文化の共生に繋がる。

　その意味で、大平学校は異文化間における教師教育の場を国籍や文化・民族に関わりなく、相互理解のできる公平なものにすることに努力し、成果を収めていたといえよう。

（2） グローバル時代の日中教育文化交流のあり方への示唆

　日中両国は2000年以上の友好交流の歴史を持ち、一衣帯水の隣国であるとよく言われる。すなわち、古くから両国は互いに交流し影響し合いながら今日まで発展し、独自の文化を形成してきた。しかし、近代に入ると、植民地支配や戦争により両国の関係は不幸なものとなり、国交の断絶した時期もあった。第2次世界大戦後の冷戦の状況下、中華人民共和国と日本国政府間の国交が途絶えている期間には、民間交流が連綿と続いていた。その後、1972年の日中国交正常化、さらに1978年の日中平和友好条約の締結により、両国関係には平和と友好の道が戻った。日本は中国の「四つの近代化」路線に協力し、中国は改革開放政策のもと、経済が大きく発展した。

　その後、日本のバブル経済崩壊後、経済の停滞・悪化が続く中、中国は改革開放による経済の高度成長が遂げた。日中関係は「政冷経熱」（政府間の交流は少ないが、経済交流は盛んな）時期に入った。このように、20世紀から21世紀の歩みにおいて、両国の交流は時には促進され、時には停滞され、各時期に生きる両国の人々は葛藤や矛盾を抱えながらも、日中教育文化交流の歴史を作り上げてきた。

　しかしながら、グローバリゼーションが進む今日、「引っ越しのできない隣人」として、両国の相互依存度はさらに高くなり、人類が直面している自然災害や環境問題、そして少子高齢化社会などの共通問題の解決に協力し合う「運命の共同体」の関係となっている。

　両国の交流は、一時の利害や国際関係の影響に依らず、相互に深く理解し合い、尊重し合う信頼関係によるべきであろう。日中の協力は、両国のイノベーション創出に不可欠な人材養成に貢献するだけでなく、日本と中国の教育・研究現場を活性化し、ひいてはアジア全体のグローバルな発展にも繋がっていくのではないだろうか。

　このプロセスの中で、時間をかけた密度の濃い交流が行われれば、互いに認め合う信頼関係を築き、日中両国に通じる人材を育成することが可能となろう。彼らはそのプロセスで、ネットワークを作り、助け合いながら共に成長する「学び合う共同体」を構築し、日中および世界での共同事業に携わることになろう。前述のような「学び合う共同体」を構築した大平学校のモデルは、それゆえ一定の示唆を与えてくれると信じたい。

第3節　今後の展望と課題

1. 言語と人生

　本書では、日本もしくは中国に在住の大平学校の関係者49名にインタビュー
を行い、その「生の声」を通して、彼らが大平学校と出会い大平学校で学んだ全
体像を捉え、また大平学校での経験が彼らの生き方や人生観を変容させていった
プロセスを明らかにしようとしてきた。それはすなわち「言語と人生」の問題で
あり、その背後には「国際関係と言語政策」の問題があった。

　半世紀におよぶ日中関係の激動により、関係者の中には波瀾万丈な人生を送っ
た者も少なくない。例えば、インタビューをさせていただいた大平学校の修了生
の中には、父親が旧「満洲国」の駐日大使だった人がいた。彼女は、幼少期は日
本で過ごしたため日本語を自然習得したが、「満洲国」の崩壊により、日本語の
封印を余儀なくされた。大学卒業後は中学で化学の教師をしていたが、37歳の
時に中国政府の要請に応えて大学で日本語を教えるようになった。しかし文革中
には日本語のできることが災いし、迫害を受ける危険性にもさらされた。困難な
時代を生き延び、やがて大平学校によって彼女も人生の転機を迎えた。彼女は優
秀な成績で選抜試験に合格し、研修後はまた大学の教壇に復帰できたのである。
このように、インタビューから筆者は「言語と人生」を考えさせられる事例に、
たびたび遭遇した。

　また、中華人民共和国の建国後は、複雑な国際情勢によって対外関係に数度の
曲折があったことは改めて述べるまでもない。それに従って国の外国語教育政策
も大きく変化し、1950年代のロシア語ブーム、1960年代の英語ブーム、1970
年代の日本語ブームがあった。3つの外国語ブームを体験した大平学校の研修生
たちは「いったん政局が変わると、1つの外国語を捨てて、他の外国語を勉強し
なおす。行き先なしの列車に乗るようなもので、いくら乗り換えをしても終点に
達するわけにはいかない。こんなことでは専門家を養成することはできない。せ
いぜい雑学家になるぐらいだ。（中略）私たちのたどった道を若者が繰り返さな
いよう願いたい[8]」と、政策の変転に振り回された自分たちの過去を痛切な思いを
以て振り返っている。

　国際関係と言語政策、また言語／外国語と人生という問題は、両者あわせて1
つの有効な研究視点に成り得るのではないかとの信念を、筆者は研究のプロセス

で持つようになった。大平学校の研究に着手することによって、つかむことのできたこのような視点を活かして、今後も、より多くの外国語学習者や言語と文化の教育者（教師）の人生の軌跡とその背景・要因などを凝視していきたいと思う。

2. 生涯学習としての言語教育

　大平学校の研修生たちの経験は、また生涯学習という視点からも捉えられる。

　大平学校に参加した多くの日本語教師は文革世代であり、文革によって人生の方向転換を余儀なくされた世代であった。日本語を専門としながらも、時代の制約からその力量には問題が多く、こうしたハンディキャップをバネとして研修生たちは大平学校で必死に学んだことが明らかとなった。

　改革開放からの40年来、中国の日進月歩の発展は、文革世代の不屈の精神に大きく関わっている。彼らの苛酷な運命の中で決してあきらめなかった人生経験こそ、前進への原動力になったと考える。大平学校の文革世代の物語には、同時代の中国の多くの人々の喜びと哀しみが込められている。彼らによって、過去の人生の苦労や挫折の意味が新しく「大切なことだった」と意味づけ直されているとしたら、彼らはすべての人生の経験を自分自身の学びであると意識していることになる。

　大平学校での日本語教師の学びは、学校教育終了後の継続教育、すなわち生涯学習としての言語教育であった。生涯学習の根底には、現状の変革という理念がある。現状の閉塞状況を打破して社会を改革したい、あるいは、個々の人生をよりよいものにしたい、という思いから生涯学習は出発している。大平学校での学びを通じて、日本語教師たちは、セカンドチャンスを与えられ、文革で失った人生を取り戻すことになった。文革の荒波の中で青春時代を翻弄され、改革開放の時代の要請に応じて大平学校に集った日本語教師たちの学びは、まさしく生涯学習としての学びであった。

　さらに、改革開放初期、研修生たちは日本という資本主義先進国に直接に接触し、訪日した際の衝撃は個々の意識にも変化をもたらした。大平学校の関係者は当時みな成人であり、社会的地位があり、世界観や価値観などもすでに形成されていた。しかし、大平学校での学びによってそれまでの価値観、教育観を新たにした。彼らは先進国の1つである日本に憧れたが、日本語の学習を通して自分自身も日本を窓口とする先進文化との接点ができたことは、彼らにとってある種の誇りでもあった。大平学校での1年間に研修生は様々な人と出会うことで、日中

両国の繋がりの強さに気づくことになった。大平学校が研修生にもたらした効果は大きかったのである。

　また、当時の若手日本人講師も、大平学校での試練を通して、自分の力不足を認識し、将来への努力すべき方向が見えた例が多い。中国の教育現場で受けた刺激を学びと研究のバネとして、彼らは今や日本での著名な日本語教育や言語学の専門家となった。

　しかしながら、生涯学習としての言語教育が持つ意味については、本書ではまだ十分に解明されていない。今後この視点を生かして研究を深めてゆきたい。

3. 孔子学院についての研究

　大平学校の成り立ちや教育モデルは、日本側にとっては日本語教育の海外での展開の成功事例である。この経験はグローバリゼーションが進む今日において、政府主導の自国言語・文化を他国にアピールする手法の1つとして、大いに参考とされるべきであろう。例えば、中国が世界中に展開している孔子学院は、中国政府主導の同様の趣旨の事業という意味で、大平学校に相通じるものがある。

　経済発展をとげた中国は、イギリス、フランス、ドイツ、スペイン、日本などの国の経験を参考にし、自国の言語文化を世界に広げる道を歩み始めた。ちなみに大平学校は、日本政府の行った日本語普及事業の中で最も規模の大きい事業であり、大平学校の成功が国際交流基金の発展の土台となったが、中国は孔子学院の設立時に国際交流基金の設置運営手法も大いに参考にしていると考えられる。また大平学校の日本人講師と修了生の中には、孔子学院の日本側院長や中国語講師として活躍する事例も多々ある。彼らは、かつての実体験を活かしながら、中国語教育を通して日中教育文化交流を促進していた。

　孔子学院が、今後は如何に質の面を重視し、個々人のエンパワーメントにつながり、多文化共生・生涯学習としての言語教育を実現できるのか、「人的交流の場」、「友好を促進する場」、「文化交流の場」の3つを兼ね備えた「学び合う共同体」を構築していくか、大平学校の事例を参考にする部分も多いだろう。今後、筆者は大平学校から孔子学院、日本語教育から中国語教育へと視点を広げて、言語教育の研究を進めていきたいと考える。

　現在、日本と中国の双方で、以上のようなさまざまな文脈から、中国の改革開放初期の大平学校の成果や意義に関心を寄せる研究者が増えつつある。今後、大

平学校の実践を土台にしながら、両国の教育文化交流の一層の振興のため、新たな協力関係が結ばれることを心から期待したい。

1 北京語言学院日語教師培訓班編『紀念文集：日語教師培訓班的五年（記念文集：大平学校の五年）』国際交流基金、1987年。1頁。
2 国松昭「『食べられなかった北京ダック』についての別のものさし」言語生活（359）、筑摩書房、1981年、93頁。
3 大平正芳「新世紀をめざす日中関係：深さと広がりを求めて」大平正芳回想録刊行会『大平正芳回想録（資料編）』鹿島出版会・富士アドシステム、1982年、318頁。
4 佐伯胖・藤田英典・佐藤学編『シリーズ学びと文化6 学び合う共同体』、東京大学出版会、1996年、はしがき iii 。
5 藤本一勇『外国語学』（ヒューマニティーズ＝Humanities）岩波書店、2009年、41頁。
6 同上。
7 John Trim, Brian North, Daniel Coste 原著；吉島茂 ［ほか］訳・編『外国語の学習、教授、評価のためのヨーロッパ共通参照枠（外国語教育Ⅱ）』朝日出版社、2004年、3頁。
8 谷部弘子「中国だより -5- 二年目の出発」『言語生活』（359）、筑摩書房、1981年11月、85頁。
9 孔子学院は、中国の急激な経済成長と海外貿易の拡大に伴う世界的な中国語ブームを背景にしている。中国政府は、海外の教育機構と協力して世界各国の人々との相互理解を深め、中国語・中国文化の影響力を拡大するため、孔子学院を設立した。孔子学院は2015年までに134の国と地域に500校が設置されるとともに、1000校の中小学校で孔子学堂が設置され、登録会員数は170万人にも達している。以上は、孔子学院本部「習近平主席によるイギリス孔子学院および孔子学堂年会での講演」2015年10月23日、世界漢語教学学会ホームページ　http://www.hanban.edu.cn/hb/node_7446.htm（2017年8月12日、最終閲覧）を参照。

付録1 大平学校派遣講師名簿

第1期 (1980年8月〜1981年7月)　長期9名、短期18名			
氏名(敬称略)	性別	派遣時現職または所属機関	備　考
佐治圭三	男	前大阪女子大学教授・ 在中国日本語研修センター主任	第1、2、3、4、5期・長期
平井勝利	男	名古屋大学助教授	第1、2期・長期
沢田啓二	男	天理大学講師	第1期・長期
杉山美子	女	国際学友会非常勤講師	第1期・長期
砂川有里子	女	前甲南イリノイセンター日本語講師	第1期・長期
谷部弘子	女		第1、2、3期・長期
山内恵子	女		第1期・長期
水野義道	男		第1、2、3期・長期
山梨奈保子	女		第1期・長期
金田一春彦	男	上智大学教授	第1、2、4期・短期
木村宗男	男	早稲田大学教授	第1、5期・短期
国松　昭	男	東京外国語大学教授	第1期・短期
山田敬三	男	神戸大学助教授	第1期・短期
浅見　徹	男	岐阜大学教授	第1期・短期
浅野百合子	女	慶應義塾大学国際センター講師	第1期・短期
武部良明	男	早稲田大学教授	第1、2、3期・短期
吉沢典男	男	東京外国語大学教授	第1、2期・短期
林　　大	男	国立国語研究所所長	第1期・短期
小川芳男	男	日本語教育学会会長	第1期・短期
長　幸男	男	東京外国語大学教授	第1期・短期
武田清子	女	国際基督教大学教授	第1期・短期
宮地　裕	男	大阪大学教授	第1期・短期
野元菊雄	男	国立国語研究所日本語教育センター長	第1期・短期
村木新次郎	男	国立国語研究所研究員	第1期・短期
吉田熙生	男	東京女子大学教授	第1、3期・短期
阪倉篤義	男	京都大学名誉教授	第1、3期・短期
阪田雪子	女	東京外国語大学教授	第1期・短期

第2期（1981年9月〜1982年7月）　長期9名、短期13名			
佐治圭三	男	前大阪女子大学教授・在中国日本語研修センター主任	第1、2、3、4、5期・長期
平井勝利	男	名古屋大学助教授	第1、2期・長期
中川正之	男	神戸大学助教授	第2、3期・長期
谷部弘子	女		第1、2、3期・長期
水野義道	男		第1、2、3期・長期
竹中憲一	男	日中学院講師	第2、3、4、5期・長期
野口マリ子	女	海外技術者研修協会	第2、3、4期・長期
今井敬子	女		第2期・長期
前田薫子	女	大阪府立加納高等学校国語科教諭	第2期・長期
金田一春彦	男	上智大学教授	第1、2、4期・短期
村松定孝	男	上智大学教授	第2期・短期
新井栄蔵	男	奈良女子大学助教授	第2期・短期
石田　弘	男		第2期・短期
小野米一	男	北海道教育大学助教授	第2期・短期
竹内三郎	男	日本放送協会顧問	第2期・短期
武部良明	男	早稲田大学教授	第1、2、3期・短期
吉沢典男	男	東京外国語大学教授	第1、2期・短期
上野田鶴子	女	国立国語研究所日本語教育センター第2研究室長	第2期・短期
工藤力男	男	岐阜大学助教授	第2期・短期
大坪一夫	男	名古屋大学助教授	第2期・短期
姫野昌子	女	東京外国語大学附属日本語学校助教授	第2期・短期
平岡敏夫	男	筑波大学教授	第2期・短期

第3期（1982年9月〜1983年7月）　長期8名、短期17名			
佐治圭三	男	前大阪女子大学教授・在中国日本語研修センター主任	第1、2、3、4、5期・長期
中川正之	男	神戸大学助教授	第2、3期・長期
野口マリ子	女	海外技術研修協会	第2、3、4期・長期
竹中憲一	男	日中学院講師	第2、3、4、5期・長期
谷部弘子	女		第1、2、3期・長期
水野義道	男		第1、2、3期・長期
工藤宮子	女	国際日本語普及協会教師	第3期・長期
大西智之	男	大阪外国語大学修士課程	第3、4、5期・長期

阪倉篤義	男	京都大学名誉教授	第1、3期・短期
林　四郎	男	筑波大学教授	第3期・短期
遠藤織枝	女	東海大学非常勤講師	第3期・短期
進藤咲子	女	東京女子大学教授	第3期・短期
武部良明	男	早稲田大学教授	第1、2、3期・短期
金子尚一	男	共立女子短期大学助教授	第3期・短期
吉田煕生	男	千葉大学教授	第1、3期・短期
中村宗彦	男	愛知女子短期大学教授	第3期・短期
小沢義則	男	NHKサービスセンター	第3期・短期
市川　毅	男	慶應大学文学部国文学博士課程	第3期・短期
渡辺　実	男	京都大学教授	第3期・短期
尾藤正英	男	東京大学教授	第3期・短期
田中章夫	男	大阪外国語大学教授	第3期・短期
石田敏子	女	国際基督教大学講師	第3期・短期
金原　理	男	熊本大学助教授	第3期・短期
松本健一	男	評論家	第3期・短期
沖　久雄	男	和歌山大学講師	第3期・短期

第4期（1983年9月〜1984年7月）　長期9名、短期14名			
佐治圭三	男	前大阪女子大学教授・ 在中国日本語研修センター主任	第1、2、3、4、5期・長期
早田輝洋	男	九州大学助教授	第4期・長期
林　達也	男	東京外国語大学助教授	第4、5期・長期
依藤　醇	男	東京外国語大学助教授	第4期・長期
竹中憲一	男	日中学院講師	第2、3、4、5期・長期
野口マリ子	女	海外技術者研修協会	第2、3、4期・長期
山崎　恵	女	国際交流基金日本語講師実習講座	第4期・長期
宮内淳子	女	お茶の水女子大学文学部博士課程	第4期・長期
大西智之	男	大阪外国語大学修士課程	第3、4、5期・長期
金田一春彦	男	上智大学教授	第1、2、4期・短期
奥津敬一郎	男	東京都立大学教授	第4期・短期
玉村文郎	男	同志社大学教授	第4期・短期
水谷　修	男	名古屋大学教授	第4期・短期
美濃部重克	男	南山大学助教授	第4期・短期
中條　修	男	静岡大学教授	第4期・短期

和久井生一	男	拓殖大学教授	第4期・短期
宮島達夫	男	国立国語研究所研究室長	第4期・短期
甲斐睦朗	男	愛知教育大学教授	第4期・短期
池内輝雄	男	大妻女子大学助教授	第4期・短期
野沢素子	女	慶應義塾大学助教授	第4期・短期
尾上圭介	男	神戸大学助教授	第4期・短期
川口義一	男	早稲田大学語学教育研究所専任講師	第4期・短期
沢田照美	女	国際日本語普及協会講師	第4期・短期

第5期（1984年9月〜1985年7月） 長期10名、短期10名			
佐治圭三	男	前大阪女子大学教授・ 在中国日本語研修センター主任	第1、2、3、4、5期・長期
工藤　茂	男	別府大学教授	第5期・長期
花井　裕	女		第5期・長期
竹中憲一	男	日中学院講師	第2、3、4、5期・長期
田丸淑子	女	国際基督教大学講師	第5期・長期
野村美知子	女	アジア学生文化協会講師	第5期・長期
木村英樹	男	金沢大学助教授	第5期・長期
大西智之	男	大阪外国語大学修士課程	第3、4、5期・長期
林　達也	男	東京外国語大学助教授	第4、5期・長期
山口　博	男	富山大学教授	第5期・長期
木村宗男	男	日本語教育学会理事	第1、5期・短期
和田　實	男	鳴戸教育大学教授	第5期・短期
古田東朔	男	東京大学教授	第5期・短期
豊田豊子	女	東京外国語大学附属日本語学校教授	第5期・短期
井手　至	男	大阪市立大学教授	第5期・短期
山田有策	男	東京学芸大学助教授	第5期・短期
阿部正路	男	国学院大学教授	第5期・短期
今田滋子	女	国際基督教大学準教授	第5期・短期
倉持保男	男	慶應大学教授	第5期・短期
鈴木英夫	男	茨城大学教授	第5期・短期

注：「在中国日本語研修センター派遣講師名簿」北京語言学院日語教師培訓班編『紀念文集：日語教師培訓班的五年（記念文集：大平学校の五年）』国際交流基金、1987年、108〜112頁より引用。「現住所」の一覧を省略し、筆者が備考欄を付け加え、第1〜5期の派遣期間によって分けて示した。

付録2　大平学校研修生名簿

No.	氏名	性別	大平学校当時の所属
	**第1期生（1980年8月〜1981年7月）計118名**		
1	鮑鉄城	男	北京語言学院
2	卞蘭雲	女	華東工程学院
3	蔡平生	女	上海工業大学
4	蔡金勝	男	大連外国語学院
5	曹大峰	男	山東大学
6	陳徳文	男	南京大学
7	陳　禾	女	北京化学繊維工学院
8	陳　確	男	瀋陽農業機械学院
9	陳暁芬	女	上海外国語学院
10	陳建成	男	華東師範大学
11	鄧桂栄	男	武漢外国語学校
12	董黎民	男	天津外国語学院
13	杜雪峰	男	長沙鉄道学院
14	方　靜	男	上海対外貿易学院
15	高光日	男	長春外国語専科学校
16	龔志明	男	南京大学
17	顧偉坤	男	中国科学技術大学
18	顧馨安	女	上海外国語学院
19	郭潔梅	女	吉林大学
20	郭来舜	男	蘭州大学
21	韓建美	女	同済大学
22	韓貞全	男	山東師範大学
23	郝暁卿	男	国際政治学院
24	候永桐	男	大連工学院
25	胡徳友	男	四川大学
26	胡福印	男	吉林大学
27	胡慶華	男	東北工学院
28	胡振平	男	鄭州工学院
29	黄来順	男	南京大学
30	黄展鵬	男	上海外国語学院
31	紀太平	男	アモイ大学
32	江燕玲	女	西安外国語学院
33	掲　侠	男	南京大学
34	金煥磯	男	黒竜江大学
35	冷玉香	女	遼寧師範大学
36	李妲莉	女	湖南大学
37	李国臣	男	鄭州工学院
38	李　寧	女	国際関係学院
39	李　強	男	北京大学
40	李慶祥	男	山東大学
41	李栄香	女	鄭州工学院
42	李　薇	女	広州外国語学院
43	李先明	男	天津外国語学院附属外国語学校
44	林成虎	男	延辺大学
45	林鎬根	男	清華大学
46	劉桂敏	女	南開大学
47	劉金才	男	北京大学
48	劉金釗	男	大連外国語学院
49	劉　力	男	北京外国語学院
50	劉淑蘭	女	北京外語師範学院
51	劉玉柱	男	上海外国語学院
52	欒開祥	男	ベチューン医科大学
53	麻貴賓	男	華南師範大学
54	毛剣文	男	華東師範大学
55	莫邦富	男	上海外国語学院
56	倪龍渭	男	四川大学
57	潘寿君	男	北京第二外国語学院
58	卜信文	女	南開大学
59	秦明吾	男	北京第二外国語学院
60	塞蘇軍	女	内モンゴル大学
61	邵玉英	女	大連外国語学院
62	申闘燮	男	延辺医学院
63	申英慧	女	吉林大学
64	沈矛一	女	北京外国語学院
65	石永明	男	西安外国語学院
66	孫　鋭	男	河北大学
67	孫耀珠	女	河北大学
68	陶法義	男	四川大学

69	陶俊葆	女	大連外国語学院	108	張清寛	男	遼寧大学
70	陶振孝	男	北京外国語学院附属外国語学校	109	張仁平	男	上海交通大学
71	鉄　福	男	吉林大学	110	張婭娜	女	北京師範大学
72	鉄　軍	男	北京第二外国語学院	111	張義春	男	中国人民警官大学
73	万　一	男	北京軽工業学院	112	趙福堂	男	吉林大学
74	王光輝	男	南京大学	113	趙文華	男	天津外国語学院
75	王国華	女	大連外国語学院	114	趙小柏	女	東北師範大学
76	王麗娜	女	貴州大学	115	趙玉柱	男	北京師範大学
77	王利民	男	北京第二外国語学院	116	趙占良	男	天津大学
78	王　萍	女	上海外国語学院	117	周啓紅	女	華東師範大学
79	王彦花	女	清華大学	118	祝彩雲	女	浙江シルク工学院
80	王　洋	男	四川大学				
81	王志国	男	中国人民大学	**第2期生（1981年9月～1982年7月）計117名**			
82	魏育隣	男	広州外国語学院	1	畢玉英	女	東北師範大学
83	呉魯鄂	女	武漢大学	2	陳明華	男	中山大学
84	呉素蓮	女	華東師範大学	3	陳洪傑	男	天津外国語学院
85	呉緒築	女	上海外国語学院日本語学科	4	成春有	男	河南師範大学
86	夏暁明	女	杭州大学	5	戴炳富	男	清華大学
87	項杏林	男	復旦大学	6	戴璨之	女	蘭州大学
88	謝煥耀	男	鎮江農業機械学院	7	戴金華	男	上海対外貿易学院
89	謝宜鵬	男	復旦大学	8	董麗娟	女	北京外語師範学院
90	徐耀耀	男	上海外国語学院	9	方　懋	男	黒竜江大学
91	薛維銘	男	南京郵電学院	10	方相文	男	大連外国語学院
92	楊愛紅	女	蘇州シルク工学院	11	馮建力	男	西北工業大学
93	楊霞斐	女	四川外国語学院	12	高凌遠	男	天津外国語学院附属外国語学校
94	楊重建	男	福建師範大学	13	高喜美	女	北京第二外国語学院
95	姚莉萍	女	北京対外経済貿易大学	14	耿景華	女	国際関係学院
96	葉幼華	女	北京第二外国語学院	15	郭理行	女	四川大学
97	于東振	男	大連外国語学院	16	郭勝華	男	北京大学
98	于　玲	女	広州外国語学院	17	韓倩彬	女	西北大学
99	于振田	男	大連外国語学院	18	韓永凡	男	大連軽工業学院
100	余月仙	女	復旦大学	19	候　鋭	男	遼寧大学
101	袁　偉	女	北京外国語学院	20	胡伝乃	男	大連外国語学院
102	惲　能	女	上海外国語学院	21	計　鋼	女	華中工学院
103	張道宝	男	華中工学院	22	季林根	男	上海外国語学院
104	張麗華	女	復旦大学	23	賈　華	男	内モンゴル大学
105	張継英	女	北京冶金機電学院	24	江竜娣	女	上海外国語学院
106	張　励	女	長春師範学院	25	金英蘭	女	東北師範大学
107	張麟声	男	山西大学	26	金永奎	男	延辺大学

27	金正振	男	延辺医学院	66	孫淑琴	女	北京工学院
28	金宗哲	男	ハルビン工業大学	67	唐洪林	男	上海科学技術大学
29	荊明月	女	上海外国語学院	68	宛金章	男	北京師範大学
30	頼瓊恵	女	西南師範学院	69	王東昇	男	大連外国語学院
31	労錦徳	男	復旦大学	70	王　虹	男	北京冶金機電学院
32	李二敏	男	北京対外経済貿易大学	71	王麗薇	女	華東師範大学
33	李海峰	男	北京対外経済貿易大学	72	王詩栄	男	湖南大学
34	李建華	男	天津外国語学院	73	王淑栄	女	吉林大学
35	李　梨	女	ハルビン医科大学	74	王　修	男	北京大学
36	李　力	女	遼寧建築工程学院	75	王宣琦	男	武漢大学
37	李天送	男	アモイ大学	76	王玉芝	女	河北大学
38	李文俊	男	延辺大学	77	王之英	男	南開大学
39	李西岩	男	山東師範大学	78	温　友	男	大連外国語学院
40	李秀英	女	河北大学	79	文　力	女	長春外国語専科学校
41	李志華	女	遼寧師範大学	80	呉淑華	女	北京対外経済貿易大学
42	李忠学	男	山東大学	81	呉之桐	男	南京大学
43	梁伝宝	男	上海外国語学院	82	謝発揚	男	福建師範大学
44	梁春香	女	北京第二外国語学院	83	謝済新	男	広州外国語学院
45	劉宝鍾	男	四川外国語学院	84	謝延荘	男	四川大学
46	劉翠侠	女	中国科学技術大学	85	徐荷辰	男	浙江農業大学
47	劉　傑	女	華東師範大学	86	徐　瓊	女	北京外国語学院
48	劉青柯	男	瀋陽師範学院	87	徐修程	男	鎮江船舶学院
49	劉淑梅	女	山東大学	88	徐一平	男	北京外国語学院
50	劉樹仁	男	吉林大学	89	徐永泰	男	華東師範大学
51	劉衛民	男	上海外国語学院	90	徐自強	男	華東師範大学
52	劉文祥	男	天津大学	91	許秋寒	女	北京語言学院
53	魯耀峰	男	上海外国語学院	92	楊徳潤	男	吉林大学
54	路玉昌	男	遼寧師範大学	93	楊湛渭	男	広州外国語学院
55	呂寅秋	女	黒竜江大学	94	姚順先	女	四川大学
56	羅国忠	男	四川外国語学院	95	葉方侠	女	西南師範学院
57	羅奇祥	男	復旦大学	96	于忠漢	男	吉林工業大学
58	毛俊東	男	北京師範大学	97	閭中江	男	大連外国語学院
59	莫崇蓮	男	上海外国語学院	98	張徳芬	女	上海師範学院
60	朴鳳珍	女	遼寧中医学院	99	張貴来	男	北京大学
61	喬　莉	女	大連工学院	100	張国祥	男	国際関係学院
62	秦光華	女	成都科学技術大学	101	張建華	女	東北師範大学
63	阮守勤	女	大連外国語学院	102	張久柱	男	東北農学院
64	宋桂雲	女	北京化工学院	103	張麗華	女	北京第二外国語学院
65	孫洪傑	男	東北師範大学	104	張　平	男	上海外国語学院

105	張婉行	女	南開大学
106	張延凱	男	大連外国語学院
107	張海明	男	上海交通大学
108	趙徳玉	男	遼寧大学
109	趙慧宏	女	上海大学
110	趙秀英	女	大連外国語学院
111	趙月花	女	北京工業大学
112	鄭暁青	女	杭州大学
113	周清輝	男	山西大学
114	周秀麗	女	国際関係学院
115	朱春躍	男	北京外国語学院
116	朱麗穎	女	大連海洋運輸学院
117	朱正明	男	西南農業学院

第3期生(1982年9月～1983年7月) 計119名

1	白小京	男	大連外国語学院
2	鮑顕陽	男	北京外国語学院
3	曹春生	男	中国人民警官大学
4	曹福毅	男	華東化工学院
5	曹元春	女	東北師範大学
6	常波濤	男	東北電力学院
7	池学鎮	男	ハルビン医科大学
8	褚伯良	男	南京気象学院
9	崔風岐	男	遼寧大学
10	崔泰範	男	延辺大学
11	崔亜非	女	北京第二外国語学院
12	戴宝玉	男	上海外国語学院
13	董徳霖	男	アモイ大学
14	方亜平	男	上海科学技術大学
15	高可夫	男	重慶大学
16	高天亮	男	内モンゴル大学
17	谷玲怡	女	ハルビン電工学院
18	関春栄	女	西北電訊工程学院
19	郭連友	男	天津外国語学院
20	韓棣	女	長春師範学院
21	韓玉平	女	北京大学
22	何午	男	四川外国語学院
23	胡金定	男	アモイ大学外国語
24	胡婉如	女	湖南師範学院

25	胡以南	男	山東師範大学
26	胡玉琴	女	天津外国語学院
27	滑本忠	男	南開大学
28	黄仁芳	男	蘇州蚕桑専科学校
29	紀長永	男	大連外国語学院
30	蔣歩青	女	上海外国語学院
31	蔣秋菊	女	ハルビン科技大学
32	金琦	女	上海外国語学院
33	雷定平	男	黒竜江大学
34	李愛文	男	山西大学
35	李伝英	女	ハルビン船舶工程学院
36	李道栄	男	華東師範大学
37	李方	男	西安農学院
38	李恵蕾	女	東北師範大学
39	李疆	女	大連外国語学院
40	李淑雲	女	大連外国語学院
41	李秀玲	女	黒竜江大学
42	李芝華	女	天津紡績工学院
43	連淑珍	女	大連外国語学院
44	梁継国	男	山西大学
45	梁学謹	男	広西大学
46	林京	男	四川大学
47	林為竜	男	北京外国語学院
48	凌雲鳳	女	中山大学
49	劉桂雲	女	大連工学院
50	劉建強	男	西安外国語学院
51	劉建群	女	長春外国語専科学校
52	劉書明	男	北京聯合大学
53	劉素英	女	北京聯合大学
54	劉学新	女	華東師範大学
55	劉燕傑	女	北京第二外国語学院
56	劉穎	女	北京外語師範学院
57	陸茂思	女	広州外国語学院
58	栾竹民	男	北京外国語学院附属外国語学校
59	羅萍	女	天津中医学院
60	莫永華	女	大連鉄道学院
61	斉秀茹	女	天津大学
62	曲維	男	遼寧師範大学
63	任玉栄	女	天津外国語学院附属外国語学校

64	沈德余	男	江蘇農学院		103	詹奇亮	男	華中工学院
65	沈国威	男	北京語言学院		104	張鴻成	男	上海第二工業大学
66	沈建文	女	蘇州大学		105	張静茹	女	天津外国語学院
67	沈世駿	男	上海科技大学		106	張　莉	女	四川外国語学院
68	石　堅	男	北京対外経済貿易大学		107	張立新	男	遼寧師範大学
69	宋娟娟	女	国際関係学院		108	張麗群	女	北京第二外国語学院
70	蘇桂荃	女	大連外国語学院		109	張拓秀	男	武漢大学
71	孫　凱	女	ハルビン師範大学		110	張偉雄	男	広州外国語学院
72	譚晶華	男	上海外国語学院		111	張暁光	男	黒竜江大学
73	佟暁寧	男	北京冶金機電学院		112	張秀華	女	南開大学
74	王彩琴	女	北京大学		113	張志軍	男	北京第二外国語学院
75	王崇梁	男	上海師範学院		114	張志強	男	大連外国語学院
76	王海清	男	吉林大学		115	趙戈非	男	四川外国語学院
77	王加新	男	上海外国語学院		116	鄭　萍	女	上海外国語学院
78	王建康	男	復旦大学		117	鄭錫均	男	温州医学院
79	王建生	男	西北大学		118	鄭玉和	男	天津大学
80	王栄華	女	東北農学院		119	朱書毅	男	長沙鉄道学院
81	王為儒	男	四川大学					
82	王偉軍	男	東北林学院		**第4期生（1983年9月〜1984年7月）計120名**			
83	王　信	男	ハルビン師範大学		1	艾　特	男	内モンゴル大学
84	王永全	男	吉林大学		2	白元昌	男	大連工学院
85	王鴛麗	女	天津外国語学院附属外国語学校		3	蔡暁軍	女	北京石炭管理幹部学院
86	呉愛蓮	女	南京大学		4	常旭陽	男	北京コンピューター学院
87	呉大綱	男	上海外国語学院		5	陳端端	女	華僑大学
88	呉暁林	男	遼寧大学		6	陳恵生	男	温州医学院
89	邢志強	男	内モンゴル大学		7	陳　岷	男	西南農学院
90	徐　氷	男	東北師範大学		8	陳延虹	女	北京語言学院
91	徐美華	女	上海大学		9	陳燕生	男	北京第二外国語学院
92	許英淑	女	北京外国語学院		10	陳　揚	女	長春地質学院
93	楊詘人	男	広州外国語学院		11	崔慕潔	女	吉林大学
94	易友人	男	中国人民大学		12	崔向紅	男	東北師範大学
95	尤東旭	男	遼寧大学		13	崔　崟	男	吉林大学
96	于栄勝	男	北京大学		14	丁麗雅	女	天津外国語学院
97	于淑芳	女	中国紡績大学		15	董　磊	男	遼寧大学
98	兪鳴蒙	女	上海外国語学院		16	方愛郷	女	遼寧財経学院
99	兪　琦	女	南京大学		17	馮蘊澤	男	大連外国語学院
100	兪素美	女	浙江大学		18	符夏鷺	女	ハルビン科技大学
101	曾　鍵	男	上海外国語学院		19	付海燕	女	四平師範学院
102	翟雲波	男	長春郵電学院		20	付暁慧	女	黒竜江大学

226

21	付 萌	女	山西大学
22	顧文君	女	上海外国語学院
23	桂玉植	女	東北師範大学
24	郭志紅	女	中国人民大学
25	候 為	男	西安外国語学院
26	華暁会	女	黒竜江大学
27	黄麗華	女	西安外国語学院
28	蒋魯生	男	山東大学
29	李大清	男	北京航空学院
30	李東哲	男	延辺大学
31	李 芳	女	河北大学
32	李恵平	男	ハルビン師範大学
33	李基泰	男	ハルビン工業大学
34	李 敏	女	北京外国語学院附属外国語学校
35	李 明	男	広州外国語学院
36	李琦娜	女	上海外国語学院
37	李 霞	女	ベチューン医科大学
38	里 欣	男	西安交通大学
39	林翠芳	女	北京外国語学院
40	劉宏娟	女	北京聯合大学
41	劉 軍	女	大連外国語学院
42	劉利国	男	大連外国語学院
43	劉慶会	男	河南師範大学
44	劉振泉	男	北京大学
45	陸静華	女	上海外国語学院
46	馬海軒	女	大連外国語学院
47	馬金淼	女	天津大学
48	馬 駿	男	武漢大学
49	馬微動	男	北京語言学院
50	潘雪輝	男	南開大学
51	斉 霞	女	中央放送大学
52	斉新代	男	天津外国語学院
53	喬国鈞	男	東北工学院
54	邱鴻康	男	北京語言学院
55	群 英	女	四川外国語学院
56	任玉璽	男	四川大学
57	沙秀程	男	華東師範大学
58	盛淑文	女	大連外国語学院
59	石 剛	男	河北大学
60	石漢華	女	武漢水利電力学院
61	史順金	男	浙江シルク工学院
62	史天冲	男	華東師範大学
63	帥松生	男	大連外国語学院
64	宋金梅	女	広西大学
65	宿久高	男	吉林大学
66	孫国震	男	上海大学
67	孫躍新	男	天津外国語学院附属外国語学校
68	湯麗娟	女	蘇州医院
69	王 符	男	西安工路学院
70	王海南	男	華中工学院
71	王際周	男	山東大学
72	王康生	男	航天部南京管理幹部学院
73	王 磊	女	上海外国語学院
74	王淑蘭	女	天津外国語学院
75	王曙光	男	山東師範大学
76	王 恬	男	上海外国語学院
77	王文樵	男	福州大学
78	王笑峰	男	山東大学
79	王 勇	男	杭州大学
80	王在琦	女	成都地質学院
81	王志松	男	四川大学
82	文 彬	男	撫順石油学院
83	呉煥成	男	国際政治学院
84	呉 憲	女	北京商学院
85	謝尚周	男	広西師範大学
86	邢秀敏	女	武漢大学
87	徐宝妹	女	上海外国語学院
88	徐剛緒	男	瀋陽薬学院
89	徐 堅	男	北京体育学院
90	徐建平	男	蘇州大学
91	徐敏民	男	華東化工学院
92	徐 鴎	男	上海外国語学院
93	徐 曙	男	上海鉄道学院
94	徐 躍	男	北京聯合大学
95	許慈恵	女	上海外国語学院
96	許 亮	男	南開大学
97	楊合林	男	国際関係学院
98	于 雁	女	南開大学

99	余翌珍	女	北京外語師範学院
100	翟東娜	女	北京師範大学
101	戦慶勝	男	大連外国語学院
102	張長江	男	遼寧師範大学
103	張慧明	男	広州外国語学院
104	張静萱	女	瀋陽師範学院
105	張 勤	男	復旦大学
106	張若竹	女	広州外国語学院
107	張淑華	女	ハルビン医科大学
108	張淑玲	女	山東大学
109	張 威	男	北京第二外国語学院
110	張振国	男	延辺大学
111	章 莉	女	天津商学院
112	章学侃	男	上海中医学院
113	鄭東奎	男	延辺農学院
114	鄭 建	男	上海科学技術大学
115	周 航	男	上海交通大学
116	周 建	男	華中工学院
117	朱 丹	女	北京第二外国語学院
118	朱新建	男	アモイ大学
119	竺家栄	女	国際関係学院
120	荘 旭	男	東北師範大学

第5期生(1984年9月～1985年7月) 計120名			
1	ト 雁	女	天津大学
2	陳蓓蕾	女	北京鋼鉄学院
3	陳徳民	男	華東政法学院
4	陳 紅	女	山東大学
5	陳連冬	男	北京外国語学院
6	陳為瑋	女	蘇州大学
7	崔 寧	女	ハルビン建築工程学院
8	崔栄春	男	長春外国語専科学校
9	崔 彦	男	中国鉱業学院（北京）
10	董春琪	女	東北師範大学
11	董玉栄	女	長春外国語専門学校
12	杜 艶	女	黒竜江大学
13	範閩仙	女	福建師範大学
14	馮容蓮	女	北京軽工業学院
15	付静姝	女	大連外国語学院
16	付志堅	女	天津外国語学院
17	高偉建	男	上海外国語学院
18	郭富光	男	瀋陽大学
19	韓 軍	女	大連外国語学院
20	何治浜	男	ハルビン師範大学
21	候洪寛	男	国際政治学院
22	呼和巴特尓	男	内モンゴル師範大学
23	黄婉娌	女	上海外国語学院
24	蔣 萍	女	杭州大学
25	金鉄成	男	大連外国語学院
26	靳衛衛	男	北京語言学院
27	孔令敬	男	北京外国語学院
28	李昌植	男	新疆大学
29	李春喜	男	天津対外貿易学院
30	李大川	男	聊城師範学院
31	李漢英	女	武漢大学
32	李建国	男	山西大学
33	李 寧	女	北京中医学院
34	李奇術	男	河北大学
35	李汝敏	男	山東大学
36	李紹峰	女	天津外国語学院
37	李樹華	男	吉林工業大学
38	李玉節	女	北京第二外国語学院
39	李争強	男	東北師範大学
40	林蔚然	男	中山大学
41	林澤清	男	ハルビン医科大学
42	劉徳潤	男	河南師範大学
43	劉 飛	男	蘭州大学
44	劉娟栄	女	吉林大学
45	劉克申	男	上海中医学院
46	劉潤芝	女	北京聯合大学
47	劉松明	男	中国政法大学
48	劉香織	女	北京第二外国語学院
49	劉旭宝	男	西南交通大学
50	劉志武	女	安徽師範大学
51	盧恩澤	男	北京語言学院
52	盧 濤	男	大連外国語学院
53	陸国華	男	上海外国語学院

54	馬凌波	女	北京外国語学院附属外国語学校	87	韋立新	男	広州外国語学院
55	孟徳巴雅尓	男	内モンゴル師範大学	88	衛　東	男	山東大学
				89	呉月娥	女	武漢大学
56	孟慶達	男	黒竜江大学	90	武国珺	女	西北師範学院
57	孟　瑾	男	吉林大学	91	胥　達	男	杭州大学
58	孟　軍	男	西安外国語学院	92	徐　萍	女	重慶師範学院
59	潘賢忠	男	天津外国語学院附属外国語学校	93	徐衛良	男	上海外国語学院
60	龐鉄楡	男	ハルビン工業大学	94	徐玉蘭	女	上海外国語学院
61	彭　華	女	天津商学院	95	許羅莎	女	広州外国語学院
62	銭力奮	男	上海第二工業大学	96	閻雪雯	女	遼寧師範大学
63	譙　燕	女	西南農学院	97	楊大成	男	河北医学院
64	邱　嶺	男	福建師範大学	98	楊　磊	男	西南政法学院
65	曲永紅	女	西安外国語学院	99	楊　衛	女	華東師範大学
66	盛保敏	男	上海大学	100	楊永良	男	山東師範大学
67	施速成	男	華東化工学院	101	于進江	男	山東師範大学
68	史文亭	男	上海外国語学院	102	于　敏	女	西南師範学院
69	蘇訊江	男	大連外国語学院	103	禹忠義	男	中国人民大学
70	孫敦夫	男	陝西師範大学	104	郁貝紅	女	福州大学
71	孫莉佳	女	四平師範学院	105	臧　俐	女	四川外国語学院
72	孫瑞華	女	南京大学	106	張福琴	女	中国人民大学
73	孫久富	男	国際関係学院	107	張国生	男	北京第二外国語学院
74	孫勝強	男	大連工学院	108	張　琳	男	北京外語師範学院
75	談　謙	男	陝西師範大学	109	張明明	男	遼寧大学
76	唐　磊	女	人民教育出版社	110	張婉茹	女	北京聯合大学
77	田　栄	男	延辺大学	111	張暁鋒	女	四川外国語学院
78	王　禾	男	中国医科大学	112	張　躍	男	北京聯合大学
79	王精誠	男	西安交通大学	113	趙華敏	女	北京大学
80	王菊銘	男	上海外国語学院	114	趙　岩	女	吉林大学
81	王魯奇	男	国際関係学院	115	鍾玉秀	女	天津師範大学
82	王　南	男	南京化工学院	116	周国竜	男	南京大学
83	王士海	男	大連外国語学院	117	周龍梅	女	曁南大学
84	王希時	男	天津大学	118	朱春育	男	北京語言学院
85	王暁宇	男	ハルビン師範大学	119	朱建明	男	蘇州大学
86	王映紅	女	北京商学院	120	朱美珍	女	北京語言学院

注：「第1～5期日語教師培訓班学員名冊（在中国日本語研修センター研修生名簿）」北京語言学院日語教師培訓班編『紀念文集：日語教師培訓班的五年（記念文集：大平学校の五年）』国際交流基金、1987年、113～132頁より引用。筆者が翻訳し、アルファベット順に氏名を並べた。なお、インタビュー協力者の指摘により一部の氏名や研修期間の誤りを訂正した。

参 考 文 献

［日本語文献］
書籍

秋田喜代美・能智正博監修／秋田喜代美・藤江康彦編『はじめての質的研究法：教育・学習編』東京図書、2007年。

浅田匡・生田孝治・藤岡完治『成長する教師：教育学への誘い』金子書房、2007年。

阿部洋編『日中教育文化交流と摩擦：戦前日本の在華教育事業』第一書房、1983年。

阿部洋『中国の近代教育と明治日本』龍溪書舎、2002年第二版。

阿部洋『「対支文化事業」の研究：戦前期日中教育文化交流の展開と挫折』汲古書院、2004年。

岩田祐子・重光由加・村田泰美『社会言語学』ひつじ書房、2013年。

江淵一公編『異文化間教育研究入門』玉川大学出版部、1997年。

汪向栄著；竹内実・浅野純一・中裕史訳『清国お雇い日本人』朝日新聞社、1991年。

外務省アジア局中国課監修『日中関係基本資料集1949年～1997年』霞山会、1998年。

川先俊子『韓国における日本語教育必要論の史的展開』ひつじ書房、2013年。

木村宗男・阪田雪子・窪田富男・川本喬『日本語教授法』桜楓社、1989年。

木村宗男編『講座 日本語と日本語教育（15）日本語教育の歴史』明治書院、1991年。

金田一春彦『日本語セミナー1』筑摩書房、1982年。

国際交流基金・在中華人民共和国日本語研修センター『日本語教育研究論纂：在中華人民共和国日本語研修センター紀要』（第1～4集）、国際交流基金、1983～1985年。

小島勝編著『異文化間教育学の研究』ナカニシヤ出版、2008年。

佐伯胖・藤田英典・佐藤学編『シリーズ学びと文化6 学び合う共同体』東京大学出版会、1996年。

酒井順一郎『改革開放の申し子たち：そこに日本式の教育があった』冬至書房、2012年。

佐治圭三『中国人の日本語作文に見られる誤用例集』国際交流基金、1980年。

佐治圭三『外国人が間違えやすい日本語の表現の研究』ひつじ書房、1992年。

佐治圭三『日本語教師養成シリーズ 文法』東京法令出版、凡人社（発売）、1996年。

佐治圭三教授古稀記念論文集編集委員会編『日本と中国ことばの梯（かけはし）：佐治圭三教授古稀記念論文集』くろしお出版、2000年。

さねとうけいしゅう『中国留学生史談』第一書房、1981年。

シィー・ディー・アイ編『日本語教育および日本語普及活動の現状と課題』総合研究開発機構、1985年。

椎名和男教授古希記念論文集刊行委員会編『国際文化交流と日本語教育 きのう・きょう・あす：椎名和男教授古稀記念論文集』凡人社、2002年。

徐敏民『戦前中国における日本語教育：台湾・満州・大陸での展開と変容に関する比較考察』エムティ出版、1996年。

高杉英一・阿部武司・菅真城編著『大阪大学の歴史』大阪大学出版会、2009年。

田中祐輔『現代中国の日本語教育史：大学専攻教育と教科書をめぐって』国書刊行会、2015年。

玉村文郎編『日本語学を学ぶ人のために』世界思想社、1992年。

藤堂明保・辻康吾・曽紹徳・堀内克明編『最新中国情報事典』小学館、1980年。

藤堂明保・相原茂『新訂中国語概論』大修館書店、2005年。

日本語教育史論考第二輯刊行委員会『日本語教育史論考第二輯』冬至書房、2011年。

藤本一勇『外国語学』（ヒューマニティーズ＝Humanities）岩波書店、2009年。

藤森智子『日本統治下台湾の「国語」普及運動：国語講習所の成立とその影響』慶應義塾

大学出版会、2016年。

二見剛史『日中の道、天命なり：松本亀次郎研究』学文社、2016年。

細川英雄編『言語教育とアイデンティティ』春風社、2011年。

本名信行・岡本佐智子編『アジアにおける日本語教育』三修社、2000年。

松田陽子『多文化社会オーストラリアの言語教育政策』ひつじ書房、2009年。

宮地裕「ほか」編『講座日本語と日本語教育』第15巻、明治書院、1991年。

莫邦富『これは私が愛した日本なのか：新華僑30年の履歴書』岩波書店、2002年。

莫邦富『この日本、愛すればこそ：新華僑40年の履歴書』岩波書店、2014年。

劉建雲『中国人の日本語学習史：清末の東文学堂』学術出版会、2005年。

ルイ＝ジャン・カルヴェ著；砂野幸稔ほか訳『言語戦争と言語政策』三元社、2010年。

矢吹晋『文化大革命』講談社、1989年。

早稲田大学語学教育研究所編『木村宗男先生記念論文集』早稲田大学語学教育研究所、1982年。

John Trim, Brian North, Daniel Coste原著；吉島茂［ほか］訳・編『外国語の学習、教授、評価のためのヨーロッパ共通参照枠（外国語教育Ⅱ』朝日出版社、2004年。

論文

天沼寧「『全国日語教師短訓班』の記（国別の問題点-2-中国における日本語教育〈特集〉）」『日本語教育』41号、日本語教育学会、1980年、1 ～ 12頁。

今井敬子「中国だより-6完-赴日留学生の日本語学習」『言語生活』（360）、筑摩書房、1981年12月、86 ～ 91頁。

王宏「中国における日本語研究の現状（国別の問題点-2-中国における日本語教育〈特集〉）」『日本語教育』41号、日本語教育学会、1980年、39 ～ 46頁。

王宏「中国における日本語教育概観」上野田鶴子編『日本語教育の現状と課題』、明治書院、1991年、31 ～ 48頁。

王雪萍「改革開放期の中国政府派遣留学生：日本への国費派遣学部留学生を中心に」富士ゼロックス 小林節太郎記念基金2002 ／ 2003年度研究助成論文、2004年。

王雪萍『改革・開放期中国における留学生派遣政策：日本への派遣学部留学生を中心に』（博士論文：慶應義塾大学大学院政策・メディア研究科、2006年2月）

大石智良・坂本志げ子「中国における日本語教育の体験：黒竜江大学日本語学部'74 ～ '76年（中国における日本語教育）」『中国研究月報』（371）、1979年、12～23頁。

大山正博『大平学校にみる日中国際文化交流の意義と実践』神戸大学修士学位論文、2009年。

小熊旭・川島真「『大平学校』とは何か（1980年）：日中知的交流事業の紆余曲折」園田茂人編『日中関係史1972-2012 Ⅲ社会・文化』東京大学出版会、2012年、53 ～ 80頁。

蔭山雅博「清末における教育近代化過程と日本人教習」阿部洋編『日中教育文化交流と摩擦：戦前日本の在華教育事業』第一書房、1983年、5 ～ 47頁。

葛茜『中国の大学日本語専攻教育における学習環境と学びの実態：新たな「ことばの力」をめざして』早稲田大学博士学位論文、2013年。

加藤彰彦「中国における日本語教育」『実践国文学』15、1979年、24 ～ 36頁。

唐木圀和「中国経済体制改革と現代企業制度」慶應義塾大学商学部『三田商学研究43（特別号）』2000年、83 ～ 99頁。

川瀬生郎「中国における日本語教育」『日本語学校論集』7号、東京外国語大学附属日本語学校、1980年、111 ～ 125頁。

喬穎『中国の日本語教育と大学日本語専攻生の対日認識形成に関する研究：日本語教育における「個人」の意義』早稲田大学博士学位申請論文、2013年。

国松昭「五・三〇運動の中心 上海第二紡績工場を訪問して」『思想の科学』第6次（121）、1980年、109 〜 114頁。

国松昭「中国の『日本語研修センター』に参加して」『東京外国語大学特設日本語学科』［年報4］東京外国語大学、1980年、11 〜 13頁。

国松昭「『食べられなかった北京ダック』についての別のものさし」言語生活（359）、筑摩書房、1981年11月、90 〜 95頁。

高昆『1980年代、中国の大学における日本語教師の養成に関する研究：大平学校と北京日本学研究センターを中心に』神戸大学大学院人間発達環境学研究科人間発達専攻学、修士論文、2015年。

高友晧「内モンゴル自治区における英語必修化に伴うトライリンガル教育の現状と課題」『人間文化創造科学論叢』13号、お茶の水女子大学大学院人間文化創成科学研究科、2010年、217 〜 225頁。

小池聖一「『大平外交』の形成：日中国交正常化をめぐる日本外交の相克」『国際協力研究誌』第14巻第2号、広島大学大学院国際協力研究科、2008年、103 〜 116頁。

佐治圭三・田中望「中国における日本語教育（ことばの焦点-9-)」『言語生活』（345）、1980年、70 〜 83頁。

佐治圭三「中国における日本語教育」『日本語教育および日本語普及活動の現状と課題』総合研究開発機構、1985年、569 〜 624頁。

佐治圭三「中国だより-1-北京の春」『言語生活』（355）、筑摩書房、1981年7月、76 〜 80頁。

佐治圭三「中国研修生の燃えるまなざし：第1次対中国特別事業」『国際交流』44号、1987年、44 〜 47頁。

佐治圭三「戦後中国の日本語教育」木村宗男編集『日本語教育の歴史』明治書院、1991年、374 〜 397頁。

椎名和男「忘れ得ぬ先達の想い出と若き人々への期待」『日本語教育』（135）、2007年、35 〜 40頁。

篠崎摂子・曹大峰「中国における非母語話者日本語教師教育の展開：「大平学校」と北京日本学研究センター」『国際交流基金日本語教育紀要』（2）、2006年、135 〜 140頁。

篠崎摂子・曹大峰「中国における非母語話者日本語教師教育の質的変化：「大平学校」と北京日本学研究センターにおける実践から（第32回日本言語文化学研究会）─（発表要旨）」『言語文化と日本語教育』32、2006年、105 〜 108頁。

周慶生「中国における言語の多様性と言語政策」石剛編著『危機言語へのまなざし：中国における言語多様性と言語政策』（成蹊大学アジア太平洋研究センター叢書）三元社、2016年、73 〜 106頁。

徐一平「中国における日本語教育」『日本語・日本語教育研究国際シンポジウム報告書』名古屋外国語大学、2000年、127 〜 130頁。

徐一平「文化交流の現場から 対中国特別事業／北京日本学研究センター（特集 国際交流基金設立30周年記念 地球的多文化共生の時代を迎えて）─（拡大する文化交流、越境する文化交流）」『国際交流』25（1）国際交流基金、2002年、94 〜 98頁。

徐一平「大平正芳と中国の日本語教育」『大平正芳からいま学ぶこと：大平正芳生誕100周年記念』桜美林大学北東アジア総合研究所、2010年、38 〜 53頁。

新保敦子「近代学校の普及と少数民族家庭における文化の継承／断絶：モンゴル族および回族の女性教師を中心として」『中国エスニック・マイノリティの家族：変容と文化継承をめぐって』国際書院、2014年、55 〜 106頁。

鈴木京子「教員の異文化体験：REXプログラムに参加した教員の聞き取り調査から」成蹊

232

大学文学部学会『異言語と出会う、異文化と出会う』風間書房、2011年、47 〜 85頁。

曹大峰「講演録 中国における日本語教科書作成—歩み・現状・課題」『言語文化と日本語教育』(35)、2008年、1 〜 9頁。

蘇徳昌「中国における日本語教育（国別の問題点-2-中国における日本語教育〈特集〉)」『日本語教育』41号、1980年、25 〜 38頁。

孫暁英「中日教育文化交流のあり方に関する一考察：大平学校から見えてきたこと」北京日本学研究センター編『日本学研究』26号、学苑出版社、2016年10月、157〜171頁。

孫暁英「戦後日中教育文化交流に関する一考察：大平学校の日本人講師に焦点を当てて」『早稲田教育評論』第29巻第1号、2015年3月、147 〜 160頁。

孫暁英「戦後中国における日本語・日本語教育の普及に関する一考察：1978年、1979年の日本語教育短期巡回指導を中心に」早稲田大学大学院教育学研究科『早稲田大学大学院教育学研究科紀要：別冊』22 (2)、2015年3月、95 〜 104頁。

孫暁英「中国改革開放時期における日中教育文化交流に関する一考察：大平学校の訪日研修に焦点をあてて」早稲田大学大学院教育学研究科『早稲田大学大学院教育学研究科紀要：別冊』22 (1)、2014年9月、59 〜 69頁。

孫暁英「大平学校における教師教育の研究：異文化間教育の観点から」『早稲田教育評論』第28巻第1号、2014年、147 〜 160頁。

孫暁英「中国の外国語教育政策に関する一考察：大平学校における『文革世代』の学びに焦点をあてて」早稲田大学大学院教育学研究科『早稲田大学大学院教育学研究科紀要：別冊』21 (2)、2014年3月、25 〜 35頁。

孫暁英「日中国交正常化以降の中国における日本語教育と日中交流：大平学校（1980年 〜 1985年）に焦点を当てて」アジア教育学会『アジア教育』第7巻、2013年11月、35 〜 47頁。

孫暁英「中国における日本語教育に関する一考察：大平学校（1980年〜 1985年）を中心に」『早稲田大学教育学会紀要』(13)、早稲田大学教育学会、2011年、159 〜 166頁。

竹中憲一「中国における日本語教育」『早稲田大学社会科学研究所社研・研究シリーズ』(23)、1988年、49 〜 79頁。

田中祐輔『中国の大学専攻日本語教育の研究：文学思想による規定と日本の国語教育からの影響—』早稲田大学博士学位論文、2013年。

田渕五十生「日本の教師教育と異文化間教育」異文化間教育学会編『異文化間教育』25号「特集 異文化間教育と教師」アカデミア出版会、2007年、45 〜 57頁。

中山あおい「言語的、文化的多様性に対するドイツの教師教育」異文化間教育学会編『異文化間教育』25号「特集 異文化間教育と教師」アカデミア出版会、2007年、35〜44頁。

倪志敏「大平正芳と阿片問題」『龍谷大学経済学論集（民際学特集)』49巻1号、2009年、83 〜 107頁。

倪志敏「大平正芳と中日間の経済・外交に関する研究：張家口時代からLT貿易・中日復交・対中円借款供与まで（要旨)」『龍谷大学大学院経済研究』NO.9、2009年、41〜46頁。

野畑理佳「『活動記録』に見られる学習者の文化認識に関する一考察—学習者の異文化理解へのかかわりを目指して—」『国際交流基金日本語教育紀要』第8号、2012年、41〜53頁。

橋内武「欧州連合と欧州評議会の言語（教育）政策」『国際文化論集＝INTERCULTURAL STUDIES』(43)、2010年、51 〜 70頁。

皮細庚「中国の大学における日本語専門教育」水谷修・李徳奉編『総合的日本語教育を求めて』国書刊行会、2002年、56 〜 68頁。

費姝曼『大連外国語大学にみる日中交流史：留学生の人間的成長に焦点を当てて』早稲田大学大学院教育学研究科修士学位論文、2015年。

平井勝利「中国だより -2- 日本語"らしさ"を教えるために」『言語生活』356号、筑摩書房、1981年8月、82 ～ 86頁。

星野命「異文化間教育と多文化（共生）教育における教師と教師教育（総論）」異文化間教育学会編『異文化間教育』25号「特集 異文化間教育と教師」、アカデミア出版会、2007年、3 ～ 21頁。

本間繁輝「日本語の教育方法の問題─文革前の体験と最近の見聞から（中国における日本語教育）」『中国研究月報』(371)、1979年、23 ～ 28頁。

水野義道「中国だより -4- 北京一歳」『言語生活』(358)、筑摩書房、1981年10月、86 ～ 91頁。

村木新次郎「中国だより -3- 食べられなかった北京ダック」『言語生活』(357)、筑摩書房、1981年9月、90 ～ 94頁。

莫邦富「対中国ODA批判を考える『大平学校』を思い起こせ」『中央公論』116（4）、中央公論新社、2001年、104 ～ 111頁。

莫邦富「大平学校をご存じですか─終了から20年、卒業生の歩みをたどる（特集日本語で話しませんか）」『遠近』(6)、2005年、15 ～ 20頁。

森茂岳雄「アメリカにおける多文化教師教育の展開と課題」異文化間教育学会編『異文化間教育』25号「特集 異文化間教育と教師」アカデミア出版会、2007年、22 ～ 34頁。

谷部弘子「中国だより -5- 二年目の出発」『言語生活』(359)、筑摩書房、1981年11月、82 ～ 87頁。

劉志明「中国における『日本語の国際化』：中国日本語観調査より」『国際協力論集』4（1）、神戸大学大学院国際協力研究科、1996年、137 ～ 154頁。

渡部留美「短期海外研修プログラムにおける参加者の体験と意識変容：参加者に対するPAC分析の結果より」大阪大学留学生センター研究論集『多文化社会と留学生交流』(13) 大阪大学留学生センター、2009年、15 ～ 30頁。

資料

阿部洋「第10章日中学術文化交流」、中国総覧編集委員会『中国総覧1982年版』霞山会、1982年、457 ～ 458頁。

阿部洋「20世紀日本人の中国認識と中国研究（12）日中教育交流史研究をめぐって」『中国研究月報』、1999年、18 ～ 19頁。

大塚豊「第10章日中学術文化交流」、中国総覧編集委員会『中国総覧1986年版』霞山会、1986年、474頁。

大平学校「第1期日本語教員養成講座授業計画についての提案」1980年6月20日。

大平学校「訪日研修についての議事録」1980年12月22日。

大平正芳「内閣総理として：第87国会での施政方針演説」大平正芳回想録刊行会『大平正芳回想録（資料編）』1982年、鹿島出版会・富士アドシステム、284 ～ 285頁。

大平正芳「新世紀をめざす日中関係：深さと広がりを求めて」大平正芳回想録刊行会『大平正芳回想録（資料編）』鹿島出版会・富士アドシステム、1982年、314 ～ 319頁。

大平正芳回想録刊行会「日中共同声明調印後の記者会見詳録」『大平正芳回想録（資料編）』鹿島出版会・富士アドシステム、1982年、222頁。

小原紅「北京だより1旅へ」『書斎の窓』No.329. 11・12月合併号、1983年。

外務省情報文化局文化第二課「対中国日本語研修特別計画」、1980年4月22日。

外務省情報文化局文化第二課「対中国日本語研修特別計画」別紙、「対中国日本語研修特別計画合意事項」、1980年。

外務省情報文化局「第1回中華人民共和国日本語講師研修会実施要領」1981年。

外務省情報文化局文化第二課「第2回中華人民共和国日本語講師研修会実施要領」1982年。

外務省情報文化局文化第二課「第3回中華人民共和国日本語講師研修会実施要領」1983年。

外務省情報文化局文化第二課「第4回中華人民共和国日本語講師研修会実施要領」1984年。

外務大臣官房文化交流部文化第二課「第5回中華人民共和国日本語講師研修会実施要領」1985年。

神奈川県教育庁管理部教職員課『中国派遣日本語教師10年の軌跡 1979 ～ 1989』神奈川県教育委員会、1990年。

国際交流基金『中華人民共和国赴日留学生教育予備学校第1期の記録（日本語教育編）』、1981年3月。

国際交流基金「資料編日本語教育短期巡回指導派遣」昭和54年度版『国際交流基金年報』、国際交流基金、1979年。

国際交流基金日本語課「在中国日本語研修センター第1年次報告（要旨）1980年8月11日～ 1981年7月11日」1985年2月22日。

国際交流基金日本語課「在中国日本語研修センター第2年次報告（要旨）1981年9月1日～ 1982年7月10日」1985年2月22日。

国際交流基金日本語課「在中国日本語研修センター第3年次報告（要旨）1982年9月1日～ 1983年7月9日」1983年12月8日。

国際交流基金日本語課「在中国日本語研修センター第4年次報告（要旨）1983年9月1日～ 1984年7月9日」（資料の一部が破損したため、提出時期不詳）。

国際交流基金日本語課「在中国日本語研修センター第5年期中間報告（要旨）」、国際交流基金、（資料の一部が破損したため、提出時期不詳）。

国際交流基金「対中国日本語教育特別計画（5か年計画）の総括」、年代不詳。

国際交流基金「対中国特別事業計画：対中国日本語教育特別計画（5か年計画）の経緯及び新規計画」、年代不詳。

国際交流基金日本語課「在中国日本語研修センター修了生追跡調査報告」、年代不詳。

国際交流基金「対中国特別事業計画：第2次対中国特別事業計画（概要）」、年代不詳。

国際交流基金・在中華人民共和国日本語研修センター『日本語教育研究論纂：在中華人民共和国日本語研修センター紀要』（第1 ～ 4集）、国際交流基金、1983 ～ 1985年。

国際交流基金「昭和55 ～ 59年度事業実績額国別上位20か国一覧」『国際交流基金の概要 昭和55年11月～昭和63年』国際交流基金、29頁。

国際交流基金15年史編纂委員会編『国際交流基金15年のあゆみ』、国際交流基金、1990年。

国際交流基金30年史編纂室編『国際交流基金30年のあゆみ』、国際交流基金、2006年。

国際交流基金日本研究部「事業概観（北京外国語大学と北京大学）」『国際交流』国際交流基金、2002年9月、97頁。

阪田雪子先生講演「『外国人に対する日本語教育』の復活」2007年3月17日、2006年度第2回日本語教育史研究会 慶應義塾大学（三田キャンパス）日本語教育史論考第二輯刊行委員会『日本語教育史論考第二輯』冬至書房、2011年、203 ～ 225頁。

斉藤明『日本語発音練習』昭和54年度中国日本語教育研修会資料、国際交流基金。

佐治圭三「在中華人民共和国日本語研修センター移転問題に関する私見」、大平学校内部資料、1981年9月。

佐治圭三『日本語文法講義資料』昭和54年度中国日本語教育研修会資料、国際交流基金。

佐治圭三「日本語研修センターの五年」北京言語学院日語教師培訓班編『紀念文集：日語教師培訓班の五年（記念文集：大平学校の五年）』国際交流基金、1987年、13～19頁。

佐治圭三・李翠霞・顧明耀・劉柏林「座談 中国における日本語教育の移り変わり」（特集・中国語と日本語）愛知大学現代中国学会編『中国21』Vol.27、風媒社、2007年、3～18頁。

椎名和男「日本語研修センター開校」北京語言学院日語教師培訓班編『紀念文集：日語教師培訓班的五年（記念文集：大平学校の五年）』国際交流基金、1987年、23 ～ 24頁。

砂川有里子「対中国日本語研修センター報告書」、国際交流基金に提出資料、1981年10月18日。

陳向陽・梁雲祥「大平正芳内閣と中日関係」歩平編集、高原明生監訳『中日関係史1978~2008』東京大学出版会、2009年、169 ～ 177頁。

戸川芳郎、書評「藤堂明保著 漢字語源事典」『国語学』第67集、1966年、74頁。

馬暁娟「教育協力と交流」歩平編集、高原明生監訳『中日関係史1978~2008』東京大学出版会、2009年、909頁。

牧野篤『中国で日本語を教える：派遣日本語教師の教育実践と生活状況』名古屋大学教育学部社会教育研究室、1995年3月15日。

水口景子『国際文化フォーラム通信』NO.98号、社団法人国際文化フォーラム、2013年4月。

宮地裕「所感」北京語言学院日語教師培訓班編『紀念文集：日語教師培訓班的五年（記念文集：大平学校の五年）』国際交流基金、1987年、33 ～ 34頁。

源了圓「中国に築く日本学の礎」『国際交流』44号、国際交流基金、1987年、47 ～ 49頁。

森田一「隣人中国 重視は不変」東京新聞、2014年5月3日。

文部省学術国際局ユネスコ国際留学生課「中国政府派遣留学生の受入れ」『日本語教育』41号、1980年、75 ～ 84頁。

廖承志「大平先生を深くしのんで」大平正芳回想録刊行会『大平正芳回想録（追想編）』鹿島出版会・富士アドシステム、1982年、414頁。

［中国語文献］
書籍

北京大学東方語言文学系日語教研室編『基礎日語』第1冊、商務印書、1981年。

戴炜棟・胡文仲編『中国外語教育発展研究 1949-2009（中国外国語教育発展に関する研究 1949-2009）』上海外語教育出版社、2009年。

付克『中国外語教育史（中国外国語教育史）』上海外語教育出版社、1986年。

冷麗敏『高等教育中的日語教育教学研究：引発学生自主参与課堂的教師行為（中国の高等教育における日本語教育教学研究：学習者の主体的な授業参加を導く教師の行動）』外語教学与研究出版社、2010年。

林暁光『日本政府開発援助与中日関係（日本政府開発援助と日中関係）』世界知識出版社、2003年。

李伝松・許宝発『中国近現代外語教育史（中国近現代外国語教育史）』上海外語教育出版社、2006年。

呂鳳翔『常用日語900句（常用日本語900文）』内モンゴル人民出版社出版、1981年。

王雪萍『当代中国留学政策研究：1980 ～ 1984年赴日国家公派本科留学生政策始末（現代中国の留学政策に関する研究：1980 ～ 1984年赴日本国国費派遣学部留学政策の顛末）』世界知識出版社、2009年。

修剛・李運博編『中国日語教育概覧』外語教学与研究出版社、2011年。

徐一平・曹大峰編『中日教育合作実践与成効研究：以「大平班」和北京日本学研究中心為例（中日教育協力の実践と効果に関する研究：大平学校と北京日本学研究センターを例に）』学苑出版社、2013年。

蔭山雅博『明治日本与中国留学生教育（明治日本と中国留学生教育）』雄山社、2016年。

周平・陳小芬編『新編日語』上海外語教育出版社、1993年～ 1995年。

236

論文

阿達莱提・塔伊尓「哈薩克斯坦独立前的双語教育（カザフスタン独立前の二言語教育）」『新疆社会科学』、2011年第1期、63 ～ 66頁。

郭晋勇「対紅河流域少数民族外語教育的設想（紅河流域少数民族外国語教育の構想）」『新西部』第4期、2010年、141 ～ 144頁。

胡文仲「関於我国外語教育規画的思考（我が国の外国語教育計画に関する思考）」『外語教学与研究』第43巻第1期、2011年、130 ～ 136頁。

柯常青「新世紀欧盟語言政策透視（新世紀EU言語政策から見えてきたこと）」『世界教育情報』2号、2011年、73 ～ 77頁。

李宇明「中国外語規画的若干思考（中国外国語計画に関する思考）」『外国語』第33巻第1期、2010年、3 ～ 7頁。

劉翔・向暁紅「四川民族地区外語教育現状及発展策略（四川民族地区外国語教育の現状および発展戦略）」『西南民族大学学報（人文社会科学版）』第10期総第206期、2008年、253 ～ 256頁。

劉潤清「培訓高校英語師資的好弁法：北京外国語学院英語師資研修班簡介（高等教育英語教師研修の良き方法：北京外国語学院英語教師研修プログラムの概要）」『外語教育与研究』1984年第3期（総第59期）、66 ～ 68頁。

李雯雯・劉海濤「近年来日本英語教育的発展及政策変革（近年日本における英語教育の発展および政策変革）」『外国語』第34巻第1期、2011年、84 ～ 89頁。

沈国威「日本研究専家学者的揺籃：“大平班”（日本研究専門家のゆりかご：『大平学校』）」『大潮涌動：改革開放与留学日本（時代の波：改革開放と日本留学）』社会科学文献出版社、2010年、79 ～ 87頁。

沈騎・馮増俊「建国60年以来我国外語教育政策研究綜述（建国60年以来我が国の外国語教育政策研究概説）」『江蘇社会科学（教育文化社会科学版）』、2009年、64 ～ 67頁。

沈騎「全球化背景下我国外語教育政策研究框架建構（グローバル化における我が国の外国語教育政策に関する研究フレームワーク）『外国語』第34巻第1期、2011年、70～77頁。

束定芳「徳国的英語教学及其対我国外語教学的啓発（ドイツにおける英語教育および我が国への啓発）」『中国外語』、2010年、4 ～ 10頁。

孫宏開「少数民族語言規画的新情況和新問題（少数民族言語計画の新しい状況と問題）」『言語文字応用』第1期、2005年2月、13 ～ 16頁。

魏芳・馬慶株「語言教育企画視角中的外語教育（言語教育計画における外国語教育）」『南開語言学刊』、第1期総15期、2010年、151 ～ 159頁。

修剛「転型期的中国高校日語専業教育的幾点思考（転換期における中国高等教育日本語専攻教育への思考）」『日語学習与研究（日本語学習と研究）』第155号、2011年、1 ～ 6頁。

徐一平「中国的日語研究与日語教育（中国における日本語研究と日本語教育）」『日語学習与研究』1997年4期、35 ～ 41頁。

張緒忠・王暁輝「我国語言規画中外国語言因素的缺失及応対策略（我が国言語計画における外国語要素の欠如および対応策）」『東北師範大学学報（哲学社会科学版）』、第2期総250期、2011年、128 ～ 131頁。

周殿生・王莉「新疆外語教育現状和調整策略（新疆外国語教育の現状及び調整戦略）」『外国語』第34巻第1期、2011年、78 ～ 83頁。

資料

北京語言学院「日語教師培訓班定於今年8月11日開班（大平学校は今年8月11日に開校）」『語言教学と研究』北京語言学院、1980年7月、105頁。

北京語言学院日語教師培訓班編『紀念文集：日語教師培訓班的五年（記念文集：大平学校の五年）』国際交流基金、1987年。

北京日本学研究センター『全国日本語教師研修班（大平学校）北京日本学研究センター（1980～2009年）校友録』、2010年。

『蔚藍』専門誌特集号『大平班及北京日本学研究中心知名校友訪談集：大平班的前世与今生（大平学校および北京日本学研究センターの著名同窓に聞く：大平学校の前世と今生)』、2012年。

［日本語HP］

大阪大学：外国語学部沿革　http://www.sfs.osaka-u.ac.jp/outlines/history.html（2014年4月30日最終閲覧）

大平正芳記念財団　http://www.ohira.org/cd/index.html（2014年10月12日最終閲覧）

東京外国語大学　http://www.tufs.ac.jp/common/archives/3rd.html（2017年2月28日最終閲覧）

国際交流基金 海外日本語教育機関調査　http://www.jpf.go.jp/j/japanese/survey/result/surveyold.html（2017年11月8日最終閲覧）

国際交流サービス協会　http://www.ihcsa.or.jp/（2017年3月20日に最終閲覧）

日本学生支援機構（JASSO）　http://www.jasso.go.jp/statistics/intl_student/documents/data13.pdf（2014年7月20日最終閲覧）

日本語教育学会　http://www.nkg.or.jp/guide/g-enkaku.htm（2014年7月18日最終閲覧）

文部科学省　http://www.mext.go.jp/b_menu/hakusho/html/others/detail/1318395.htm（2014年4月30日最終閲覧）

［中国語HP］

北京日本学研究センター図書館　http://www.bjryzx.org/tsg/show.asp?id=126（2014年7月20日最終閲覧）

北京友誼賓館　http://www.bjfriendshiphotel.com/sitecn/xwzx/1619_938.html（2014年2月16日最終閲覧）

北京晚報 2015年9月15日、第33版　http://bjwb.bjd.com.cn/html/2015-09/15/content_312152.htm（2017年2月16日最終閲覧）

チャイナネット　http://www.china.com.cn/policy（2014年8月30日最終閲覧）

中国国家漢弁　http://www.hanban.edu.cn/hb/node_7446.htm（2014年8月17日最終閲覧）

世界漢語教学学会　http://www.hanban.edu.cn/hb/node_7446.htm（2017年8月12日最終閲覧）

中国日語教学研究会　http://211.68.208.44/ryyjh/（2014年10月18日最終閲覧）

あとがき

　本書は、2014年度に早稲田大学大学院教育学研究科に提出された博士学位請求論文「戦後日中教育文化交流史に関する教育学的研究：大平学校の事例を中心に」に大幅な加筆・修正を加えたものである。各章のもととなった論文の初出は、以下のとおりである。

第1章
　　「中国の外国語教育政策に関する一考察：大平学校における『文革世代』の学びに焦点をあてて」早稲田大学大学院教育学研究科『早稲田大学大学院教育学研究科紀要：別冊』21（2）、2014年3月、pp.25-35。

第2章
　　「戦後中国における日本語・日本語教育の普及に関する一考察：1978年、1979年の日本語教育短期巡回指導を中心に」早稲田大学大学院教育学研究科『早稲田大学大学院教育学研究科紀要：別冊』22（2）、2015年3月、pp.95-104。

第3章
　　「大平学校における教師教育の研究：異文化間教育の観点から」早稲田大学教育総合研究所『早稲田教育評論』28（1）、2014年3月、pp.147-160。
　　「中国改革開放時期における日中教育文化交流に関する一考察：大平学校の訪日研修に焦点をあてて」早稲田大学大学院教育学研究科『早稲田大学大学院教育学研究科紀要：別冊』22（1）、2014年9月、pp.59-69。

第4章
　　「戦後日中教育文化交流に関する一考察：大平学校の日本人講師に焦点を当てて」早稲田大学教育総合研究所『早稲田教育評論』29（1）、2015年3月、pp.97-113。

第5章
　　「日中国交正常化以降の中国における日本語教育と日中交流：大平学校

（1980年〜1985年）に焦点を当てて」アジア教育学会『アジア教育』第7巻、2013年11月、pp.35-47。

終　章

「中日教育文化交流のあり方に関する一考察：大平学校から見えてきたこと」北京日本学研究センター編『日本学研究』26号、学苑出版社、2016年10月、pp.157-171。

　本書で筆者は、大平正芳元首相が1979年に訪中した時の日中政府間の合意により設立された「在中華人民共和国日本語研修センター」（大平学校）の事例を取り上げ、戦後日中教育文化交流の一側面を解明しようとした。そのために、学ぶ側の中国人日本語教師（大平学校の研修生）と教える側の日本政府派遣講師および関係者49名に対して、半構造化インタビューによるライフストーリーの聞き取り調査を3年間にわたって実施し、それに基づき分析を行った。関係者の方々からお伺いした大平学校の実態と影響をできるだけそのままの形で再現し、戦後日中教育文化交流史における大平学校の特質と意義を浮き彫りにしようとした。したがって、本書が日本語教育の専門家だけでなく、日中間の教育文化交流に関心を持つ多くの方々の目にもふれることを願いたい。

　本書のもう一つの主題は、日中両国の政治、経済、社会状況および外交関係の激動の時代に青春を過ごした人々の葛藤と努力、ひいてはその「言語人生」への注視である。調査協力者へのインタビューは、あたかも青春映画を見ているような、時には心温まり時には胸が高鳴る体験であった。そこには純粋で堅固な意思があり、真摯な友情と連帯感が息づいていた。大平学校があったから、彼らにそれぞれのその後があった。大平学校にいたから、彼らは互いにつながった。大平学校そのものは5年間で終わったが、そこで育まれた絆は30年以上を経た今もなお、強固なままである。「大平学校」という4文字は、もはや一教育プロジェクトの名を超越して、決して時代の荒波に淘汰されることはない、麗しい「共同記憶」になっていた。この「共同記憶」に立ち入って、辿ることのできたことを、筆者は幸福に思っている。

　私自身のことになるが、1999年に大学に入学してから日本語を学び始め、その途上で、目の前に新しい窓を開けたように、日本という異文化の世界に飛び込み、自分自身の「言語人生」の軌跡を変えてきた。振り返れば、学生時代の恩師の中には、大平学校の出身の先生かたが数名いらして、有能で献身的な中堅教師

として活躍されていた。授業でも、たしかに何度か大平学校時代の話を聞いたことがあるが、その時は、まさか自分が将来大平学校について研究をすることになろうとは思いもよらなかった。大平学校でかつて学んだ先生がたから日本語を学んだということで私自身「大平学校の孫世代」ということがいえるかもしれない。

　日本語専攻になったものの、当初は日本語教師になるつもりのなかった私は、学部4年生の時に「日本語概説」の授業を持たれていた修剛先生に啓発され、修士課程に進んだ。課程修了後に母校で1年間奉職し、2007年から2年間、北京の中国政府教育部に出向して、第1次安倍政権下に規模を拡大した日中青少年交流のプログラム（21世紀東アジア青少年大交流計画）のスタッフとして働いた。ここで、政府が関与する教育文化交流事業の渦中で様々な経験をする機会にめぐまれ、赴任中には、大平学校の後身である北京日本学研究センターの今後の継続問題について関係者が協議する場面にも遭遇した。同センターは、中国の日本学研究・日本語教育関係者が研鑽を深める場合の憧れの的のような場であったが、当時は日中両国政府への経営依存から自立への過渡期にあったのである。

　私自身はその後、国費留学生として国家の言語政策とそのもとで生きる教師の継続教育やライフストーリーに関心をもちながら、日本での留学生活を送っていたが、2011年の夏、母校が主催する「第10回世界日本語教育研究大会」を手伝うため一時帰国した。そこで参加した同大会は、世界各国から約2000名の日本語教育関係者が集う盛大なもので、しかも、大平学校の元日本人講師・中国人修了生たちが基調講演やコメンティターなどで大活躍しているのを目の当たりにし、大平学校陣営の凄さに初めて気づかされた。大会後、日本での研究の具体的な研究対象をどう絞るかに迷っていた私は、修士時代の指導教授の修剛先生に相談したところ、まさにその大平学校を研究してはどうかと勧めていただいた。修剛先生自身は大平学校のOBではないが、周囲に大平学校関係者が沢山いる環境で仕事をされていたので、その影響力の強さを誰よりも認識していらしたからかもしれない。

　幸運にもこの研究テーマに出会い、やがて博士論文に仕上げるまでは、以下のような多くの方々に学恩を仰ぎ、お世話になった。まずは母校の天津外国語大学そして、学部と大学院修士課程の恩師である修剛教授に対して感謝と深い敬意をここに記したい。私を研究の道に導き、私の人生を変えてくださった同大学と修先生との出会いがなければ、今の私はいなかったであろう。

　そして留学先の早稲田大学大学院教育学研究科博士課程での指導教授である小

林（新保）敦子先生、博士論文副査の３名の先生、すなわち同大学院教育学研究科の長島啓記教授と日本語教育研究科の宮崎里司教授、文部科学省国立教育政策研究所の一見真理子総括研究官から懇切丁寧な御指導をしていただいたことに対して、厚く御礼申し上げる。小林先生の存在によって、資料収集やインタビュー調査の方法を学び、調査結果の分析についてはその都度ご指摘くださるなど、指導内容そのものが本研究の骨子となった。また、先生ご自身の資料調査やフィールド調査などに同行させていただく機会にも恵まれ、先生の研究に対する取り組み、調査協力者との関係の築き方などを間近で見せていただくことで、研究者としての在り方はもちろんのこと、人として他者と関係を結ぶ点において、非常に多くのことを学ばせていただいた。比較教育学者の長島先生は、広い視野で多角的に大平学校の研究意義を認識することを示唆してくださり、研究の道を照らしてくださった。宮崎先生は、言語教育政策研究の道の開拓を指南してくださり、そこから研究の背景にある社会状況や政策に関心を持つ必要があることを教えていただいた。身近に大平学校日本側関係者の多い環境にいらした一見先生は、筆者がアジア教育学会で初めて大平学校の研究を発表した時からこのテーマで研究を続けることを激励してくださり、それが研究へのモチベーションへとつながった。加えてご多忙の中、貴重なお時間を割いて本書の上梓までの数年間、貴重なアドバイスをいただき、懇切にご指導くださった。

　また、中国教育史の第一人者である国立教育研究所名誉所員で北京日本学研究センターでも研究者養成に従事されたご経験のある阿部洋先生には、原稿に目を通して頂き、金曜日勉強会で何かとアドバイスを頂戴した。そして東京大学大学院教育学研究科の牧野篤先生には、生涯学習に関する授業の聴講と外部生でありながら論文指導ゼミまで参加させていただき、研究意識、研究方法、研究態度などたいへん勉強になった。両先生にも心からの謝意を表したい。

　さらに本研究の調査に御協力いただいた多くの方々にも、深く感謝申し上げる。ここですべての協力者のお名前を挙げることができないが、お忙しい中、拙いインタビューにご協力くださり、貴重な第１次資料や当時の写真などを提供してくださった王淑蘭先生、加藤久雄先生、唐磊先生、韓軍先生、佐治芙美子先生、清水匡様、徐一平先生、徐曙先生、砂川有里子先生、曹大峰先生、竹中憲一先生、平井勝利先生ご夫妻、水野義道先生ご夫妻、谷部弘子先生、李力先生（五十音順）、ほかの皆様の支援によって、本研究はオリジナリティを評価していただくことができた。同様に、故大平正芳首相の秘書で元衆議院議員森田一氏からの助

言と、日本国際交流基金からいただいた第1次資料や中国教育部の関係者から受けた助言は、本研究の本格化を決定づける貴重なものだった。

なお、本書は、大平正芳記念財団第29回「環太平洋学術研究助成費」（2015年度）を受けることができた。この助成費がなければ、本書が出版されることは無かったであろう。大平正芳元首相の功績を顕彰しつつ、さまざまな分野の発展を推進する同財団に敬意と感謝を申し上げ、今後のさらなる発展をお祈りしたい。そして、出版事業の困難な中で、本書の刊行を引き受けて下さった日本僑報社の段躍中編集長に心より謝意を表したい。

以上とあわせて、日本留学中にお世話になった渡辺清・定子ご夫妻への謝意も付記しておきたい。定子先生は小学校教員を定年退職後、私の母校の天津外国語大学で日本語教育に当たられたが、ご帰国後、もと勤務先の東京都荒川区立小学校に中国人児童が増えたことから、その教育支援に尽力された。それだけでなく、私たち留日中国人学生にも、区内の小学校全体で異文化間教育支援を必要とする中国人児童への支援ボランティアに入る貴重なチャンスをくださった。「大平学校の孫世代」として、このような形でも中国と日本へのささやかな恩返しが出来たことを大変嬉しく思っている。（本書では割愛したが、筆者の博論には補論として、大平学校の孫世代への影響の広がりの事例をとりあげ、東京都荒川区での在日中国人児童教育支援活動について触れさせていただいた。）

最後に、いつも暖かく見守って私の研究を支えてくれた友人と家族への感謝を記すこともお許しいただきたい。

2018年1月
日中平和友好条約締結40周年の年を迎えながら

孫 暁英

■著者紹介

孫 暁英 *Sun Xiaoying*

　1979年中国山西省生まれ。2006年天津外国語大学大学院修了、同専任講師を経て2007年から2年間中国教育部国際合作・交流司に出向。2009年より早稲田大学大学院に留学し、2015年に博士学位（教育学）を取得。

　主な著書・論文に『中国エスニック・マイノリティの家族：変容と文化継承をめぐって』（分担執筆、第3章）（新保敦子編、国際書院2014年）、「戦後日中教育文化交流に関する一考察：大平学校の日本人講師に焦点を当てて」（『早稲田教育評論』2015）、「日中国交正常化以降の中国における日本語教育と日中交流：大平学校（1980年～1985年）に焦点を当てて」（『アジア教育』2013）ほか。

The Duan Press

「大平学校」と戦後日中教育文化交流
—日本語教師のライフストーリーを手がかりに—

2018年5月6日　初版第1刷発行

著　者　　孫 暁英（そん ぎょうえい）
発行者　　段 景子
発売所　　株式会社日本僑報社
　　　　　〒171-0021 東京都豊島区西池袋 3-17-15
　　　　　TEL03-5956-2808　FAX03-5956-2809
　　　　　info@duan.jp
　　　　　http://jp.duan.jp
　　　　　中国研究書店 http://duan.jp

日本僑報社好評既刊書籍

日中中日翻訳必携

武吉次朗 著

古川 裕（中国語教育学会会長・大阪大学教授）推薦のロングセラー。著者の四十年にわたる通訳・翻訳歴と講座主宰及び大学での教授の経験をまとめた労作。

四六判177頁 並製 定価1800円＋税
2007年刊 ISBN 978-4-86185-055-4

日中中日翻訳必携 実戦編
よりよい訳文のテクニック

武吉次朗 著

好評の日中翻訳学院「武吉塾」の授業内容が一冊に！実戦的な翻訳のエッセンスを課題と訳例・講評で学ぶ。『日中中日翻訳必携』姉妹編。

四六判177頁 並製 定価1800円＋税
2007年刊 ISBN 978-4-86185-160-5

日中中日翻訳必携 実戦編II
脱・翻訳調を目指す訳文のコツ

武吉次朗 著

日中翻訳学院「武吉塾」の授業内容を凝縮した『実戦編』第二弾！脱・翻訳調を目指す訳文のコツ、ワンランク上の訳文に仕上げるコツを全36回の課題と訳例・講評で学ぶ。

四六判192頁 並製 定価1800円＋税
2016年刊 ISBN 978-4-86185-211-4

日中中日翻訳必携 実戦編III
美しい中国語の手紙の書き方・訳し方

千葉明 著

日中翻訳学院の武吉次朗先生が推薦する『実戦編』第三弾！「尺牘」と呼ばれる中国語手紙の構造を分析して日本人向けに再構成し、テーマ別に役に立つフレーズを厳選。

A5判202頁 並製 定価1900円＋税
2017年刊 ISBN 978-4-86185-249-7

対中外交の蹉跌
—上海と日本人外交官—

片山和之 著

彼らはなぜ軍部の横暴を防げなかったのか？現代の日中関係に投げかける教訓と視座。大きく変容する上海、そして中国と日本はいかなる関係を構築すべきか？対中外交の限界と挫折も語る。

四六判336頁 上製 定価3600円＋税
2017年刊 ISBN 978-4-86185-241-1

李徳全
—日中国交正常化の「黄金のクサビ」を打ち込んだ中国人女性—

石川好 監修
程麻／林振江 著
林光江／古市雅子 訳

戦後初の中国代表団を率いて訪日し、戦犯とされた1000人前後の日本人を無事帰国させた日中国交正常化18年も前の知られざる秘話。

四六判260頁 上製 定価1800円＋税
2017年刊 ISBN 978-4-86185-242-8

でも気になる国日本
中国人ブロガー22人の「ありのまま」体験記
来た！見た！感じた!!ナゾの国 おどろきの国

中国人気ブロガー招へい
プロジェクトチーム 編著
周藤由紀子 訳

誤解も偏見も一見にしかず！SNS大国・中国から来日したブロガーがネットユーザーに発信した「100％体験済み」の日本論。

A5判208頁 並製 定価2400円＋税
2017年刊 ISBN 978-4-86185-189-6

新中国に貢献した日本人たち

続編も好評です

中日関係史学会 編
武吉次朗 訳

元副総理・故後藤田正晴氏推薦!!埋もれていた史実が初めて発掘された。登場人物たちの高い志と壮絶な生き様は、今の時代に生きる私たちへの叱咤激励でもある。
— 後藤田正晴氏推薦文より

A5判454頁 並製 定価2800円＋税
2003年刊 ISBN 978-4-93149-057-4

日本僑報社好評既刊書籍

永遠の隣人　人民日報に見る日本人

永遠の隣人

書名題字 元内閣総理大臣 村山富市先生

日中国交正常化30周年を記念して、人民日報の人物記事を一冊の本にまとめた。中国人記者の眼差しを通し日中友好を考える。

主 編	孫東民、于青
監 訳	段躍中
訳 者	横堀幸絵ほか
定 価	4600円＋税
ISBN	4-931490-46-8
刊 行	2002年

日中友好会館の歩み

「争えば共に傷つき　相補えば共に栄える」

中曽根康弘元首相 **推薦！**
唐家璇元国務委員 **推薦！**

かつての日本、都心の一等地に発生した日中問題を解決の好事例へと昇華させた本質に迫る一冊。

著 者	村上立躬
定 価	3800円＋税
ISBN	978-4-86185-198-8
刊 行	2016年